普通高等教育“十四五”规划教材

大学生创新创业概论

（第2版）

主编　夏　仡　杨永锋　侬　援　邓春生
主审　夏昌祥

扫码输入刮刮卡密码
查看数字资源

冶　金　工　业　出　版　社
北　京

内 容 提 要

本书结合大学生初次接触创新创业教育的客观实际和创新创业人才培养的规律规范，并按照循序渐进、基础为重的教育教学规律在第1版基础上修订而成。全书共9章，主要内容包括：创新风暴，大学生创新创业的“助推器”；创新基础，大学生创新创业的“奠基石”；创新能力，大学生创新创业的“牛鼻子”；创新品质，大学生创新创业的“护身符”；创新障碍，大学生创新创业的“拦路虎”；创新思维，大学生创新创业的“金钥匙”；创新方法，大学生创新创业的“银手杖”；创业天地，大学生创新创业的“大熔炉”；创业实践，大学生创新创业的“试金石”。

本书可作为高等院校大学生创新创业教育的基础教材或培训教材，也可作为广大读者了解创新创业教育，特别是快速了解数字经济和人工智能发展的科普读物，并可供相关研究人员阅读和参考。

图书在版编目（CIP）数据

大学生创新创业概论 / 夏仡等主编. -- 2版. 北京 : 冶金工业出版社，2025. 7.（2026. 1 重印）--（普通高等教育“十四五”规划教材）. -- ISBN 978-7-5240-0260-4

Ⅰ. G647. 38

中国国家版本馆 CIP 数据核字第 2025708VU7 号

大学生创新创业概论（第2版）

出版发行	冶金工业出版社	**电　　话**	(010) 64027926
地　　址	北京市东城区嵩祝院北巷39号	**邮　　编**	100009
网　　址	www. mip1953. com	**电子信箱**	service@ mip1953. com

策划编辑 杜婷婷　责任编辑 马媛馨 杜婷婷　美术编辑 吕欣童
版式设计 郑小利　责任校对 葛新霞　责任印制 范天娇
三河市双峰印刷装订有限公司印刷
2019年9月第1版，2025年7月第2版，2026年1月第2次印刷
787mm×1092mm 1/16；13. 25 印张；318 千字；192 页
定价 49. 00 元

投稿电话 (010) 64027932 投稿信箱 tougao@ cnmip. com. cn
营销中心电话 (010) 64044283
冶金工业出版社天猫旗舰店 yjgycbs. tmall. com
（本书如有印装质量问题，本社营销中心负责退换）

“创新创业系列丛书”
联合编写组

组　长　夏　佗（昆明理工大学）
顾　问　夏昌祥（昆明冶金高等专科学校）
副组长　杨永锋（昆明冶金高等专科学校）
　　　　侬　援（云南文山职业技术学院）
　　　　邓春生（四川工商职业技术学院）
　　　　周加贝（四川大学）
　　　　高冀芸（云南民族大学）
　　　　张旭辉（新疆工程学院）
　　　　海丽其姑丽·亚森（新疆农业职业技术大学）
　　　　张秀芳（天津工业职业学院）
　　　　何　瑛（兰州文理学院）
　　　　高岗强（内蒙古机电职业技术学院）
　　　　陈　川（云南能源职业技术学院）
　　　　潘　峰（云南水利水电职业学院）
成　员　李　想（昆明理工大学）
　　　　李斯屿（昆明理工大学）
　　　　杨　浩（昆明冶金高等专科学校）
　　　　曹　勇（昆明冶金高等专科学校）
　　　　黄薇锦（昆明冶金高等专科学校）
　　　　侬朝成（云南文山职业技术学院）
　　　　邓秋景（云南文山职业技术学院）
　　　　聂文俊（四川工商职业技术学院）
　　　　蔡　舒（四川工商职业技术学院）

林　祎（四川大学）
黄　平（新疆工程学院）
禹会环（新疆工程学院）
张海涛（内蒙古机电职业技术学院）
储　娅（云南水利水电职业学院）
蔡　君（昆明理工大学）
王云珠（昆明理工大学）
赵雪君（昆明冶金高等专科学校）
周霞霞（昆明冶金高等专科学校）
李　娟（昆明冶金高等专科学校）
陈　勉（昆明冶金高等专科学校）
王　萍（云南文山职业技术学院）
张　锐（云南文山职业技术学院）
马利多（云南文山职业技术学院）
孔　蕊（四川工商职业技术学院）
刘彦廷（四川工商职业技术学院）
马　健（四川工商职业技术学院）
李诚玉（新疆工程学院）
敬珠玛（新疆工程学院）
朱峰刚（新疆工程学院）
秦培鹏（新疆农业职业技术大学）
乔晓丽（新疆农业职业技术大学）
刘　涛（新疆农业职业技术大学）
李　君（天津工业职业学院）
白俊丽（天津工业职业学院）
史亚巍（云南能源职业技术学院）
杨洪磊（云南能源职业技术学院）

本书编委会

主　编　夏　仡　杨永锋　侬　援　邓春生

主　审　夏昌祥

副主编　周加贝　高冀芸　张旭辉　海丽其姑丽·亚森
张秀芳　何　瑛　高岗强　陈　川　潘　峰
李　想　李斯屿　杨　浩　曹　勇　黄薇锦
侬朝成　邓秋景　聂文俊　蔡　舒　林　祎
黄　平　禹会环　张海涛　储　娅

编　委　蔡　君　王云珠　赵雪君　周霞霞　李　娟
陈　勉　王　萍　张　锐　马利多　孔　蕊
刘彦廷　马　健　李诚玉　敬珠玛　朱峰刚
秦培鹏　乔晓丽　刘　涛　李　君　白俊丽
史亚巍　杨洪磊

第2版前言

“创新创业，无处不在”的创新创业态势、“数字经济，引领未来”的数字经济大势和“人工智能，无所不能”的人工智能走势正扑面而来！为适应数智时代的快速发展、推动高校双创教育的快速深化、促进数智技能人才的快速培养，编者对2019年9月出版的《大学生创新创业概论》一书进行了修订。

(1) 本书的重要创新亮点——主要体现为“四对”。即助力读者能够尽快认对形势、摆对位置、定对目标和用对措施。

1) 认对形势。通过本书学习：一是能够尽快观察到创新创业态势、数字经济大势和人工智能走势“创新三形势”；二是能够尽快认识到全球创新风暴来势汹汹、国际创新竞争异常激烈，中国是十多年来国际组织认定的创新力上升最快的经济体之一，中国正在全力争创科技创新强国；三是能够尽快触摸到数字化浪潮正在全球风起云涌，数字经济正在成为国家引领未来的主导经济，数字化转型和智能化升级已经成为当今社会各行各业的必然趋势和人类社会已经进入数智化（是指利用数字技术实现智能化、高效化、自动化的生活方式和工作方式）生存时代；四是能够尽快感悟到人工智能发展势头迅猛，AI技术已经成为不少科技强国竞相争夺的战略技术高地，世界主要发达国家都把发展人工智能作为提升国家竞争力和维护国家安全的重大战略，中国的AI发展特别是AI应用落地已经走在了世界前列，瞬息万变的超人类创新时代即数智时代（是人类社会进入数字化、智能化时代的统称）已经到来，等等。并由此激励大学生在认清形势、充满信心、抓住机遇和迎接挑战的基础上增强危机感、紧迫感、责任感、使命感和敏锐感。

2) 摆对位置。本书倡导的创新一定是坚持辩证统一的守正创新。即便是AI技术成为世界各国争夺的科技创新制高点，也必须摆对守正创新这一位置。习近平总书记强调，无论时代如何发展，我们都要激发守正创新、奋勇向前的民族智慧。勇于创新者进，善于创造者胜。守正创新，守正是前提，也是基础。只有守住本源、正道，创新才有出处和根基，方可在创新的时候牢记初心。守住信念才有“成”，守住人民才有“位”，守住文明才有“根”，守住底线才有“为”。守正与创新是辩证统一的。坚持守正，创新才能有明确的立场和指向；不断创新，守正才能获得活力源泉和动力根基。也只有不断创新，才能不走歪路、老路，实现真正的守正。守正不是自我满足，更不是固步自封，而是将守正和创新有机结合起来，既要保持定力，又要开拓进取，既固本培元，又开拓进取，以新的理念、思路、办法、手段去处理和解决问题，才能不断夺取新的更大胜利。

3）定对目标。通过学习本书，可增强大学生的创新精神、创业意识和创新创业能力；大力培育大学生敢闯的素质、会创的本领和家国情怀；加速提升大学生的数智胜任力和数智时代适应力（也包括首先加速提升大学生的创新思维能力、就业创业能力、创新应用能力、职业迁移能力和社会适应能力）；加快培养更多数智技能人才（即创新型高级数智技能人才、专业型高级数智技能人才、应用型高级数智技能人才、基础型基层数智技能人才）。

4）用对措施。就是不断提高大学生的创商即增强创造力。主要措施是通过不断增强“三力”来不断增强创造力。即按照“创造力=学习力×思维力×行动力”的基本原理，通过加快学习，以迅速增强学习力；通过加快创新，以迅速增强思维力；通过加快借力，以迅速增强行动力。最终不断增强创造力，以尽快适应数智时代的快速发展。

（2）本书的重要优势特色——主要体现为四个优势和“六性”特色。

1）本书的重要优势。相对其他同类教材而言：一是纸质版和数字版同时出版；二是既系统阐述了创新基础（第2~7章），又系统阐述了创业基础（第8、9章），还重点阐述了数智化基础（第1章）；三是更加适应本专科双创教育的需要；四是搭建了一个本专科双创教育的共同学习平台、交流提高平台和携手推广平台。

2）本书的重要特色。相对其他同类教材而言，即更具系统性、针对性、趣味性、实用性、创新性和适应性。

本书由昆明理工大学夏佗、昆明冶金高等专科学校杨永锋、云南文山职业技术学院侬援和四川工商职业技术学院邓春生担任主编，由昆明冶金高等专科学校夏昌祥主审。具体分工如下：第1章由昆明理工大学夏佗、李想、李斯屿、蔡君、王云珠和云南民族大学高冀芸编写；第2章由新疆工程学院张旭辉、黄平、禹会环、李诚玉、敬珠玛和朱峰刚编写；第3章由四川工商职业技术学院邓春生、聂文俊、蔡舒、孔蕊、刘彦廷和马健编写；第4章由天津工业职业学院张秀芳、李君和白俊丽编写；第5章由兰州文理学院何瑛和内蒙古机电职业技术学院高岗强、张海涛编写；第6章由新疆农业职业技术大学海丽其姑丽·亚森、秦培鹏、乔晓丽和刘涛编写；第7章由云南能源职业技术学院陈川、史亚巍和杨洪磊及云南水利水电职业学院潘峰、储娅编写；第8章由云南文山职业技术学院侬援、侬朝成、邓秋景、王萍、张锐和马利多编写；第9章由昆明冶金高等专科学校杨永锋、杨浩、曹勇、黄薇锦、赵雪君、周霞霞、李娟、陈勉编写。各章课件及思维导图由四川大学化学工程学院周加贝和四川大学教师培训中心林祎负责设计完成。

本书的编写得到第1版杨晓梅、张蕴启、徐艺和夏昌祥四位主编及“创新创业系列丛书”联合编写组的大力支持，在此一并表示感谢。

由于编者水平所限，书中不妥之处，敬请读者批评指正。

编　者
2025年1月

第 1 版前言

适用于本科和专科创新创业基础教育的高等学校“十三五”规划教材、“创新创业系列教材”之《大学生创新创业概论》，经过两年多的努力终于面世了。

这是参加本教材编写的高校教师深入贯彻中共中央、国务院关于实施《国家创新驱动发展战略纲要》《国务院关于大力推进大众创业万众创新若干政策措施的意见》《国务院办公厅关于深化高等学校创新创业教育改革的实施意见》《国务院办公厅关于深化产教融合的若干意见》和《国务院关于推动创新创业高质量发展 打造“双创”升级版的意见》等一系列文件精神的学习研究成果，也是积极践行全面深化高校创新创业教育改革的一份献礼。

习近平总书记在2015年10月召开的中国共产党第十八届中央委员会第五次全体会议上指出“必须牢固树立并切实贯彻创新、协调、绿色、开放、共享的新发展理念”。2016年3月5日习近平总书记在参加上海代表团审改时强调，在五大发展理念中，创新发展理念是方向、是钥匙，要瞄准世界科技前沿，全面提升自主创新能力，力争在基础科技领域作出大的创新、在关键核心技术领域取得大的突破。同时，创新发展居于首要位置，是引领发展的第一动力。正如2013年10月21日习近平总书记在欧美同学会成立一百周年庆祝大会上的讲话所指出的：“创新是一个民族进步的灵魂，是一个国家兴旺发达的不竭动力，也是中华民族最深层的民族禀赋。在激烈的国际竞争中，惟创新者进，惟创新者强，惟创新者胜”。

2018年7月10日，联合国世界知识产权组织（WIPO）和美国康奈尔大学等机构联合发布了2018年全球创新指数排行榜，中国较2017年上升5位，位列第17位，首次进入前20强。这显示出我国创新能力的快速提升，而创新是其最根本驱动要素。这反映出中央最高领导层把发展世界级创新实力设定为我国经济发展战略方向，并使其经济结构转向更侧重依赖创新、保持竞争优势的知识密集型产业。2020年中国将进入世界创新型国家的行列，2030年中国将进入世界创新型国家的前列，2050年中国将成为创新强国。这无疑对高校培养创新创业人才提出了更为迫切的、更高的要求。

创新创业教育，已被联合国教科文组织称为教育的“第三本护照”。创新创业教育被赋予了与学术教育、职业教育同等重要的地位。在尽快培养大学生的创新精神和创业意识的基础上，尽快提高大学生的创新创业能力（即创造力），始终是本教材编写的出发点和落脚点。及时帮助创新创业初学者分别打牢创新基础和创业基础，尽快帮助创新创业初学者牢固树立先创新、再创意、最后创业和创新创业融为一体、共生共荣的创新创业思路，是本教材编写的主要特色和特点。而通过学习、实习、体验、实践尽快培养大学生的创新思维始终是本教材编写的关键环节和重中之重。为此本教材设计了如下9章内容：

第1章 创新浪潮：大学生创新创业的“助推器”——基本理解创新创业已成为全球大势所趋的概念和意义，初步了解创新驱动已成为国家发展战略的主要精神。

第2章 创新基础：大学生创新创业的“奠基石”——更为具体而深刻地理解创新的内涵，明确创新并不神秘和高不可攀，为实施双创教育奠定基础。

第3章 创新能力：大学生创新创业的“牛鼻子”——创新能力、创业能力即创造力。创造力人皆有之，创造力可以开发，这是创造力开发的两个理论依据。因此，认识、把握和获得创造力是创新能否成功的关键。创造力开发的思路和方法为开发创造力指明了道路。从而，引导大学生能够积极主动地走进创造力开发的进程之中。

第4章 创新品质：大学生创新创业的“护身符”——创新不可能缺少创新动机、创新兴趣、创新情感、创新意志和创新性格等创新人格因素，更不可能没有创新的注意力、观察力、记忆力、思维力和想象力等创新智能因素。了解并应用培养创新人格和创新智能因素，对于成长中的大学生来说，是不可缺少的。

第5章 创新障碍：大学生创新创业的“拦路虎”——思维创新，是一切创新的基础和前提。任何组织或者个人若是封闭思维，只会让自己身陷囹圄。大学生要想获得创新思维，就必须扫除创新思维的一切思维障碍。

第6章 创新思维：大学生创新创业的“金钥匙”——思维是人类特有的一种精神活动。人工智能产品如电脑、机器人等，无论多么完善，都是模仿人脑的产物。创新思维是思维的重要表现，创业思维也包含在创新思维之中。没有创新就没有创业。

第 7 章 创新技法：大学生创新创业的“银手杖”——创新技法是创新的工具，是创新创业教育中最实用的内容。学生和老师可以尝试一边学习一边使用这些创新技法解决相应的创新问题。

第 8 章 创业天地：大学生创新创业的“大熔炉”——让大学生知道当一名创业者所应具备的创业素质和应做好的创业准备。

第 9 章 创业体验：大学生创新创业的“试金石”——一切想法，最终都要落实于实践。了解大学生创业体验的心理特征、环境特征和需求特征后，就能够更加有效地帮助大学生融入社会后尽快朝着自己的创业目标顺利迈进。

为方便同学和老师掌握本书内容，每年都设计有“二维码思维导图和课件”“温馨提示”“本章小结”和“延续思考”等创新环节。同时，还穿插了许多案例和实践活动，以助学员理解相关内容，并逐步取得参加各学校创新创业协会学术研讨等活动，参与创新或创业团队的创新创业研究，撰写发表创新论文，参加各类创新创业竞赛并争取名次、获得专利，参与创业团队的创业体验等创新创业教育成果。

青年兴则国家兴，青年强则国家强。青年一代有理想、有本领、有担当，国家就有前途，民族就有希望。21 世纪是中华民族伟大复兴的世纪。习近平总书记在党的十九大报告中提出：“中国梦是历史的、现实的，也是未来的；是我们这一代的，更是青年一代的”“广大青年要坚定理想信念，志存高远，脚踏实地，勇做时代的弄潮儿，在实现中国梦的生动实践中放飞青春梦想，在为人民利益的不懈奋斗中书写人生华章”！个人要发展，企业要腾飞，国家要富强，民族要复兴，关键在创新。加快培养大学生创新创业思维，培养创新创业智能，提高创新创业素质，开发创新创业潜能，这是 21 世纪赋予高校教育的神圣职责。因为大学生真正具备创造力，既是岗位竞争、不断成功的制胜法宝，又是从无到有、从弱到强的财富宣言，更是创造辉煌、实现梦想的胜利基石。

期待本教材能为更多大学生更加顺利地成人成才和成长成功、为国家富强和民族复兴培养出更多的创新型人才增砖添瓦、鼓劲加油、多做贡献！

编　者

2018 年 12 月

目　　录

1 创新风暴：大学生创新创业的“助推器”

第 1 章数字资源

〖名言金句〗

创新是一个民族进步的灵魂，是一个国家兴旺发达的不竭动力，也是中华民族最深沉的民族禀赋。在激烈的国际竞争中，惟创新者进，惟创新者强，惟创新者胜。

——习近平

创新是社会进步的灵魂，创业是推进经济社会发展、改善民生的重要途径，创新和创业相连一体、共生共存。

——《国务院关于强化实施创新驱动发展战略进一步推进大众创业万众创新深入发展的意见》

科学是研究未来的东西，科学的教育任务是教学生探新、创新。

——恩格斯

〖温馨提示〗

通过本章学习，助力大学生尽快做到“三个增强”：一是增强危机感，迅速认清“创新创业，无处不在”的创新创业态势，因为全球创新风暴来势汹汹、国际创新竞争异常激烈并昭示着超人类创新时代已经到来，而中国全球创新指数 2024 年排名升至第 11 位且正在全力争创科技创新强国；二是增强敏锐感，快速感悟“数字经济，引领未来”的数字经济大势，因为中国已经把数字经济作为国家战略，从而推动中国数字经济规模（2023 年已达 50 多万亿元）成为全球第二；三是增强使命感，火速适应“人工智能，无所不能”的人工智能走势，因为人工智能技术已成世界各国争夺的科技制高点，而中国的人工智能应用已经走在了世界前列。助力大学生深刻领会关于“把创新创业教育贯穿人才培养全过程”“抓创新就是抓发展，谋创新就是谋未来”“发展是第一要务，人才是第一资源，创新是第一动力”“抓住了创新，就抓住了牵动经济社会发展全局的‘牛鼻子’”“以创造之教育培养创造之人才，以创造之人才造就创新之国家”等精神。助力大学生加快提升数智胜任力（是指数据胜任力与人工智能胜任力的有机融合，即适应新时代发展必备的能力和素质）、尽快成为具有能快速适应数智时代（数字化和智能化时代的简称）发展的创新型高级数智技能人才、专业型高级数智技能人才、应用型高级数智技能人才和基础型基层数智技能人才。

人工智能已是当今科技领域的热门话题，各类智能化产品已经成为人类生活中不可或缺的一部分，在过去的数十年时间里，世界人工智能发展速度超过了所有人的想象。斯蒂芬·霍金博士评论道：“真正的人工智能技术，将是人类历史上最了不起的发明。”随着算法、数据和计算力的不断提升，人工智能已经在工业、医疗、金融、教育、交通等各个领域得到了广泛应用。这些都充分表明人工智能技术已经成为全球科技创新制高点，人工智能时代已经到来了！数智经济时代已经到来了！如今，随着大数据、区块链、物联网、5G、VR/AR、数字孪生，尤其是人工智能（AI）等的迅猛发展和应用，数智融合已经成为时代发展的大趋势。数智胜任力已成为数智时代大学生的必备能力；大学生只有具备数智胜任力，才能应对新时代的各种挑战。

案例 1-1 智能触控远程遥控器的发明——在智能化时代，固定式大屏设备日益普及，从车内后排屏幕到智能家居显示器，人们越来越需要与远距离安装的大尺寸触摸屏互动。设计师们注意到，现代人已经习惯了在手机和平板上的触控操作，横向滑动切换内容，纵向滚动浏览信息已成为一种自然习惯。然而，当人们需要操控远距离的固定大屏时，这种便捷的触控体验却难以实现，比如车内后排乘客想要操控前方的娱乐屏幕时就十分不便。原来在日常使用手机时，用户可以轻松地用手指完成所有触控操作。在这种使用习惯的启发下，他们设计了一款触控遥控器。这款遥控器表面是一块触控板，边缘设计了专门的横向和纵向滑动区域，中央区域可控制指针位置，完美复刻了手机般的自然体验。目前，这款产品已在理想汽车、长城汽车、华为等车企的智能座舱中广泛应用，为用户带来了全新的远程操控体验。

1.1 增强危机感：迅速认清“创新创业，无处不在”的创新创业态势

习近平总书记强调指出，创新是一个民族进步的灵魂，是一个国家兴旺发达的不竭动力，也是中华民族最深沉的民族禀赋。在激烈的国际竞争中，惟创新者进，惟创新者强，惟创新者胜。世界知识产权组织发布的《2024 年全球创新指数报告》显示，中国在全球的创新力排名较 2023 年上升一位至全球第 11 位，是十年来创新力提升最快的经济体之一。另外，创新创业教育已被联合国教科文组织确定为教育的“第三本护照”，并明确它与学术教育、职业教育具有同等重要的作用。因此，“创新创业，无处不在”的创新创业态势依然强劲有力。我们应当尽快增强危机感，并迅速认清这种创新创业态势，顺势而为、乘势而上、借势而进。以敢闯会创的敏捷思维和无畏姿态去创造一个又一个以创致胜的业绩。

1.1.1 顺势而为：在熟悉中国创新形势上夯实基础

万丈高楼平地起。需要通过迅速熟悉并顺应中国的创新形势，尽快夯实自身创新发展、以创致胜的坚实基础，为不断提升数智胜任力、尽快融入数智时代做好前期准备。赢在准备，赢在充分准备，赢在充分的基础准备！

可以从以下几个方面迅速熟悉中国的创新形势。

习近平总书记非常重视创新创业。习近平总书记就创新创业做出了一系列重要指示，习近平总书记强调指出，发展是第一要务，人才是第一资源，创新是第一动力。以创造之教育培养创造之人才，以创造之人才造就创新之国家。

习近平总书记亲自阐释新发展理念。2015 年 10 月，党的十八届五中全会召开，提出了创新、协调、绿色、开放、共享的新发展理念。2016 年 1 月，在省部级主要领导干部学习贯彻十八届五中全会精神专题研讨班上，习近平总书记在关于深入理解新发展理念中指出，把创新摆在第一位，是因为创新是引领发展的第一动力。发展动力决定发展速度、效

能、可持续性。抓住了创新，就抓住了牵动经济社会发展全局的“牛鼻子”。通过创新引领和驱动发展已经成为我国发展的迫切要求。

创新趋动已成国家发展战略。根据党中央建设创新型国家的战略部署，国家相继出台了《国务院关于大力推进大众创业万众创新若干政策措施的意见》（国发〔2015〕32号），《国务院办公厅关于深化高等学校创新创业教育改革的实施意见》（国办发〔2015〕36号），《国务院关于强化实施创新驱动发展战略 进一步推进大众创业万众创新深入发展的意见》（国发〔2017〕37号），中共中央、国务院印发了《国家创新驱动发展战略纲要》（2016年5月）等一系列重要文件，制定了一系列鼓励创新创业的政策措施。党的二十大报告明确到2035年建成教育强国。为了实现教育强国质的提升，习近平总书记特别强调，我们要建成的教育强国，是中国特色社会主义教育强国，应当具有强大的思政引领力、人才竞争力、科技支撑力、民生保障力、社会协同力、国际影响力，为以中国式现代化全面推进强国建设、民族复兴伟业提供有力支撑。党的二十届三中全会审议通过了《中共中央关于进一步全面深化改革、推进中国式现代化的决定》（以下简称《决定》）。《决定》中提到，注重构建支持全面创新体制机制。决定稿统筹推进教育科技人才体制机制一体改革，强调深化教育综合改革、深化科技体制改革、深化人才发展体制机制改革，提升国家创新体系整体效能。

深化高校创新创业教育改革已成当务之急。根据国办发〔2015〕36号文件《国务院办公厅关于深化高等学校创新创业教育改革的实施意见》精神，教育部就如何推进高校的创新创业教育、尽快培养各类创新人才相继提出了一系列要求，下发了一系列文件，采取了一系列措施，推动全国高校创新创业教育正向纵深发展。教育部相关领导要求：“创新应该是高等教育与生俱来的DNA”“创新创业教育不是‘搞搞活动’而已，大学生要有‘敢闯会创’的血性、狼性”“创新创业教育是新的高等教育质量观，不是战略上做点小改变就行了，而是要大刀阔斧地进行高等教育质量革命”“大学教育要培养敢闯会创的人才”“要培养大学生敢闯的素质、会创的本领和家国的情怀”“我国的高等教育未来要从‘从业就业教育’转变为‘创新创业教育’，其中‘敢闯会创’是推动高校人才培养范式深刻变革的‘质量标准’，是培养新时代优秀卓越人才的核心要素”等。教育部主管部门做出规划：以大赛为重要抓手，深入实施高校创新创业人才培养燎原计划，加强高校双创示范基地和深化创新创业教育改革示范高校建设，做好全国万名优秀创新创业导师人才库建设、大学生创新创业训练计划等工作，将创新创业教育全方位深层次融入人才培养全过程，探索中国模式、中国方案，领跑全球创新创业教育，等等。

1.1.2 乘势而上：在先知国际创新趋势中选好定位

应审时度势，乘势而为，在抢先研究知晓国际创新趋势中选好自身创新发展定位，为更好地以创致胜定好向、把好舵，优先抢占成功的先机。其国际创新重要趋势有以下几点。

趋势1：联合国创新报告与世界创意和创新日。

（1）联合国创新报告——联合国教科文组织早在1972年的一份主题报告中就明确指出：“全球问题千头万绪，使人类面临的最大问题是怎样开发人的创造力。因为在未来的挑战面前，人类已不能依靠有限的资源、能源，也难以依靠历史的经验，只有抓住‘创新’这个关键，才能生存和发展。”

（2）世界创意和创新日——2017年4月27日，第71届联合国大会协商一致通过关于纪念“世界创新日”的第284号决议，把每年4月21日确定为世界创意和创新日。并确认创新对于每个国家发挥经济潜力至关重要，呼吁各国支持大众创业、万众创新，认为这将为各国实现经济增长、创造就业凝聚新动力，为包括妇女和青年在内的所有人创造新机遇。

趋势2：全球竞争形势加剧下的六大创新趋势。

（1）经济模式：由资源经济正在逐步过渡到知识经济和创新经济。高校对经济社会发展的贡献度越来越大。

（2）集成模式：由知识集成正在逐步过渡到信息集成。社会发展过程中的信息化程度越来越高。信息社会已经全面颠覆了人们的观念。尤其是人工智能技术的发展令人震撼！

（3）产品模式：由“中国制造”正在逐步过渡到“中国创造”。中国正在从制造大国向创造大国迈进。

（4）研发模式：由注重“设计”正在逐步过渡到注重创新。因为现在是一个全面、全方位、全过程创新的时代。

（5）学习模式：由学习知识正在逐步过渡到培养激发创新能力。要适应这个创新社会，只学知识还不够，必须花大力气去开发和培养创造力。

（6）管理模式：由例行式管理正在逐步过渡到创新式管理，就是创造性地进行管理。

趋势3：值得关注的国际先进教育创新理念与模式。

（1）国际通用的OBE理念即成果导向教育理念。OBE即Outcomes-Based Education，也称能力导向教育、目标导向教育、需求导向教育、结果导向教育或产出导向教育理念。OBE理念已成美国、英国、加拿大等国家教育改革的主流理念，被工程教育专业认证完全采纳。成为国际工程教育专业认证遵循的三个基本理念之一（除成果导向外，还有以学生为中心和持续改进两个理念）。

（2）国际通用的CDIO工程教育模式。即“两强一高”创新型工程人才培养模式（创新创业能力强、应用动手能力强、品德修养综合素质高）。而这一模式是近年来国际工程教育改革的最新成果。其CDIO分别代表构思（Conceive）、设计（Design）、实现（Implement）和运作（Operate），它以产品研发到产品运行的生命周期为载体，让学生以主动的、实践的、在课程之间有机联系的方式学习工程。CDIO培养大纲将工程毕业生的能力分为工程基础知识、个人能力、人际团队能力和工程系统能力四个层面，大纲要求以综合的培养方式使学生在这四个层面达到预定目标。

（3）国际工程技术教育高校专业认证。在20世纪80年代，美国等一些国家发起并开始构筑工程教育与工程师国际互认体系，其内容涉及工程教育及继续教育的标准、机构的认证，以及学历、工程师资格认证等诸多方面。该体系现有的六个协议，其中《华盛顿协议》《悉尼协议》《都柏林协议》主要针对各类工程技术教育的国际学历互认。从层次上看，《华盛顿协议》针对的是4~5年的本科学制，《悉尼协议》针对3~4年的高职学制，《都柏林协议》主要针对2年的短期工程教育学制。2016年6月，中国科学技术协会代表我国由《华盛顿协议》预备会员“转正”，成为该协议第18个正式成员。《悉尼协议》也正在逐渐成为高职教育界的关注热点。

1.1.3 借势而进：在善借创商内功胜势下争创佳绩

美国哈佛大学原校长普西也说过：“一个人是否具有创造力，是一流人才和三流人才的分水岭”（中国·朗加明著《创新的奥秘》）。因此，务必要善于借助高创商即强创造力这个内功胜势来争创佳绩，并以此持续增强自身的社会适应能力。

客观看待中国国人仍然普遍缺乏创造力之现状。国人仍然普遍缺乏创造力已成不争的公论。公元前 3 世纪至公元后 11 世纪，中国由于四大发明而成最辉煌的世界强国。但公元后 12 世纪后，中国的发明创造成果越来越少，像四大发明那样的重大发明再也没有出现过。《大国崛起》中九国的崛起经历和我国近代百年的屈辱历史也充分说明：中国国人创造力普遍缺乏和国家科技落后必然导致国家落后挨打。要实现中华民族伟大复兴，就要建设创新型国家；要建设创新型国家，就必须通过创新创业教育培养更多学生的创新创业能力即创造力，然后尽快培养一大批各类创新人才来改变现状。国民尤其是青少年尽快增强创造力刻不容缓。

善于借用创商内功增强创造力之基本原理。创商（CQ）就是创造力商数，是一个人的能力智商，就是指一个人的思维能力、开放能力、创新能力和创造能力。与智商（IQ）和情商（EQ）一起构成人类的三大商数。提出创商概念，就是作为衡量创造力强弱的指标。创商越高，创造力越强。而专家提出的其中一个简单公式就是：创造力=学习力×思维力×行动力。因此，只要分别增强三力就可迅速达到增强创造力的目的，即高创商带来高成效。

通过提升创商进而增强创造力内功来争创佳绩。我们要借势而进并争创佳绩。按照“创造力=学习力×思维力×行动力”的原理，“三力”就是创造力内功，分别增强“三力”即可增强创造力，即可把分别具备“三力”的优势迅速变成自身具备更强创造力并可更快以创致胜的胜势。

（1）加快学习，以迅速增强学习力。快速学习能力就是一种极为重要的创新能力即创造力。只有把学习作为一种习惯、作为一种信仰，才能不断提升自身的数智胜任力，才能尽快适应迅猛发展的数智时代。

（2）加快创新，以迅速增强思维力。“思维模式才是教育的根本。”学历是铜牌，能力是银牌，人脉是金牌，思维是王牌。因而，成功高效的教育主要通过不断创新教思维，特别是教创新思维，而非主要教知识教能力。因此，创新思维能力又是另一种极为重要的创新能力。要迅速增强思维力，就须尽快消除影响创新的各种思维障碍（如思维定式、思维惯性和心理困惑等）；就须尽快强化自身的创新创业意识；就须快速学习掌握更多的创新思维方法。

（3）加快借力，以迅速增强行动力。空谈误国，实干兴邦。若能培养出敏锐的思维和创新的执行力，便能实现先人一步的思考和快人一步的行动。因此，迅速的行动力是另一种至关重要的创新技能。学会借助外力、利用他人之力解决自身难题、站在巨人的肩膀上向前发展，是迅速提升行动力、快速增强创新能力的关键思维和方法。

1.2 增强敏锐感：快速感悟“数字经济，引领未来”的数字经济大势

数字化教育和教育数字化的基本概念。所谓数字化，就是将信息转换为数字（即计算

机可读）格式的过程，教育数字化就是将教育信息转换为数字格式的过程。形象讲教育数字化又由“路、车、货、驾驶员”四个子系统组成。即：

（1）“路”是教育数字化实施的硬件设施；

（2）“车”是教育数字化实施的软件平台（如各类教学与学习平台等）；

（3）“货”是教育数字化实施各级各类的教育资源和不同学科的教学资源；

（4）“驾驶员”是教育数字化中的人，包括教师、学生、校长及各级教育管理者。

数智时代的基本要求。数智时代知识创新步伐加快，要求社会每个成员尽快做到“三个掌握”，即：

（1）掌握学习新品质主要是尽快掌握与工作相适应的新的快速学习品质；

（2）掌握工作新技能主要是尽快掌握与工作相适应的新的数字技能；

（3）掌握交往新素养主要是尽快掌握与工作相适应的数字素养。

数字经济的适应方式。面对全球数字化发展大势，首先务必引起足够重视，紧接着就是在快速感悟中，通过“三个尽快”的方式尽快适应数字经济的快速发展：

（1）通过准确识变，尽快进入数字化角色；

（2）通过科学应变，尽快融入数字化洪流；

（3）通过灵活求变，尽快投入数字化转型。

1.2.1 准确识变：尽快进入数字化角色

尽快进入数字化角色，需要尽快了解国家数字化现状。要准确认识数字经济的变化现状，即数字化技术、数字化要素、数字化思维、数字化认知的发展，标志着人类社会已进入数字化生存时代。智能机器人在装配线上精准操作、AI 数字人 24 h 直播带货、大数据助力远程寻医问诊甚至远程手术……数字化浪潮正在全球风起云涌。数字产业化，产业数字化已成大势。数字经济正成为拉动中国经济增长的重要引擎，许多中国传统企业正在借助数字经济“换道超车”。在《中华人民共和国职业分类大典（2022 年版）》中首次标识 97 个数字职业。为了贯彻落实党中央、国务院关于发展数字经济的决策部署，发挥数字人才支撑数字经济的基础性作用，2024 年 4 月 2 日，人力资源社会保障部、中共中央组织部、中央网信办、国家发展改革委、教育部、科技部、工业和信息化部、财政部、国家数据局等九部委联合发布了《加快数字人才培育支撑数字经济发展行动方案（2024—2026 年）》（以下简称《行动方案》）。《行动方案》明确提出“扎实开展数字人才育、引、留、用等专项行动，提升数字人才自主创新能力，激发数字人才创新创业活力，增加数字人才有效供给，形成数字人才集聚效应，着力打造一支规模壮大、素质优良、结构优化、分布合理的高水平数字人才队伍，更好支撑数字经济高质量发展。《行动方案》还重点部署了数字技术工程师培育项目、数字技能提升行动、数字人才国际交流活动、数字人才创新创业行动、数字人才赋能产业发展行动、数字职业技术技能竞赛活动等 6 大项目。2024 年 11 月 18 日（当地时间）上午，国家主席习近平在巴西里约热内卢出席二十国集团领导人第十九次峰会第一阶段会议关于“抗击饥饿与贫困”议题的讲话中提到，要营造开放、包容、非歧视的国际经济合作环境，推动普惠包容的经济全球化，让新技术、新产业、新业态赋能可持续发展，支持发展中国家更好融入数字化、智能化、绿色化发展潮流，缩小南北差距。会上宣布了中国支持全球发展的八项行动，其中在第一、二、六条中都提及数字化：进一步建设立体互联互通网络，以绿色丝绸之路引领，为数字丝绸之路赋能。建设好“全球南方”研究中心，继续用好200亿美元资金窗口支持发展中国家，深化减贫、粮食安全、数字经济等各领域务实合作。支持设在北京的二十国集团创业研究中心工作，支持各方在数字教育、博物馆数字化、古籍数字化等领域开展合作。

尽快进入数字化角色，需要尽快熟悉国内教育数字化强势。党的二十大报告明确提出要推进教育数字化。习近平总书记指示：“我们要乘势而上，加快数字经济、数字社会、数字政府建设，推动各领域数字化优化升级，积极参与数字货币、数字税等国际规则制定，塑造新的竞争优势。”并特别向全国教育系统教职员工提出要求：“教育数字化是我国开辟教育发展新赛道和塑造教育发展新优势的重要突破口。进一步推进数字教育，为个性化学习、终身学习、扩大优质教育资源覆盖面和教育现代化提供有效支撑。”“教育向何处去”已经成为世界关注的时代命题。2022年，中国启动了“国家教育数字化战略行动”。教育部为贯彻落实习近平总书记的重要指示，把加快推进教育数字化，充分发挥数字技术对教育高质量发展的放大、叠加、倍增作用，逐步解决教育发展不平衡不充分问题，作为教育部的头号工程来谋划和推进。国家智慧教育公共服务平台获得2022年度联合国教科文组织教育信息化奖。2023年2月13~14日，世界数字教育大会在北京成功举办，来自全球130多个国家和地区的代表注册参会，本次大会以“数字变革与教育未来”为主题，重点探讨教育数字化转型、数字学习资源开发与应用、师生数字素养提升、教育数字化治理等领域的数字化发展评估，发布了中国智慧教育蓝皮书和智慧教育发展指数等成果文件，提出数字教育是公平包容、更有质量、适合人人、绿色发展、开放合作的教育，得到各国各方积极反馈和认可，为全球教育变革提供了中国智慧、中国方案。中国推动了金砖国家拓宽教育领域合作，探索建立数字教育合作机制。2023年，中国举办了“中国-东盟数字教育论坛”，构建全球数字教育对话格局。中国首次走出国门，在意大利举办了2023世界慕课与在线教育大会，大力推动“慕课出海”。中国牵头成立了世界数字教育联盟、上线了中国国家智慧教育公共服务平台国际版、发布了国际数字教育案例汇编、发布了全球数字教育发展指数和《中国智慧教育发展报告（2023）》、创刊了《数字教育前沿（英文）》（Frontiers of Digital Education）、提出了《数字教育合作上海倡议》等，积极引领构建全球公平、包容、开放、共享的数字教育。发展数字教育，能够培养适应和引领数字时代的现代化人才，能够推进跨圈层、跨国界、跨文化的学习交流。中国的数字教育正在让更多优质资源突破时空、联通城乡、跨越山海，以教育公平增进社会正义。

案例1-2 《无限的可能——世界高等教育数字化发展报告（2023）》正式发布——这是中国作为“世界数字教育联盟”主席国，在世界数字教育大会上发表的。主要内容如下。

第一章 深度融合，无处不在的变革——数字技术对教育的五要素影响：一是驱动学习环境变革；二是优化学习资源供给；三是推动师生素养发展；四是助力教学方法迭代；五是赋能教学评价创新。

第二章 范式再造，主动求变的实践——数字技术应用改变高等教育范式：一是催生更加个性精准的育人方式；二是创新更加开放共享的办学模式；三是实现更加高效灵活的管理体制；四是构建更加规范可靠的保障机制。

第三章 挑战应对，携手共赢的未来——分析数字技术应用的发展趋势、探讨现实挑战、倡导行动策略。提出了六大行动策略：一是创设互联互通的教育数字化基础环境；二是构建灵活开放的数字学习成果互认机制；三是培育数智素养持续提升的高水平教师队伍；四是制定教育数字化技术伦理安全规范；五是完善数据赋能的高等教育治理体系；六是共建高等教育数字化研究网络与合作平台。

尽快进入数字化角色，需要尽快强化自身数字化思维。所谓数字化思维，是一种在数字化环境下进行思考和决策，以经过多种维度整合的数据为核心、以数字技术和数据分析为手段、以快速获取、整合和分析信息为方向、以找到最佳解决方案为目的、以有效解决问题为目标、以快速推进创新为导向的包括多种思维模型和多种思维方法在内的综合性思维方式和模型。简言之，数字化思维是一种以数据为核心、以迅速解决问题为目标、以快速推进创新为导向的综合思维方式。重点把握五个维度。

（1）维度1：快速解决问题。它强调使用数字技术来解决，以提高效率、降低成本、改进服务等。鼓励积极采用数字化工具和方法。

（2）维度2：运用数据驱动。这是数字化思维的核心。它强调将数据视为关键资源，用于制定决策和改进业务。

（3）维度3：进行综合性思维。它要求员工具备跨学科知识，并通过综合考虑多种因素和充分利用多种思维模型，最终找到最佳解决方案。

（4）维度4：应用数字化技术。就是要借助数字化工具，实现自动决策和评判。这包括应用人工智能、机器学习和自动化流程等来提高效率和准确性。

（5）维度5：助力员工持续学习和持续适应。这点至关重要。因为员工和组织需要持续更新知识和技能，这样才能持续适应数智时代的急剧变化。

1.2.2　科学应变：尽快融入数字化洪流

面对数智时代震撼袭来，应当及时通过科学应变，尽快融入数字化洪流之中。2022年11月30日，教育部下发了“教育部关于发布《教师数字素养》教育行业标准的通知”，提出了《教师数字素养》标准的五个维度，即数字化意识、数字技术知识与技能、数字化应用、数字社会责任和专业发展。2024年1月26日，在教育部召开的发布会上，教育部主管部门领导就“下一步教育部将怎样进一步推进教育数字化工作”的记者提问代表教育部作了回答：下一步，教育部将继续坚持应用为王，走集成化、智能化、国际化道路，以国家智慧教育平台为依托，以国家教育数字化大数据中心为重点，着力统筹应用、共享与创新，全面赋能学生学习、教师教学、学校治理、教育创新和国际合作，以数字化支撑引领教育强国建设。重点任务如下 ：第一，组织优质资源工具的遴选汇聚，推动集成化；第二，开展人工智能应用试点示范，推动智能化；第三，深入实施‘数字教育出海’，推动国际化。这些都为如何应对数字经济变化、尽快融入数字化洪流指明了方向。只有教师首先带头融入，学生才会在教师的教育影响下快速融入，并迅速成为能够适应数智时代快速发展的有用数字技能之才。

1.2.3　灵活求变：尽快投入数字化转型

面对数智时代震撼袭来，还应当通过灵活求变，尽快投入数字化转型。当前，数字化转型已经成为当今社会各行各业的必然趋势，教育数字化转型也在加速推进。教育部主管部门提出，探索将数字化应用纳入教师和管理者工作考核。教育部相关领导强调：数字化是引领教育未来的动力引擎，要充分利用数字技术谋求教育新发展。并提出 5 点倡议：一是以数字教育改变学生的学，掀起一场学习革命；二是以数字赋能改变教师的教，推动一场教学革命；三是以数据驱动改变学校的管，加快精准教育治理变革；四是以教育数字化为引领，重塑教育教学新生态；五是以教育数字化国际交流为纽带，构建国际合作新范式。而且，世界教育数字转型的探索也更加活跃。围绕教师精准化教学、学生个性化学习，各国积极联通基础设施，发展数字教材，创新组织形态，提升数字素养，探索数字学分及学位互认，等等。目前，全球各国都面临数字技能人才供应不足的问题，谁先培育了规模宏大、素质优良、结构合理的数字技能人才，谁就抢占了数字经济发展的先机。大量数字化、智能化岗位相继涌现，相关行业对数字技能人才的需求与日俱增，数字技能人才短缺已经成为制约数字经济发展的重要因素。作为高校，尽快投入教育数字化转型的明智之举，就是在数智时代背景下，根据数智技能人才的大量需求机会和自己学校的人才培养定位，抢抓机遇，率先作为，采取数字化智能化应用的强有力措施，加快培养数智经济背景下相应类型的数智技能人才。

（1）创新型高级数智技能人才。这种人才是数字经济的主要创新驱动者。他们集中于产业数字化领域。要求掌握高度复杂的数字技术专业知识，深刻了解本行业的技术前沿动态，并主要从事数字技术与产品的开发和设计服务等工作。他们一般聚焦于关键芯片、基础软件、操作系统等核心技术创新，以及数据驱动、算法算力等商业模式创新。其代表性职业有大数据工程技术人员、云计算工程技术人员、信息系统分析工程技术人员、数字化解决方案架构师、虚拟现实产品设计师等。

（2）专业型高级数智技能人才。这种人才是产业数字化领域的高端技能人才，属于专业性的跨界人才。他们聚焦于原有行业（将数字技术融入原有行业）。要求他们不仅需要具备扎实的行业技能，而且需要充分了解和掌握数字技术的理论与实践知识，以实现所在行业的数字化转型和劳动生产率的提高。其代表性职业有地质测绘工程技术人员、雷达导航工程技术人员、海洋环境预报工程技术人员、广播视听设备工程技术人员等。

（3）应用型高级数智技能人才。这种人才是行业产业数字化过程中的具体操作者。要求他们必须具备一定的数字技术理论和熟练的数字技术实践知识，以应对工艺技术和设备的数字化转型。其代表性职业有电子商务师、互联网营销师、智能楼宇管理员、档案数字化管理师、信息通信网络机务员、全媒体运营师、工程测量员等。

（4）基础型基层数智技能人才。这种人才是数字经济最广大的基层从业者和支撑数字经济繁荣发展的基本力量。要求他们依托各个数字平台，通过平台大数据分析进而精准匹配供给端与需求端。其代表性职业有平台外卖员、网约车司机、直播带货员等。

1.3 增强使命感：火速适应“人工智能，无所不能”的人工智能走势

1.3.1 快懂 AI 技术：其技术已成全球最高境界

人工智能的高速发展，意味着技术创新已经成为全球创新的最高境界，更意味着超人

类创新时代已经到来。要火速适应这种时代的快速发展，就应快速熟悉 AI 技术，快速懂得 AI 技术的基本情况特别是快速懂得 AI 技术的基本原理，为快速应用 AI 技术奠定基础。

快懂 AI 技术，需要切实懂得人工智能的基本概念。人工智能（Artificial Intelligence，AI）是研究、开发用于模拟、延伸和扩展人的智能的理论、方法、技术及应用系统的一门新的技术科学，或是指用机器模拟、实现和延伸人类的感知、思考、行动等智力与行为能力的科学与技术，包括自然语言处理、语音识别、图像识别和处理、情绪检测、人工创作等。可以说，人工智能就是制造智能的机器。简单说，人工智能是让机器实现原来只有人类才能完成的任务，其核心是算法。人工智能的内涵已经大大扩展，涉及计算机科学、心理学、哲学和语言学等学科。可以说几乎是自然科学和社会科学的所有学科，是一门交叉学科。

快懂 AI 技术，需要及时了解人工智能的发展历程。全球人工智能发展，有三种说法：一种说法是迄今经历了两代，第一代人工智能是知识驱动型的，总体进展有限，第二代人工智能是数据驱动型的，就是炙手可热的大数据、深度学习等；第二种说法是经过了“三个时期”；第三种说法是经历了“三次热潮”（或称为“浪潮”）。为帮助读者快速清晰地认识、了解和懂得 AI 技术的发展进程及原理，现把第二、三种说法陈述如下。

第一，全球人工智能发展经过了“三个时期”。

（1）人工智能的萌芽期（1936—1955 年）。从 1936 年艾伦·麦席森·图灵提出被称为图灵机的逻辑机通用模型。他发表了“计算机器与智能”的论文，提出了著名的“图灵测试”，形象地提出了人工智能应当达到的智能标准，到 1946 年建成电子数字积分计算机，再到 1951 年创建第一个人工智能实验室，最后到第一次机器翻译的成功研制，人工智能处于比较稳定的研究发展萌芽阶段。

（2）人工智能的初创期（1956—1980 年）。从 1956 年 AI 诞生，到 1959 年第一台工业机器人诞生，再到 1966 年建成第一个智能聊天机器人，再到 1969 年互联网诞生，最后到 20 世纪 80 年代人工智能研究发展走出寒冬，人工智能处于起伏不定的研究发展初创阶段。

（3）人工智能的成长期（1981—2011 年）。从 1981 年日本研制成功第五代计算机，到 1986 年提出误差反向传播算法，再到 1997 年 5 月 11 日美国 IBM 公司研制的并行计算机“深蓝”击败了雄踞世界棋王宝座 12 年之久的国际象棋世界冠军卡斯帕罗夫，再到 2002 年家用机器人问世，最后到 2011 年 IBM 公司研制成功的 AI 计算机（沃森系统）在综艺竞答类节目《危险边缘》游戏中击败两位人类冠军，人工智能处于高速发展的研究发展成长阶段。

第二，全球人工智能发展经历了“三次热潮”。

（1）始于 20 世纪 50 年代的第 1 次人工智能热潮（1950—1980 年）。这个时期，科学家们主要研究如何让计算机模拟人类思维。这次热潮并没有使用什么全新的技术，主要代表就是专家系统和非智能对话机器人。

（2）始于 20 世纪 80 年代的第 2 次人工智能热潮（1980—2006 年）。这个时期，科学家们在第 1 次人工智能浪潮研究成果没有达到预期目标的情况下，主要研究基于神经网络的模式识别技术和机器学习等项目并使之成为主流。这次热潮，语音识别是最具代表性的几项突破之一。核心突破的原因，就是放弃了符号学派的思路，改为了统计思路解决实际问题。因此，这个时期也称为统计学建模的春天。

（3）始于21世纪初的第3次人工智能热潮（2006年至今）。这个时期，科学家们主要研究深度学习和大数据技术的发展与应用。使得人工智能技术发生了革命性变革。这次热潮，是深度学习的提出引起了广泛的关注。2006年，杰弗里辛顿提出了英国新型的神经网络模型，并将其论文发表在当年的《科学》杂志上。在这篇论文成果中，辛顿首次提出了深度神经网络的想法和实现的思路。奠定了后来神经网络全新架构。时至今日，仍然是人工智能深度学习的核心技术。之后，人工智能迅猛发展。从2012年深度学习取得性能突破和谷歌首次绘制知识图谱，到2016年和2017年，谷歌发起了两场轰动世界的围棋人机之战，其AI系统阿尔法狗（AlphaGo），2016年3月9—15日在韩国首都首尔以3：1大胜曾经的围棋世界冠军韩国李世石和2017年5月以3：0大胜中国柯洁，到2020年谷歌研制成功的无人车行驶超300万千米和2022年11月30日OpenAI（OpenAI是美国人工智能研究公司，是由马斯克等硅谷三巨头于2015年创建的。后改名为“美国开发人工智能研究中心。后2018年马斯克退出，微软2019年参与合作并投资占49%成为第一大股东。代表产品ChatGPT和Sora）发布了聊天机器人模型ChatGPT（全名：Chat Generative Pre-trained Transformer）。ChatGPT是人工智能技术驱动的自然语言处理工具，它能够基于在预训练阶段所见的模式和统计规律来生成回答，还能根据聊天的上下文进行互动，真正像人类一样来聊天交流。ChatGPT的本质就是提高人脑对各种信息资料进行收集、整理、计算、分析等能力的智能工具，是为人脑“观念建构”提供丰富、精准的方案、图式等资料或条件等的工具体系），标志着这一技术在文本生成领域取得了显著进展），再到2023年被称为生成式人工智能（即Generative artificial intelligence。是人工智能的一个分支，是基于算法、模型、规则生成文本、图片、声音、视频、代码等内容的技术。这种技术能够针对用户需求，依托事先训练好的多模态基础大模型等，利用用户输入的相关资料，生成具有一定逻辑性和连贯性的内容。与传统人工智能不同，生成式人工智能不仅能够对输入数据进行处理，更能学习和模拟事物内在规律，自主创造出新的内容）的突破之年（2023年12月26日，“生成式人工智能”入选“2023年度十大科技名词”），最后到2024年2月5日比尔·盖茨投资的硅谷公司KoBold Metals宣布：用AI技术在赞比亚找到了“世界级”铜矿，及2024年2月文生视频大模型Sora问世，在全球内容创作行业卷起了新的风暴，成为人工智能发展进程中的一个重要“里程碑”，等等。

快懂AI技术，需要把握人工智能的发展动向。作为20世纪70年代以来世界三大尖端技术（空间技术、能源技术、人工智能）、21世纪全球三大尖端科技（基因工程、纳米科学、人工智能）、第四次工业革命暨新一轮科技革命六大代表性先进技术（人工智能、量子计算、物联网、区块链、新能源、生物技术）之一和新一轮科技革命和产业变革重要驱动力的人工智能，正在深刻改变着社会生活方式和各类产业业态，改变着许多社会职业的性质、内容、工作方式、职业技能素质要求等。

世界各国争先发展人工智能。AI技术已经成为不少科技强国竞相争夺的战略技术高地。世界主要发达国家均把发展人工智能作为提升国家竞争力、维护国家安全的重大战略，加紧出台规划和政策，围绕核心技术、顶尖人才、标准规范等强化部署，力图在新一轮科技革命中掌握发展的主导权。

2023年9月7日，联合国教科文组织在进行全球调研的基础上发布了全球首份《生成式人工智能在教育和研究中的应用指南》。呼吁各国政府通过制定法规、培训教师等，规范生成式人工智能在教育中的应用。并解释了生成式人工智能的定义，阐述了生成式人工智能引发的争议及其对教育的影响，尤其是它如何加剧数字鸿沟，列出了各国政府为规范生成式人工智能应采取的关键步骤，并为在教育和研究中以符合伦理要求的方式应用生成式人工智能建立政策框架等。

2023 年 10 月 18 日，中国网信办代表中国政府发布了《全球人工智能治理倡议》。就在当天，国家主席习近平在第三届“一带一路”国际合作高峰论坛开幕式主旨演讲中向大会提出了全球人工智能治理倡议，提出中国方案，贡献中国智慧。

中共中央政治局委员、外交部长王毅出席“人工智能能力建设国际合作高级别会议”时指出，中方认为，推进人工智能全球治理应遵循几个原则：一要坚持全面平衡，人工智能治理涉及伦理价值、安全治理、标准规范、能力建设和机制机构等各个方面，要秉持系统思维全面平衡推进，构建人工智能全球治理框架；二要坚持公平普惠，打造开放、包容、普惠、非歧视的发展环境，让人工智能红利惠及所有国家，人工智能不能沦为维护霸权、追求优势的工具；三要坚持多边主义，在联合国框架下建立各国普遍参与的人工智能治理机制，让各国平等参与、平等受益。随后得到了不少国家的响应。

2023 年 12 月 8 日，欧洲议会、欧盟成员国和欧盟委员会三方就《人工智能法案》达成协议。这项法案有望成为全球第一部关于人工智能领域的全面监管法规。

2024 年 4 月，在瑞士举行的第 27 届联合国科技大会上，世界数字技术院（WDTA）发布了《生成式人工智能应用安全测试标准》和《大语言模型安全测试方法》两项国际标准（是由 OpenAI、蚂蚁集团、科大讯飞、谷歌、微软、英伟达、百度、腾讯等数十家单位的多名专家学者共同编制而成的）。

中国全面推动人工智能发展。中国科学院院士、清华大学交叉信息研究院姚期智院长说过，人工智能是科技制高点，谁能够掌握它，谁就掌握了经济社会发展的巨大优势，所以中国一定要在人工智能方面尽快实现突破，在世界上争取我们的地位。其实，中国的 AI 发展特别是 AI 应用落地已经走在了世界前列！中国人工智能起步于 1978 年，经过持续多年的研发布局，特别是 2017 年国家颁布《新一代人工智能发展规划》以来，人工智能上升为中国的国家战略，我国人工智能进入快速发展的新阶段，并在多个领域取得重要成果，部分领域关键核心技术实现了突破，已形成全球影响力。中国政府还开展了“人工智能+”战略行动。中国国家“十四五”规划和 2035 远景目标中还确定了关于建设数字中国的战略决策，从国家战略高度解读进行人工智能相关研究的重要意义，等等。截至 2021 年，我国 AI 发展状况为以下几个方面。

（1）在 AI 基础理论方面。中国在新兴的深度学习理论和推理算法、类脑计算、脑机接口等基础前沿领域取得突破，在智能芯片等部分关键技术领域取得重大成果，华为“昇腾”、深度学习处理器芯片“寒武纪”、清华大学可重构芯片等均达到世界先进水平。

（2）在 AI 关键技术方面。中国在机器翻译、自动驾驶、智能机器人等技术上紧跟世界前沿，实现部分关键技术的突破，并在人脸识别、语音识别与生成等领域居世界领先地位。

（3）在 AI 行业应用方面。中国人工智能加速与各行业、各领域融合发展，AI 技术正从互联网应用逐渐向实体经济和民生领域渗透。中国人工智能行业应用不断落地开花，并在智能医疗、智慧城市、智能物流、智能交通和智慧环保等方面取得显著成效。

1.3.2　勤学 AI 应用：其应用已令全球震撼袭来

“在算法、算力、数据三要素的支持下，人工智能获取知识的能力已经超过人类”已得证明。人工智能“几乎可以取代所有形式的人类劳动”已在临近。AI 应用已令全球震撼。如何应对这种 AI 技术广泛应用对个人、企业、行业的颠覆式影响呢？可考虑在结合本职工作勤学 AI 应用的基础上，从及时了解 AI 应用现状、重新确立 AI 应用观念和着力践行 AI 应用实践三个方面入手。

（1）应对 AI 高速发展，应及时了解 AI 应用现状。诸如前述人工智能机器人战胜象棋、围棋世界冠军和用 AI 技术找到了“世界级”铜矿等 AI 应用硕果已成事实。成立于 2020 年的天津江天数据科技有限公司，其前身就是一家有数十年历史的钢铁冶金企业；云南一家设计集团公司不久前改名为 AI 公司；［美］克里斯·达菲著、孙超译的《AI 到来》一书则是由 AI 机器人与人类共同对话完成的；如火如荼的无人机及光伏无人机、无人飞船、无人驾驶汽车研制无不应用了 AI 技术；因应用 AI 技术预测蛋白质结构取得卓越成就而获 2024 年诺贝尔化学奖，等等。

（2）应对 AI 高速发展，应重新确立 AI 应用观念。应当重新确立“人工智能是科技制高点，谁先占领谁就拥有巨大发展优势”的观念、AI 高速发展是机遇与挑战并存的观念、批判性学习应用 AI 的观念、把“勤学 AI 应用的目的全在于结合本职工作加快应用 AI 技术”作为今后工作出发点和落脚点的观念，把《人工智能革命：历史、当下与未来》一书（王天一著）警示人们的：“创新的人工智能技术将使人们能够更有效地利用自己的时间，做人类最好的工作——创造，想象和创新”“创造性和想象力——人类最后的阵地”变为应对 AI 高速发展的具体行动：努力做好人类最好且最有意义的工作——创造，想象和创新。

（3）应对 AI 高速发展，应着力践行 AI 应用实践。心动不如行动。AI 应用席卷全球！AI 技术正在逐步成为推动社会进步的关键力量之一。践行 AI 应用实践，国内外多方面都在行动。

1）践行 AI 应用实践，国际社会在行动。

OpenAI 2022 年 11 月 30 日发布聊天机器人模型（程序）ChatGPT 英文全名：Chat Generative Pre-trained Transformer，别称：聊天生成预训练转换器或智能聊天机器人，也是一个由 OpenAI 训练的大型语音模型，还是生成式人工智能的主要代表。并于 2023 年 3 月 14 日进行了更新。OpenAI 推出的 ChatGPT 标志着生成式人工智能技术在文本生成领域取得了显著进展，2023 年被称为生成式人工智能的突破之年。《ChatGPT 时代：ChatGPT 全能应用一本通》（江涵丰著）写到：ChatGPT“一经发布就引爆了互联网，只用了五天时间用户数量就突破了 100 万，不到 2 个月时间，用户数量突破 1 亿，成为有史以来用户增长最快的应用。”“ChatGPT 发布不久，就已经开始影响人们日常生活的方方面面，就像比尔·盖茨对它的评价：‘不亚于互联网的诞生’。”ChatGPT 具有强大的自然语言处理、知识库、情感分析、个性化回复、多语言支持、学习功能、实时翻译、智能推荐、人机协作及娱乐功能等十大功能，可为用户提供更加便捷、智能、个性化的服务体验。ChatGPT 使用了自然语言处理技术（NLP）、深度学习技术、生成式建模技术、Transformer 架构、预训练与微调、多任务学习和迁移学习等多种技术。ChatGPT 至少拥有语言生成和创作、辅助论文写作、语言理解和问答、语言翻译、自然语言处理、智能客服和机器人、智能家居、情感分析和垃圾邮件过滤、推荐系统和金融风控和教育和培训等十个具体应用场景。这些具体应用场景展示了 ChatGPT 在全球各个领域的强大功能和广泛适用性。ChatGPT 是一个非常有用的工具，可以帮助人们更高效地工作、学习和生活。2023 年以来，以 ChatGPT 为代表的生成式人工智能成为全球科技热点，它不仅影响着人类的生活和生产方式，而且为各种行业的创新和发展提供了新的工具和视角。

联合国教科文组织 2023 年发布了全球首份《生成式人工智能在教育和研究中的应用指南》（以下简称《指南》）。《指南》解释了生成式人工智能的定义，阐述了生成式人工智能引发的争议及其对教育的影响，尤其是它如何加剧数字鸿沟，列出了各国政府为规范生成式人工智能应采取的关键步骤，并为在教育和研究中以符合伦理要求的方式应用生成式人工智能建立政策框架。

国家互联网信息办公室联合国家发展和改革委员会、教育部、科学技术部、工业和信息化部、公安部、国家广电总局公布《生成式人工智能服务管理暂行办法》，自 2023 年 8 月 15 日起执行。第三条指出：“国家坚持发展和安全并重、促进创新和依法治理相结合的原则，采取有效措施鼓励生成式人工智能创新发展，对生成式人工智能服务实行包容审慎和分类分级监管。”

联合国教科文组织 2024 年 8 月在其网站上发布了分别面向教师及学生的人工智能能力框架。这些框架旨在指导各国学生和教师了解人工智能的潜力和风险，以便在教育和其他领域以安全、道德和负责任的方式应用人工智能。

因为应用 AI 技术预测蛋白质结构取得卓越成就而荣获 2024 年诺贝尔化学奖。2024 年诺贝尔化学奖揭晓，授予大卫·贝克（David Baker）、戴米斯·哈萨比斯（Demis Hassabis）和约翰·江珀（John M. Jumper），以表彰他们利用人工智能在蛋白质结构预测方面的卓越成就。他们的工作展示了 AI 在生命科学领域的巨大潜力。AI 不仅加快了复杂生物过程的理解速度，还为药物研发提供了新工具。通过精准预测蛋白质结构，AI 让科学家可以更加高效地设计新药物，改善人类健康。

2）践行 AI 应用实践，中国政府在行动。

教育部 2021 年 9 月 7 日发布了《关于实施第二批人工智能助推教师队伍建设行动试点工作的通知》；2022 年 12 月 8 日发布了《最高人民法院关于规范和加强人工智能司法应用的意见》；《生成式人工智能服务管理暂行办法》；2024 年的中国政府工作报告中提出，深化大数据、人工智能等研发应用，开展“人工智能+”行动，打造具有国际竞争力的数字产业集群。截至 2024 年 10 月，中国已完成备案并上线的生成式人工智能服务大模型数量已超 200 个，注册用户超 6 亿。

3）践行 AI 应用实践，中国教育在行动。

中国教育系统全面实施“人工智能赋能行动”。促进智能技术与教育教学、科学研究、社会的深度融合，服务人的全面发展，为学习型社会、智能教育和数字技术发展提供有效的行动支撑。教育部 2021 年 9 月 7 日发布了《关于实施第二批人工智能助推教师队伍建设行动试点工作的通知》，教育部高等教育司公布首批“人工智能+高等教育”应用场景典型案例，等等。

主要高校率先践行AI应用实践。上海交通大学：2023年12月15日发布了《生成式人工智能教师使用指南》；华东师范大学与北京师范大学：2024年6月29日共同在华东师范大学发布了《生成式人工智能学生使用指南》，其中规定AI内容不超过全文20%；清华大学：将建设100门人工智能赋能教学试点课程，并为每一位2024级新生配备“AI成长助手”；北京大学：“基于大语言模型交互工程的AI助教”，通过检索增强生成技术，实现了基于课程内容的AI助教与学生之间的自然交互，为学生提供个性化、定制化和互动式的助教，有效提升了教学效果；武汉大学：涉及数据科学的课程有884门，通过厘清逻辑，将这800多门课整合归纳为18门课，成为全国首家提出体系化进行数智人才培养方案的高校；南京大学：2024年9月面向全体本科新生开设了“人工智能通识核心课”。

案例1-3　中国首份教育领域人工智能应用指南在北京公布——2024年10月26日，2024年北京市数字教育工作推进会上，正式公布了《北京市教育领域人工智能应用指南》，提出了人工智能在教育领域的应用规范，指导学校、师生稳妥、有序地开展人工智能应用实践，旨在对学校教育应用人工智能进行引导和规范，为教育工作者提供系统化的指导，帮助他们将新技术更好地融入教学与管理中。特别明确了以“智”助教、以“智”助学、以“智”助评、以“智”助育、以“智”助研、以“智”助管等六大重点应用领域，全面涵盖了人工智能在学校教育中的所有关键应用层面。

（1）以智助教——研发智能助教，支撑教师备授课，实现减负增效，让教师有更多精力去从事创造性教学活动、育人活动。学校可以为教师提供智能教学助手，在智能课程设计、智能备课、个性化教学、智能课堂管理、智能教学分析、智能作业批阅、智能辅导答疑、智能学情分析等应用场景方面开展实践探索，提升教育教学质量，实现教师工作提质增效减负。

（2）以智助学——人工智能应用应立足于学生的全面发展，其价值在于引导学生进入更深层次的思维，促进其科学发现和创新能力的提升，务必确保人工智能技术应用的最终目标是促进学生健康成长。学校要围绕“以学生为中心”理念，积极利用人工智能技术助力学生个性化学习、研究和实践，促进学生在不同学习环境下的自主学习能力和探索性、创新性思维发展。可以开发智能学伴、实施智能辅导，不断提升学生的科学和人文素养，让每个学生成为最好的自己。

（3）以智助评——利用人工智能构建面向师生的多元化评价体系。

（4）以智助育——积极利用人工智能技术在智能阅读、智能体育训练、智能美育教育、个性化心理支持等方面开展实践探索。

（5）以智助研——借助模拟计算、数据挖掘等手段，构建数据驱动的研究新范式，不断深化规律性认识。借助人工智能积极构建新型智能教研生态。

（6）以智助管——建设人口预测、资源配置、决策支持等智能工具，适应人口和社会结构的变化，提升教育治理体系和治理能力的现代化水平。利用人工智能实现多模态、全景式、动态化的校园智能化管理。

1.3.3　多应AI挑战：其挑战已达全球各个领域

人工智能高速发展，已经给个人、企业、行业、国家带来了新的挑战！我们除了应当具备创新应用能力之外，还应当具备职业迁移能力，应当做好可能多方面应对AI挑战的充分准备。

如何准备才能更好的多方面应对 AI 挑战呢？重点可从以下三个方面发力。

（1）从宏观上看到中国 AI 快速发展优势，持续增强应对 AI 挑战的信心。中国 AI 发展优势主要体现在以下五个方面。

1）有力的战略引领。中国政府把发展人工智能作为国家战略，并从各个方面创造条件和重视支持。

2）配套的政策支持。作为国家战略的《新一代人工智能发展规划》2017 年颁布以后，全国各部门、各地方积极推动落实，北京、上海、天津、重庆等多地均出台相应人工智能规划和行动计划，并加大研发投入、设立研发机构、制定人才引进和税收优惠等配套政策，带动企业加快智能化转型步伐，形成了政产学研用协同推进人工智能发展的格局。

3）海量的数据资源。中国拥有全球最多的 9.89 亿网民数量和 9.86 亿手机用户及手机网络支付用户 8.53 亿，还有全国医疗门诊每年达 80 多亿人次等特定应用领域数据。世界仅有的大规模数据量，也为国家人工智能技术的发展提供了丰富资源。

4）丰富的应用场景。中国具有全球规模最大，且较为成熟的互联网市场，AI 在互联网领域的应用空间十分广阔。全国拥有全球最完整的产业链，各细分领域都面临转型升级需求，对 AI 赋能需求巨大。随着新型城镇化加速推进，城镇规模不断扩大，利用 AI 改进城市基础设施、提升城市治理水平潜力巨大。

5）聚集的青年人才。大量国内外 AI 青年人才聚集在中国人工智能发展的旗帜之下。国内各重点院校正在加快布局人工智能学院，在国家支持下扩大 AI 本科和研究生培养规模。在与 AI 相关的国际顶级会议和学术期刊中，中国 AI 青年学者成为最活跃的群体之一。AI 青年人才领衔的 AI 创业企业和独角兽企业猛增，海归 AI 青年人才大幅增长等。

（2）从中观上找到中国 AI 快速发展差距，切实抓住应对 AI 挑战的关键。截至 2021 年，中国 AI 发展主要存在四方面差距。

1）人工智能基础理论和原创算法差距较大。中国人工智能研究原创性贡献不多，虽然近年高质量论文数量增长显著，但顶级论文和重大理论创新仍以美国、英国、加拿大等国为主。这意味着，中国人工智能领域从 0 到 1 的基础创新少，从 1 到 N 的应用创新多。其核心算法和开源系统薄弱，是中国人工智能领域最突出的技术瓶颈之一，导致我国深度学习模型、生成对抗网络等新的重大成果和原创性理论贡献不多，并在机器学习等通用开源算法平台方面布局不够，产业发展主要依赖国际巨头的开源代码和系统框架。中国人工智能的基础研究还处于比较缺乏阶段。中国科学院计算技术研究所研究员陈云霁曾在《智能计算系统——一门人工智能专业的系统课程》一文中尖锐指出：“越是人工智能上层（算法层、应用层）的研究，我国研究者对世界作出的贡献越多；越是底层（系统层、芯片层），我国研究者的贡献越少。在各种 ImageNet 比赛中，我国很多机构的算法模型已经呈现‘霸榜’的趋势，可以说代表了世界前沿水平。但这些算法模型绝大部分都是在 CUDA 编程语言、Tensorflow 编程框架以及 GPU 之上开发的。在这些底层的‘硬科技’中，我国研究者对世界的贡献就相对少了很多。底层研究能力的缺失不仅给我国人工智能基础研究拖后腿，更重要的是，将使得我国智能产业成为一个空中楼阁，走上信息产业受核心芯片和操作系统制约的老路。”

2）高端芯片、关键部件、高精度传感器等方面基础薄弱。国际巨头英伟达、高通、英特尔等公司仍然垄断全球高端芯片业务，尤其是2020年各大厂商之间的并购，使主动权进一步被西方发达国家掌握。这些因素导致中国关键设备、高端芯片、重大产品与系统、基础材料、元器件、软件与接口等方面基础薄弱，而在图形处理器、专用集成电路和现场可编程门阵列等硬件技术方面，欧美国家仍然占据垄断地位。

3）未能形成具有国际影响力的人工智能创新生态。国际巨头通过建立人工智能开放平台，打通硬件—系统—产业链条，主导了创新生态建设。中国面向特定领域的国家级人工智能开放创新平台虽已初见成效，但在机器学习的通用开源算法平台方面仍然布局不够，对产业链的带动性和国际影响力还有待于进一步提高。

4）AI高水平人才严重不足是制约中国AI快速发展的最大瓶颈。“我们在超一流科研团队上还是有差距。”北京大学经济学院教授、深圳市湾区数字经济与科技研究院院长曹和平说，“我们不能出了问题才去解决问题，而是要预备一群战略型、创新型科学家。他们把已经出现和将要出现的问题，未雨绸缪地形成思想，再把这种思想具象化为问题，形成知识专利并在实验室放样。然后与大国民经济体系中产业园区中的孵化器和加速器对接，形成产业能力。”

以上四大差距，就是中国AI快速发展需要尽快解决的关键问题。

（3）从微观上把到中国AI快速发展脉向，全力实现应对AI挑战的目标。其脉向就是在坚持科技引领和应用驱动双向发力的基础上把握好五个维度。

1）整体提升人工智能科创能力。加大对人工智能领域基础研究的稳定持续支持力度，推动人工智能与数学等基础学科交叉融合，支持原创性强、非共识的探索性研究。集中力量打好关键核心技术攻坚战，引导和组织优势力量下大力气解决“卡脖子”问题。加快建设人工智能领域的国家战略科技力量，加强人工智能国家实验室和国家重点实验室等相关创新基地的整合布局。及时把握人工智能技术跃迁的重大机会窗口，以加快实施科技创新“新一代人工智能”等重大项目为抓手，解决我国经济社会智能化升级的重大技术需求。

2）全面推动人工智能场景应用。强化企业创新主体地位，深化产学研合作，提升人工智能技术在不同真实工业环境中的适应性，不断提高技术成熟度和实用化性能。通过进一步推进国家新一代人工智能开放创新平台建设等方式，充分发挥人工智能行业领军企业、研究机构的引领示范作用，鼓励各类通用软件和技术的开源开放，打造更加完善的技术创新生态。充分发挥地方推动人工智能发展的积极性，加强人工智能应用示范，全面增强经济创新力和国际竞争力。

3）加快培育人工智能人才队伍。继续把人才队伍建设作为人工智能快速发展的重中之重。坚持培养和引进相结合，完善人工智能教育体系，扩大人工智能相关专业的招生规模，加强AI人才储备和梯队建设，开辟专门渠道，实行特殊政策，实现人工智能高端人才精准引进。

4）切实加强人工智能伦理治理。人工智能具有技术属性和社会属性高度融合的特征，要围绕人工智能可能带来的风险挑战，加强人工智能在法律、安全、就业、道德伦理和政府治理等方面的问题研究，引导人工智能安全可控发展。

5）持续深化人工智能开放合作。要坚持国际开放合作，围绕人工智能全球性技术难题开展研发合作，共同推动人工智能发展与治理，共同制定人工智能领域相关国际标准和伦理规范，积极应对人工智能可能引发的全球性挑战。

最终，通过科技引领和应用驱动双向发力，全面推动人工智能应用，继续保持全球人工智能应用领先优势，努力实现在理论上补齐短板、在技术上自主可控、在产业上占据高点的中国人工智能快速发展目标。

〖本章小结〗

通过本章学习，可让大学生至少得到五个方面的收获：一是看到一种风暴，人工智能已成全球创新制高点；二是感到两大震撼，数字经济和人工智能；三是增强三个感觉，危机感、敏锐感和使命感；四是练成四类人才，创新型高级数智技能人才、专业型高级数智技能人才、应用型高级数智技能人才或基础型基层数智技能人才；五是提升五种能力，就业创业能力、创新应用能力、职业迁移能力、数智胜任能力和数智时代适应能力。

〖延续思考〗

1-1 怎样理解创新创业态势、数字经济大势和人工智能走势？

1-2 如何推进教育数字化转型？

1-3 数字赋能主要体现在哪些方面？

1-4 什么是数智化？

1-5 如何尽快学会应用人工智能？

2 创新基础：大学生创新创业的“奠基石”

第 2 章数字资源

〖名言金句〗

发展是第一要务，人才是第一资源，创新是第一动力。

——习近平

创新应当是企业家的主要特征，企业家不是投机商，也不是只知道赚钱存钱的守财奴，而就应是一个大胆创新敢于冒险、善于开拓的创造型人才。

—— 熊彼特

处处是创造之地，天天是创造之时，人人是创造之人，让我们至少走两步退一步向着创造之路迈进吧!

——陶行知

不创新，就死亡。

——艾柯卡

〖温馨提示〗

通过对创新、创造、双创教育等概念、分类、构成等相关知识的学习，更为具体而更深刻地理解创新的内涵，明确创新并不神秘和高不可攀，为实施双创教育奠定基础。

习近平总书记强调指出，抓住了创新，就抓住了牵动经济社会发展全局的“牛鼻子”。开展创新创业教育，既是一种尽快培养适应新时代要求的数智技能人才的责任担当，又是一个应用新技术加快自身发展的难得机遇，更是一种因为不能及时适应被时代淘汰的严峻挑战。但今天的中国，创新动力日趋强劲，创新活力勃发奔涌，大众创业风起云涌，万众创新誉满神州。2023 年中国创新指数达到 165. 3，比 2022 年增长 6. 0%，创新环境加速改善，创新投入持续增加，创新产出较快提升，创新成效稳中有新，保持稳步增长态势，为中国式现代化高质量发展提供了坚实支撑。因此，开展创新创业教育势在必行。

2. 1　创新的概念

2. 1. 1　创新的基础性概念

2. 1. 1. 1　创新

A　创新的基本含义

创新是指人们为了发展的需要，运用已知的信息，不断突破常规，发现或产生某种新颖、独特的有社会价值或个人价值的新事物、新设想的活动。创新的本质是突破，即突破旧的思维定式，旧的常规戒律。创新活动的核心是新颖，通俗地说，创新是别人没想到的你已经想到了，别人没发现的你已经发现了，别人没做成的你做成了。概括起来，创新是人产生新好的精神或物质产物的思维与行为的总和。

“创”和“新”连起来使用也出现在了许多经典古籍当中，如《魏书》里有“革弊创新”，《周书》里面有“创新改旧”。在《词源》中“创”有疮、伤、损、惩等意思，本义指是创伤、伤口，后引申为“破坏”之义。而“新”的意思是初始的，没有用过的，与“旧”“老”相对。在《新华字典》中对“创新”的解释是“摒弃旧的、创立新的”，即在已有的基础上提出独特的、新颖的且富有成效的见解与思维。

B　创新的经济学概念

创新的经济学概念是由美国经济学家熊彼特 1912 年在其出版的《经济发展理论》一书中以技术创新的形式提出来的，熊彼特认为：“创新是指新技术、新发明在生产中的首次应用，是指建立一种新的生产函数或供应函数，是在生产体系中引进一种生产要素和生产条件的新组合。”熊彼特还认为，创新包括五个方面的内容：引入新产品或提供产品的新质量；采用新工艺；开辟新市场；获得新供给来源；实行新的组织形式。

C　创新的细分含义

基于对“新好”含义的不同理解，创新可分为狭义创新和广义创新。

（1）狭义创新是指创新的产物对于社会来说是新的、有价值的和首创的。一般所说的创新指狭义创新。

（2）广义创新是指创新产物仅对创新者本人来讲是新产物，而对社会来说不一定是新的。某人有了一个创意，推出一种新设计，革新了一次新工艺，发明了一种新产品，对他个人来说或对一个群体来讲却并不是新的，其他部门、地区、国家已经有了。这就是广义创新。

狭义创新与广义创新都属于创新，因为它们的产物全都具备新的意义，都可以对科学技术发展和国家富裕起推动作用。比如，原子弹、氢弹都不是中国发明和首先制成的，在世界范围内不能归入狭义创新，但中国靠自己的力量造出了原子弹、氢弹的创新意义仍是深远和巨大的。又如，一项教育改革的新举措即使不属于狭义创新，但在一所学校产生了很明显的提高教育质量的效果。由此看来，狭义创新与广义创新具有相对的意义，不应因层次而半途而废。没有广义创新，何来狭义创新？从一定意义上说，广义创新是狭义创新的沃土。

案例 2-1　鲁班发明锯子——鲁班有一次上山的时候，不小心被野草将手划破了。鲁班很奇怪，一根小草为什么这样锋利？于是他摘下了一片叶子来细心观察，发现叶子两边长着许多小细齿，用手轻轻一摸，这些小细齿非常锋利。他明白了，他的手就是被这些小细齿划破的。后来，鲁班又看到一条大蝗虫在一株草上啃吃叶子，两颗大板牙非常锋利，一开一合，很快就吃下一大片。这同样引起了鲁班的好奇心，他抓住一只蝗虫，仔细观察蝗虫牙齿的结构，发现蝗虫的两颗大板牙上同样排列着许多小细齿，蝗虫正是靠这些小细齿来咬断草叶的。这两件事给了鲁班很大启发。于是他就用大毛竹做成一条带有许多小锯齿的竹片，然后到小树上去做试验，结果几下子就把树干划出一道深沟，鲁班非常高兴。但是由于竹片比较软，强度比较差，不能长久使用，拉了一会儿，小锯齿就有的断了，有的变钝了，需要更换竹片。鲁班想到了铁片，便请铁匠帮助制作带有小锯齿的铁片。鲁班和徒弟各拉一端，在一棵树上拉了起来，不一会儿就把树锯断了，又快又省力，锯子就这样发明了，大大地提高了木工工作效率。

2.1.1.2 创造

创造是指“第一次提出、造出的”，就是人们为了实现开发前所未有的独创性成果目标，应用已知信息，借助由灵感激发的高智能劳动，第一次产生崭新的物质或精神成果的行为。这个成果可以是新概念、新设想、新理论，也可以是指新技术、新工艺、新产品。它是一种“从无到有”的过程，故有人将其简称为首创或原创。

案例 2-2 林德创造电冰箱——对于现代家庭来说，电冰箱是不可缺少的。19 世纪 70 年代德国化学家林德提出了一个设想：如果利用法拉第制冷原理，先加压力使氨气液化，然后将此液化物向一个狭小的空间放出，它会立即蒸发成气体，同时吸收蒸发热，使周围的温度下降。如果使这一过程在密闭容器中反复进行，那就会实现人工冷冻。按照这一设想，林德进行了反复试验，终于在 1873 年发明了冷冻机。但这种冷冻机有一个明显的缺点，就是一旦发生故障，氨气外泄，就会臭气逼人，影响左邻右舍。为了改进冷动机，1930 年美国通用汽车公司研究所所长凯特灵受一家冷冻公司的委托，开始研制新的冷媒。凯特灵把研制任务交给了自己的得意门生米吉里。米吉里和他的另外两位年轻的同事合作，经过系统的研究，终于找到了二氟二氯甲烷这种最适宜的气体化合物，并通过动物试验，证明它无毒。他们给这种气体化合物起了个商品名叫氟利昂，并成立了一个化学公司，专门进行氟利昂的生产。随着新冷媒氟利昂和小型制冷机的出现，电冰箱很快地进入了千家万户。1939 年，通用电器公司推出双温电冰箱（一部分冷冻，另一部分冷藏，即现在家庭所用的电冰箱），一进市场便很快“飞入寻常百姓家”。

2.1.1.3 创意

创意是具有新颖性和创造性的想法。

案例 2-3 “高尔丁”死结——有这样一则寓言：上帝为人间制造了一个怪结，被称为“高尔丁”死结，并许有承诺：谁能解开奇异的“高尔丁”死结，谁就将成为亚细亚之王。所有试图解开这个怪结的人都失败了，最后轮到亚历山大，他说：“我要创建我自己的解法规则。”他抽出宝剑，一剑将“高尔丁”死结劈为两半。于是他就成了亚细亚之王。

这个寓言深入浅出地阐述了创意的真谛，也许，本身就是个怪结，没有人能把它解开，它也没有一个真正意义上的解释和定义。但可以肯定的是，创意绝不是一般意义上的模仿、重复、循规蹈矩。好的创意必须是新颖的、新奇的，甚至是惊人的、震撼的。

2.1.1.4 创业

（1）广义的创业。广义的是指一个人运用自己掌握的知识、技能、资源和发现的信息、机会等，克服思维定式，以创新的思维和艰苦的努力，开辟新的工作途径，开创新的工作局面，争创新的工作业绩，促进事业取得突破性的成就，从而实现自己某种追求或目标的过程，包括岗位创业。岗位创业是指在现有工作岗位上顺应时代发展和岗位目标要求，全面提高自身能力和素质，创造性地发挥自己的聪明才智，通过勤奋努力地工作，在事业上取得开创性的新发展，从而为岗位提供者创造尽可能多的价值。

创业实质上是一种劳动方式，是一种对自己、对企业、对社会，对国家创造价值与贡献的行为。因此，从这个角度上说，人生就是创业。

（2）狭义的创业。一般仅指自主创业，自主创业是指创业者个人或创业团队以资源所有者的身份、利用知识、能力和社会资本，通过自筹资金、技术入股、寻求合作等方式创立新的社会经济单元，并为社会上更多的人创造就业机会。自主创业的主体是投资者和资产所有者。自主创业需要创业者拥有关键资源或者具有整合资源的能力，因此，比岗位创业更为复杂艰难。

因此，广义的创业（岗位创业）和狭义的创业（自主创业）都是创业。

2.1.1.5 创新创业

创新创业是基于创新基础上的创业活动，既不同于单纯的创新，也不同于单纯的创业。创新强调的是开拓性和原创性，而创业强调的是通过实际行动获取利益的行为。因此，在创新创业这一概念中，创新是创业的基础和前提，创业是创新的体现和延伸。

总之，只要能够带来新价值的活动就是创新，在某一方面或某几方面创新并进而创业的活动，就是创新创业。

案例 2-4 中国农业“双创”显活力——中国农业“双创”具有三个特点：一是“双创”人数越来越多。据最新统计，各类返乡下乡人员已达 700 万人，创办的经济实体平均可吸纳 7 人、8 人就业。其中，返乡农民工比例为 68.5%，农村“双创”人员平均年龄 44.3 岁，展现出巨大的人口红利。二是“双创”领域越来越宽。农村“双创”人员 82% 以上创办的都是农村产业融合类项目，广泛涵盖特色种养业、农产品加工业、休闲农业和乡村旅游、信息服务、电子商务、绿色农产品、特色工艺等产业。三是“双创”起点越来越高。其中，54.3%的经营主体都使用互联网等新一代信息技术获得信息和营销产品，89.3%的农村创业创新经营主体是多人联合创业、合作创业、抱团创业，广泛采用了个人独资制、合伙制、合作制、股份合作制和股份制等形式。[1]

2.1.1.6 创新精神

A 创新精神的基本含义

创新精神是指能够综合运用已有的知识、信息、技能和方法，提出新方法、新观点和进行发明创造、改革、革新的意志、信心、勇气和智慧。创新精神是一种勇于抛弃旧思想旧事物、创立新思想新事物的精神，是一个国家和民族发展的不竭动力，也是一个现代人应该具备的素质。只有具有创新精神，我们才能在未来的发展中不断开辟新的天地。

B 创新精神的主要内涵

创新精神提倡与科学精神相统一，与其他方面的科学精神并不矛盾。

创新精神提倡新颖、独特，同时又要受到一定的道德观、价值观、审美观的制约。

创新精神提倡独立思考、不人云亦云，并不是不倾听别人的意见、孤芳自赏、固执己见、狂妄自大，而是要团结合作、相互交流，这是当代创新活动不可少的方式。

创新精神提倡胆大、不怕犯错误，并不是鼓励犯错误，只是出现错误认知是科学探究过程中不可避免的。

创新精神提倡不迷信书本、权威，并不反对学习前人经验，任何创新都是在前人成就

[1] 《大众创业万众创新　中国经济微观细胞活力迸发》，摘自人民日报海外版，2017 年 9 月 26 日。

的基础上进行的。

创新精神提倡大胆质疑，而质疑要有事实和思考的根据，并不是虚无主义地怀疑一切。

C 创新精神的具体表现

(1) 不满足已有认识（掌握的事实、建立的理论、总结的方法），不断追求新知。

(2) 不满足现有的生活生产方式、方法、工具、材料、物品，根据实际需要或新的情况不断进行改革和革新。

(3) 不墨守成规（规则、方法、理论、说法、习惯），敢于打破原有框框，探索新的规律，新的方法。

(4) 不迷信书本、权威，敢于根据事实和独立的思考向书本和权威质疑。

(5) 不盲目效仿别人的想法、说法、做法，不唯书唯上，坚持独立思考，说自己的话，走自己的路；不喜欢一般化，追求新颖、独特、异想天开、与众不同。

(6) 不僵化、呆板，灵活地应用已有知识和能力解决问题。

(7) 不跟在别人后面亦步亦趋，敢为天下先。

2.1.1.7 创业意识

创业意识是指人们从事创业活动的强大内驱力，是创业活动中起动力作用的个性因素，体现着创业者的个性，是创业者素质系统中的第一个子系统即驱动系统。

A 创业意识的要素

(1) 创业需要，指创业者对现有条件的不满足，并由此产生的最新的要求、愿望和意识，是创业实践活动赖以展开的最初诱因和最初动力。但仅有创业需要，不一定有创业行为，只有创业行为发生了，这时创业需要就上升为创业动机。

(2) 创业动机，指推动创业者从事创业实践活动的内部动因。创业动机是一种成就动机，是竭力追求获得最佳效果和优异成绩的动因。有了创业动机，才会有创业行为。

(3) 创业兴趣，指创业者对从事创业实践活动的情绪和态度的认识指向性。它能激活创业者的深厚情感和坚强意志，使创业意识得到进一步的升华。

(4) 创业理想，指创业者对从事创业实践活动的未来奋斗目标较为稳定、持续的向往和追求的心理品质。创业理想属于人生理想的一部分，主要是一种职业理想和事业理想，而非政治理想和道德理想。创业理想是创业意识的核心。

(5) 创业意志，指创业者在创业实践活动中克服困难，冲破阻碍的心理因素，创业意志具有目的性、顽强性和自制性。

(6) 创业情感，指创业者在创业实践活动中引起、推进乃至完成创业的心理因素，只有具有正确的创业情感才能使创业成功。

B 创业意识的内容

(1) 商机意识。真正的创业者，会在他创业之前、创业中和创业后，始终面临着识别商机、发现市场的考验。他必须有足够的市场敏锐度，可以宏观地审视经济环境，洞察未来市场形势的走向，以便作出正确的决策来保证企业的持续发展。

(2) 转化意识。仅有商机意识是不够的，还要在机会来临时抓住它，也就是把握机会，把商机转化成实实在在的收入和公司的持续运作，最终实现自己的创业梦想。转化意识就是把商机、机会等转化为生产力；把你的才能、你在学校学到的知识转化为智力资本、人际关系资本和营销资本。

（3）战略意识。创业初期给自己制订一个合理的创业计划，解决如何进入市场，如何卖出产品等基本问题。创业中期需要制定整合市场、产品、人力方面的创业策略和转换创业初期战略。需要指出的是，创业战略不止有一种，也没有绝对的好坏之分，关键要适合自己的创业之路。在这条路上应时刻保持着战略的高度，不以朝夕得失论成败。

（4）风险意识。创业者要认真分析自己在创业过程中可能会遇到哪些风险，一旦这些风险出现，要懂得应该如何应对和化解。大学生是否具备风险意识和规避风险的能力，将直接影响到创业的成败。

（5）勤奋意识。李嘉诚说：“事业成功虽然有运气在其中，主要还是靠勤劳，勤劳苦干可以提高自己的能力，就有很多机会降临在你面前。”创业，一定要务实，要勤奋，不能光停留在理论研究上。可以从小投资开始，逐步积累经验，不能只想着一口吃个胖子。没有资金，没有人脉都不要紧，关键你要有好的思路和想法，有勇气去迈出第一步，才会成功。

2.1.1.8 创新创业能力

从广义上讲，创新能力、创业能力、创新创业能力都是创造能力，即创造力，是一种综合性的创新能力。其普遍能力包括以下几种。

（1）诚信带队能力。创业者和团队应该诚实并且以诚相待，像对待家人一样对待团队，宁可自己吃亏，也不要让团队吃亏。

（2）自我约束能力。能够很好地进行自我管理和自我调节，实现自我约束，不在意外人的评价，拥有强大的内心。

（3）挫折承受能力。创业需要很强的挫折承受能力，创业者在心理承受能力方面是要优于常人的。

（4）分析判断能力。创业者能从错综复杂的现象中发现事物的本质，找出存在的真正问题，分析原因，从而正确处理问题，这就是创业者的分析能力。判断能力，就是能从客观事物的发展变化中找出因果关系，并善于从中把握事物的发展方向，分析是判断的前提，判断是分析的目的。

（5）市场应变能力。应变能力是一种根据不断发展变化的主客观条件随时调整领导行为的难能可贵的能力。创业者应该注意提高自己的应变能力，这样才能随机应变，也才能把危机转换成对自己有利的机遇。

（6）临机决策能力。临机决策能力是在瞬息万变的市场竞争中果断做出决策的能力，这是创业者智慧与谋略及胆量的结晶。

（7）与人合作能力。每个人的能力都有限度，善于与别人合作的人，才能够弥补自己能力的不足，达到原本达不到的目的。

（8）善于授权能力。授权是现代领导活动的重要组成部分。现代企业制度的建立使创业活动更具复杂性和多变性，领导者个人的知识和能力已难以实现优异的领导绩效，善于授权、讲究授权艺术已成为现代领导活动的重要特征和追求目标。

（9）信息处理能力。获取别人难以接触或忽视的信息是发现创业机会的必要条件，在此基础上，创业者还必须具备相应的信息处理能力，能够看到信息背后的商业价值和含义，从而发现创业机会。

（10）形象策划能力。创业者的个人形象决定公司的整体形象，良好的自我形象是成功人生的潜在资本。

（11）资源整合能力。创业者能否成功，通常取决于他们掌握和能整合到的资源，以及对资源的利用能力。优秀的创业者就是创造性地整合和运用资源，尤其是那种能够创造竞争优势，并带来持续竞争优势的战略资源。

（12）交际谈判能力。创业者必须要有很强的谈判能力。杰出的谈判能力能够让创业者在谈判过程当中直接获得更多的利益。

2.1.1.9 科学发现

科学发现是对客观世界中前所未知的事物、现象及其规律的一种认知活动。发现的结果本身是客观存在的，是不以人的意志为转移的。无论人类是否对其有所认识，它都按照自身的规律存在于客观世界中。对这种结果进行认识的活动过程就是发现。例如，物质的本质、现象和规律等，不管人类是否发现了它们，它们本来就是客观存在的。后来被人类认识到了，就是发现。科学研究的目的就是发现这些客观存在的、还没有被人类认识到的规律。发现也称为科学发现。科学是不断发现的过程，真理是不断创新的过程。

案例 2-5 青蒿素的发现——20 世纪 60 年代，在氯喹抗疟失效、人类饱受疟疾之害的情况下，1969 年，中国中医研究院接受抗疟药研究任务，屠呦呦任科技组组长。此后，屠呦呦领导课题组从系统收集整理历代医籍、本草、民间方药入手，在收集 2000 余方药基础上，编写了 640 种药物为主的《抗疟单验方集》，对其中的 200 多种中药开展实验研究，历经 380 多次失败，1971 年发现中药青蒿乙醚提取物的中性部分对疟原虫有 100% 抑制率。在青蒿提取物实验药效不稳定的困境中，东晋葛洪《肘后备急方》有关青蒿截疟的记载启迪了团队的研究思路，他们改进了提取工艺，富集了青蒿的抗疟成分，并最终于 1972 年发现了青蒿素。1973 年经临床研究取得与实验室一致的结果，抗疟新药青蒿素由此诞生。青蒿素的发现不仅找到了一个抗疟新药，而且为寻找抗疟药开辟了一条新的途径，由此带动国际抗疟领域工作的新进展，也促使世界上很多国家对青蒿素展开进一步的研究，挽救了全球特别是发展中国家数百万人的生命。2011 年 9 月，屠呦呦因创制新型抗疟药——青蒿素和双氢青蒿素的贡献，获得被誉为诺贝尔奖“风向标”的拉斯克奖。2015 年屠呦呦获诺贝尔生理学或医学奖，2016 年获国家最高科学技术奖。

2.1.1.10 技术发明

技术发明是指通过思维或实验过程首先为一项科学或技术难题找到或发现了解决方案、解决方法等成果，这些成果包括有形的物品和无形的方法等，在被发明出来之前，客观上是不存在的。通过技术研究而得到的前所未有的成果大多属于发明。发明最注重的是独创性和首创性，所以《中华人民共和国专利法》指出：发明，是指对产品、方法或者其改进所提出的新的技术方案。人类利用已有的科学知识和经验背景，在自身生产活动和社会活动中创造性地开展关于产品设计、材料利用、制作方法、工业配方、过程控制及质量管理等方面的行动及其成果的总括。

发现和发明的区别在于，发现是认识世界；发明是改造世界。发现要回答“是什么”“为什么”和“能不能”等问题，主要属于非物质形态财富；发明要回答“做什么”“怎么做”和“做出来有什么用”等问题，是知识的物化，能够直接创造物质财富。科学发现在我国是不授予专利权的。对于那些具有新颖性、创造性和实用性的发明，发明人可以申请专利，通过法律手段来保护自己的合法权益。

案例 2-6 声呐的发明——声呐诞生于第二次世界大战。它的发明，凝聚着几代科学家的心血。早在 1490 年，意大利著名美术家、科学家达·芬奇就注意到了声音在水中的传播。有一次，他来到海边写生。完成一幅画后，好奇的达·芬奇忽然产生了一个念头：水里面到底有没有什么声音？于是，他取来一根管子，将管子的一端插到水里，管子的另一端放在耳朵旁。结果听到了“咕噜咕噜”的声音。经过仔细地辨认，他发现这是远方的船航行时螺旋桨击水放出的声响。达·芬奇的这根管子可以算是声呐最古老的祖先了。3 个多世纪后，瑞士物理学家柯拉顿和德国数学家斯特模，对声音在水中的传播进行了深入的探讨。在这以后，许多科学家也进行这方面的研究。经过反复实验，他们比较精确地测出声音在水中的传播速度为 5500 km/h，比在空气中的传播快 4 倍。此外，科学家们还发现，声音在水中传播，遇到海洋中的物体或海底时，声音会被反射回来，此时也被“吞掉”一些声波。不同频率的声波，在水中被吸收和反射的程度也不相同。超声波能量集中，可朝一个方向传播，反射回来的声波比较强烈。1880 年，英国科学家彼埃尔、居里等成功地制造出换能器，实现了电、声信号的转换。这样，通过换能器，可将电波变成声波，并向海里发射；声波遇到物体后，又反射回来，换能器接收到声波，并把它变成电波，显示出来。根据超声波发出到接收所需的时间，就可以测出发射地点与物体之间的距离。后来，科学家在第一代声呐的基础上，做了许多改进，发明了“主动式声呐”和“被动式声呐”两大类。

2.1.1.11 技术创新

技术创新就是一种科技新设想转变而成的新的或改进的可销售的新产品或新工艺。

2.1.2 创新的要素性概念

(1) 创新人格因素。创新人格因素主要包括强烈的动机、浓厚的兴趣、炽热的情感、坚强的意志、进取的性格等概念。

(2) 创新智能因素。创新智能因素主要包括意力、观察力、记忆力、想象力、操作力等概念。

2.1.3 创新的过程性概念

创新过程主要包括了五个阶段。

(1) 创新阶段 1：发现问题——开始走进创新思维。一切创新是从发现问题、提出问题开始的。问题的本质是现有状况与理想状况的差距。爱因斯坦认为：“形成问题通常比解决问题还要重要，因为解决问题不过牵涉到数学上的或实验上的技能而已，然而明确问题并非易事，需要有创新性的想象力。”

(2) 创新阶段 2：综合酝酿——系统寻找创新对策。在酝酿期要对收集的资料、信息进行加工处理，探索解决问题的关键，因此常常需要耗费很长时间，花费巨大精力，是大脑高强度活动时期。这一时期，要从各个方面进行思维发散，让各种设想在头脑中反复组合、交叉、撞击、渗透，按照新的方式进行加工。

(3) 创新阶段 3：顿悟创新——瞬间出现创新办法。顿悟期很短促、很突然，呈猛烈爆发状态。久盼的创造性突破在瞬间实现，人们通常所说的“脱颖而出”“豁然开朗”“众里寻他千百度，蓦然回首，那人却在灯火阑珊处”等都是描述这种状态的。如果说“踏破铁鞋无觅处”描绘的是酝酿期的话，“得来全不费功夫”则是顿悟期的形象刻画。

（4）创新阶段4：假说验证——论证形成创新理论。验证期是评价阶段，是完善和充分论证阶段。突然获得突破，飞跃出现在瞬间，结果难免稚嫩、粗糙甚至存在若干缺陷。验证期是把顿悟期获得的结果加以整理、完善和论证，并且进一步得到充实。

（5）创新阶段5：成功实施——最终体现创新价值。经过验证期理论的验证和实践检验成功的创新成果就可付诸实践，以体现创新的价值。

2.2 创新的内涵

2.2.1 创新的特征

创新是人产生新颖的精神或物质产物的思维与行为的总和，主要有三个特征。

2.2.1.1 新颖性

新颖性是指首次出现的或首次经历到的，即“新”。这是创新的最本质特征，如果创新的事物或经过改进的事物与原有的东西基本相同，甚至完全相同，既没有任何新意，这样的创新就失去了其本身的价值。

2.3.1.2 独特性

独特性是指创新成果具有差异性，体现了其鲜明个性。该独特性既可以表现在创新成果的思想独特性、品质独特性、功效独特性、市场独特性以及文化独特性等多个方面，是创新成果脱颖而出、取得成功的关键。

2.2.1.3 有益性

有益性是指创新成果具有良好的社会效益和经济效益，即“好”。这种积极的效果是人们实施创新活动的根本目的。

2.2.2 创新的原理

创新的原理是依据创新思维的特点、对人们所进行的无数创新活动的经验性总结。又是对客观所反映的众多创新规律的综合性归纳。因此，它能为人们更好地认识创新活动、更好地运用创新方法、更好地为解决创新问题提供条件。主要有以下十个原理。

2.2.2.1 组合原理

组合原理是将两个及两个以上的因素，或按不同技术制成的不同物质，通过巧妙地组合或重组，获得具有统一整体功能的新产品、新材料、新工艺、新事物等新产物的一种创新原理。组合是“创造性的动力源泉”。据统计，组合形式的成果约占全部创新的60%~70%。

案例2-7　被誉为最精彩组合发明的瑞士军刀——被世界各国视为珍品的瑞士军刀，恐怕是迄今为止最精彩的组合发明，其中被称为“瑞士冠军”的款式最为难得，它由大刀、小刀、木塞拔、开罐器、螺丝刀、开瓶器、电线剥皮器、钻孔锥、剪刀、钩子、木锯、鱼鳞刮、凿子、钳子、放大镜、圆珠笔等31种工具组合而成。携刀一把等于带了一个工具箱，但整件长只有9 cm，重185 g，完美得令人难以置信。正因为如此，素以苛求著称的美国现代艺术博物馆也收藏一把作为军刀中的极品。

2.2.2.2 综合原理

综合原理是在分析各个构成要素基本性质的基础上，综合其可取的部分，使综合后所形成的整体具有优化的特点和创新的特征。综合不同于组合，它不是把研究对象进行简单的叠加或初级的组合。

案例2-8 智能多模式触控鼠标的发明——在当今数字化时代，人们频繁在办公、演讲等多种场景中切换设备使用方式，往往需要同时携带鼠标、触控板、演示笔等多种设备。一位设计师在使用苹果笔记本的触控板时发现，触控板的多指手势操作体验非常便捷流畅，但在进行精细设计工作时又不得不切换到传统鼠标。他注意到现代人在工作中经常需要在办公桌前精确操作、会议室中演示讲解、移动办公等多种场景之间转换。触控板流畅的手势控制、鼠标精准的定位能力、演示笔便携的演讲功能，能否将这些优势整合到一起？在这种思考的启发下，他设计了一款创新型组合式触控鼠标。这款鼠标由两部分组成：前端是一个可分离的精确定位鼠标主体，后端是一个支持多指手势的触控板基座。组合使用时可实现精确定位与流畅手势控制；分离后鼠标主体还可作为空中演示笔，既能进行激光指示，又能远程翻页和空中控制。这款产品完美融合了鼠标、触控板、演示笔三种设备的功能，顺应了电子产品多功能融合的发展趋势，为用户带来了前所未有的便捷体验。

2.2.2.3 分离原理

分离原理是指把某一对象进行科学地分散或离散，使主要问题从复杂现象中暴露出来，从而厘清创新的思路，便于人们抓住主要矛盾。分离原理是与综合原理完全相反的另一种创新原理。综合原理在创新过程中提倡聚集、综合。分离原理则提倡将事物打破、分解。鼓励人们冲破事物原有面貌的限制，将研究对象予以分离，创造出全新的概念和产品。

2.2.2.4 还原原理

还原原理是从一个事物的某一创新起点出发，按照人们研究的创新方向反向追溯到其创新原点，再以原点为中心进行各个方向上的分散，并寻找其他的创新方向，用新的思想、技术和方法在新找的思维方向上重新进行创新。还原原理就是先还原到原点，再从原点出发解决问题，或者说是回到根本上去找到问题的关键，这样往往能取得较大成功，产生突出的成果。

根据还原原理，首先需要从中抽象出问题的关键所在，即追溯到创新的原点上，或者叫作回到根本上去抓关键，所以有人也将其称为“抽象原理”。

2.2.2.5 移植原理

移植原理是指把一个已知对象中的概念、原理、方法、内容或部件等运用或迁移到另一个待研究的对象之中，促进事物间的渗透、交叉与综合，使研究对象产生新的突破而导致的创新。“它山之石，可以攻玉”即是对该原理的真实写照。移植原理的实质是借用已有的创新成果进行创新目标下的再创新，使现有成果在新的条件下进一步延续、发挥和拓展。

2.2.2.6 换元原理

换元原理是把创新对象的诸多因素看成是可以改变的变量，从而针对每一个因素进行改进思考，使问题得到解决。

2.2.2.7 迂回原理

当在创造新活动中受阻时，不妨暂停在某个疑难问题的僵持状态上，或转入下一步行动，带着未知问题继续前进；或者试着改变一下观点，注意下一个或另一个与该问题有关的侧面或外围问题。当其他问题解决后，该难题或许就迎刃而解了。善于在困境中迂回，在迂回中创造继续前进的条件，从而逐步接近目标而取得成功。

2.2.2.8 逆反原理

逆反原理要求人们敢于并善于打破头脑中陈旧的、常规的思维模式的束缚，对已有的理论、方法、技术、产品等持怀疑态度，从相反的思维方向去分析和思索，以实现创新。事物的属性是多种多样的，人们往往习惯于从显而易见的一方面去考虑问题，因而阻塞了自己的思路。在这种情况下，如果能有意识地从相反方面思考和处理问题，常常会获得意想不到的成功，产生许多未曾见过的新事物。在实际创造中，逆反原理可进一步区分为原理逆反、属性逆反、方向逆反、大小逆反。

2.2.2.9 仿生原理

仿生创新是人们通过观察和模仿生物而创新的一种原理。仿生创新的类型有原理仿生型、结构仿生型、外型仿生型。

案例 2-9 极地越野汽车的发明——在冰天雪地的南极，普通车辆难以通行，要解决南极交通问题，就得创造适应冰雪条件的车辆。苏联科学院动物研究所的科学家注意到了企鹅是南极古老的动物，它们在那里生活了 1500 万~2000 万年，适应了极地生活，在水下，企鹅游动的速度可达 36 km/h；在陆地上，它们通常是蹒跚而行，一旦遇到危险却能以 30 km/h 的速度在雪地上飞跑。原来企鹅飞跑时扑倒在地，用肚子贴在雪地表面，然后蹬动双腿，俨如使用雪杖的滑雪运动员，在雪地上快速地滑行。在企鹅的启发下，他们设计了一种新型汽车——“企鹅”牌极地越野汽车。这种汽车宽宽的底部直接贴在雪面上，用轮勺撑动着前进，行驶速度可达 50 km/h。

2.2.2.10 群体原理

随着现代科技的发展，创新的层次在提高，创新的难度在增加，离开集体的团结协作仅靠个人的努力，创新会很困难。在创造活动中结成一个研究群体，使彼此间产生积极的相互影响和促进作用，对激发创造性构想是大有裨益的。

2.2.3 创新的原则

创新原则就是开展创新活动所依据的法则和判断创新构思所凭借的标准。

2.2.3.1 遵循科学原则

创新必须遵循科学原理，不得有违科学发展规律。因为任何违背科学原理的创新都是不能获得成功的。比如，近百年来，许多才思卓越的人耗费心思，力图发明一种既不消耗任何能量、又可源源不断对外做功的“永动机”。但无论他们的构思如何巧妙，结果都逃不出失败的命运。其原因在于他们的创新违背了“能量守恒”的科学原理。为了使创新活动取得成功，在进行创新构思时，必须做到以下几点。

（1）对创新设想进行科学原理相容性检查。创新的设想在转化为成果之前，应该先进行科学原理相容性检查。如果关于某一创新问题的初步设想，与人们已经发现并获实践检查证明的科学原理不相容，则不会获得最后的创新成果。因此与科学原理是否相容，是检查创新设想有无生命力的根本条件。

（2）对创新设想进行技术方法可行性检查。任何事物都不能离开现有条件的制约。在设想变为成果时，必须进行技术方法可行性检查。如设想所需条件超过现有技术方法可行性范围，则在目前该设想还只能是一种空想。

（3）对创新设想进行功能方案合理性检查。任何创新的新设想，在功能上都有所创新或有所增强。但一项设想的功能体系是否合理，关系到该设想是否具有推广应用的价值。因此，必须对其合理性进行检查。

案例 2-10　毛细永动机——一条干毛巾，当下部接触水的时候，毛巾的上部也会渐渐变湿。这就是说，水可以沿着毛巾的细孔自动地跑上来。这种现象称为“毛细现象”或“毛细作用”。这是水的一种有趣的性质。

2.2.3.2　市场评价原则

创新设想要获得最后的成果，必须经受市场的严峻考验。爱迪生曾说：“我不打算发明任何卖不出去的东西，因为不能卖出去的东西都没有达到成功的顶点。能销售出去就证明了它的实用性，而实用性就是成功。”

创新设想经受市场考验，实现商品化和市场化要按市场评价的原则来分析。其评价通常是从市场寿命观、市场定位观、市场特色观、市场容量观、市场价格观和市场风险观六个方面入手，考察创新对象的商品化和市场化的发展前景，而最基本的要点则是考察该创新的使用价值是否大于它的销售价格，也就是要看它的性能、价格是否优良。这需要在市场评价时把握住评价事物使用性能的解决问题的迫切程度、功能结构的优化程度、使用操作的可靠程度、维修保养的方便程度、美化生活的美学程度等方面，然后在此基础上作出结论。

2.2.3.3　相对优秀原则

创新产物不可能十全十美。在创新过程中，利用创造原理和方法，获得许多创新设想，它们各有千秋，这时，就需要人们按相对优秀的原则对设想进行判断选择。

2.2.3.4　机理简单原则

在现有科学水平和技术条件下，如不限制实现创新方式和手段的复杂性，所付出的代价可能远远超出合理程度，使得创新的设想或结果毫无使用价值。在科技竞争日趋激烈的今天，结构复杂、功能冗余、使用烦琐已成为技术不成熟的标志。因此，在创新过程中，要始终贯彻机理简单原则。为使创新的设想或结果更符合机理简单的原则，可进行如下检查：新事物所依据的原理是否重叠，超出应有范围；新事物所拥有的结构是否复杂，超出应有程度；新事物所具备的功能是否冗余，超出应有数量。

2.2.3.5　构思独特原则

我国古代军事家孙子在《孙子兵法・势篇》中指出：“凡战者，以正合，以奇胜。故善出奇者，无穷如天地，不竭如江河。”所谓“出奇”，就是“思维超常”和“构思独特”，创新贵在独特，创新需要独特。在创新活动中，关于创新对象的构思是否独特，可以从创新构思的新颖性、创新构思的开创性和创新构思的独特性方面来考察。

案例 2-11 独具特色的牛仔裤——1850 年，美国人利维·斯特劳斯创制了牛仔裤，开始是为淘金者专用的抗磨损的工作服。牛仔裤采用了西班牙牧童短裆瘦腿裤的款式，缝制过程中用走明线、钉铜锌合金扣的方式加工，并在口袋四角钉铆钉，在重要部位用皮革镶边，在显眼位置钉金属亮片，既增加了裤子的耐磨性，又增加了裤子的装饰性，独具特色、卓越不凡。加上电影明星迪安·伯兰又身穿牛仔裤，作为劫富济贫的英雄出现在西部电影上，更为牛仔裤推波助澜，问世不久就风靡世界。在此后漫长的时间里，虽然世界上各类服饰频频发生危机，但牛仔裤却长盛不衰。究其原因，是牛仔裤既保持了自己独特的风格，又在款式、面料、饰物和制法上不断增添新的特色，所以“独领风骚数百年”。

2.2.3.6 不轻易否定原则

不轻易否定，是指在分析评判各种创新方案时应注意避免轻易否定的倾向。在飞机发明之前，科学界曾从“理论”上进行了否定的论证，过去也曾有权威人士断言，无线电波不可能沿着地球曲面传播，无法成为通信手段。显然，这些结论都是错误的，这些不恰当的否定之所以出现是由于人们运用了错误的“理论”，而更多的不应该出现的错误否定，则是由于人们的主观武断。

2.2.3.7 不简单比较原则

在避免轻易否定倾向的同时，还要注意不要随意在两个事物之间进行简单比较。不同的创新，包括非常相近的创新，原则上不能以简单的方式比较其优势。

不同创新不简单比较原则，带来了相关技术在市场上的优势互补，形成了共存共荣的局面。创新的广泛性和普遍性都源于创新具有的相融性。如市场上常见的钢笔、铅笔就互不排斥，即使都是铅笔，也有普通木质的铅笔和金属或塑料杆的自动铅笔之分，它们之间也不存在排斥的问题。总之，在尽量避免盲目地、过高地估计自己的设想的同时，也要注意珍惜别人的创意和构想。简单的否定与批评是容易的，难得的却是闪烁着希望的创新构想。

2.2.4 创新的类型

根据不同的标准，可以对创新进行分类。如根据创新的行为主体，可分为政府创新、企业创新、团体创新、个人创新等；根据创新的意义大小，可以分为渐进性创新、突破性创新、革命性创新等；根据创新构成而言，可分为以下三类。

2.2.4.1 知识创新

知识创新是指通过科学研究，包括基础研究和应用研究，获得新的基础科学和技术科学知识的过程，其目的是追求新发现、探索新规律、创立新学说、创造新方法、积累新知识，是科技创新的基础，是新技术和新发明的源泉，是促进科技进步和经济增长的革命性力量。其为人类认识世界、改造世界提供了新理论和新方法，为人类文明进步和社会发展提供不竭动力。

案例 2-12 帕斯卡定律——法国数学家、物理学家布莱斯·帕斯卡于 1623 年 6 月 19 日生于克勒加菲朗，父亲是位著名的数学家，母亲也受过良好的教育，帕斯卡自幼就受到了极好的家庭教育。在父亲的影响下，帕斯卡 16 岁时就参加了巴黎数学家和物理学家小组的学术活动，就在这时期，他发表了题为《圆锥曲线论》的第一篇论文。在这篇论文里他提出了投影几何的一个重要定理，即圆锥曲线内接六边形，其三对边之交点共线。后来被称为帕斯卡定理，并成为投影几何学上的基本定理之一。这个神秘的六边形题目即帕斯卡定理连同帕斯卡其人，从此扬名于数学界。年轻的帕期卡没有在赞扬和荣誉面前停步不前，而是再接再厉，约在18岁时，发明了一种二进制的算术运算计算器，为后来计算机的设计提供了最初的原理，以后又不断在数学和物理方面有所发现和创新。31岁时，他发表了《论算术三角形》的论文，提出了二项式系数的三角形排列方法，后来被称为“帕斯卡三角形”。帕斯卡在物理学方面的主要成就在于对流体力学和大气压强的研究，关于液体压强的传递定律——帕斯卡定律是在1653年发现的，直到1663年他死了一年之后才正式发表。帕斯卡指出，盛有液体的容器壁上所受的由于液体的重量所产生的压强仅仅与深度有关。传说他曾做过一次生动的实验：取一个大木桶，把它密封起来，再在盖面上开一个小孔，接上一根细长的管子，在桶里预先灌了水，然后，取来一杯水，当众把水灌注到细管里，由于水面一下子升得很高，桶内压强急骤增大，木桶不胜负载，水便破壁四溅，这个实验引起观众的莫大兴趣。

2.2.4.2 科技创新

科技创新是原创性科学研究和技术创新的总称，是指创造和应用新知识、新技术、新工艺、采用新的生产方式和经营管理模式，开发新产品，提高产品质量，提供新服务的过程。近现代世界历史表明，科技创新是现代化的发动机，是一个国家进步和发展最重要的因素之一，并通常包括了产品创新和工艺方法等技术创新。

案例2-13 中国科技成果“井喷”——“天舟一号”上太空送货加油、“蛟龙”号下探马里亚纳海沟、C919大型客机首飞、光量子计算机问世、可燃冰试采成功……2016年“科技三会”以来，我国一系列重大科研突破的集中亮相不仅极大提升了中国人的民族自信心和自豪感，也令全世界投来注视的目光。对于天舟一号货运飞船成功发射，俄罗斯齐奥尔科夫斯基航天研究院院士热列兹尼亚科夫评价说，这是中国航天向建设轨道空间站迈出的“巨大一步”，这在国际航天界也是一个令人瞩目的事件，“我们见证了另一位重要选手的崛起”。对于“蛟龙”号载人潜水器下潜至世界最深海沟（马里亚纳海沟）6 km处，世界第一个下潜到地球最低点的美国海洋学家唐纳德·沃尔什表示，中国的深海探索正在推进人类对海洋、对地球的认知，这让人印象深刻。他还特别称赞了由中国上海海洋大学等机构打造的万米级“深渊科学技术流动实验室”项目。

科技创新通常包括产品创新和工艺方法等技术创新。

案例2-14 勇于创新铸全能——“全国优秀共产党”耿家盛是云南冶金昆明重工有限公司昆明重工特种设备制造分公司的一名高级技师，1984年，他进该公司当车工。当车工第一件事是学磨刀。耿家盛说：“车刀是车工的灵魂，在我眼里，车刀、产品都是一种艺术品，一定要认真打磨。”技校毕业的耿家盛对车间里的车、镗、铣、刨、磨，样样精通，是名副其实的全能机床工，还是个创新能手。1993年，耿家盛所在的分公司首次承接132HC塔机生产任务，原加工工艺效率低，费用高。耿家盛和工友研究创新技术用T68镗床加工，使每组的加工费用从1250元降到300元，工效提高了3倍。2010年以后，耿家盛带领工作室成员先后完成拉丝机、轧机等产品工艺编制和图纸改进500余项，攻克了多个技术难关，年平均为公司节约创效100余万元。多年来他个人的技术创新有近200项。

2.2.4.3 管理创新

管理创新是指组织形成一个创造性思想并将其转换为有用的产品、服务或作业方法的过程，也即富有创造力的组织能够不断地将创造性思想转变为某种有用的结果。

案例 2-15 华为的“狼性文化”——华为作为全球知名的科技企业，其成功的关键在于其“狼性文化”。这种文化强调团队协作、对目标的执着追求以及不断自我更新的意识。华为在人才培养、激励机制和组织架构方面都有其独特之处。他们重视员工的成长与发展，提供广阔的职业发展空间，并激励员工追求卓越。这种文化不仅使华为在市场竞争中保持领先地位，也为其持续创新和适应变化奠定了基础。

2.2.4.4 知识创新、科技创新和管理创新的关系

知识创新、科技创新和管理创新是相辅相成的。知识创新是科技创新和管理创新的文化基础，没有新的理论学说和公理体系，不可能有科技创新和制度创新，科技创新反过来又为知识创新和管理创新奠定了必要的物质基础；管理创新则为知识创新和科技创新提供必要的微观和宏观环境。科技创新是社会发展的“硬件”，而知识创新和管理创新则是社会进步的“软件”，它们对国家的发展和进步起着关键作用，是社会进步的动力源泉。

2.3 创新的程序

程序也称程式。程，指过程，是一种路径行程的方法；式，指方式、形式和准则。创新的程序主要包括创新的 3 个阶段、8 个步骤和 19 类分析。

2.3.1 创新准备阶段

2.3.1.1 第一步巩固创新基础

分析 1 体系分析：创新之前先“守旧”

创新是针对时弊来说，有弊病需要改革、需要创新，没有时弊或者暂时找不到时弊，那么就不需要改革，可以守旧。

2.3.1.2 第二步分析创新机会

分析 2 机会分析：观察问题要复杂全面，确定对策要简单明确

（1）观察问题要复杂全面。就是要全面地观察分析问题。而不是片面地观察分析问题，以至于发生只知其一、不知其二，只看见局部、看不见主体，只见树木、不见森林，只停留在表面、看不到实质的重大偏差。要注意排除影响全面观察分析问题的两个最重要因素：一是主观性，二是表面性。

（2）确定对策要简单明确。善于把复杂问题简单化。有的人往往把简单的问题复杂化，而不善于把复杂的问题简单化，以至陷入无限的烦恼。其实，世界上任何复杂的问题都是有规律可循的，看其复杂，是由于我们还没有找到其规律，一旦掌握规律，再复杂的问题也能一目了然。同时，也有许多事情本来很简单，只是由于我们思想的偏执和思维的狭窄，把简单的问题给复杂化了。创新就是要善于把复杂问题简单化，才是一种大智慧。确定对策就是要尽量简单明确。

分析 3 环境分析：环境因素很重要

大量研究证实，需求拉力是创新的最主要动力，而反映需求变化的最佳途径是市场：一方面，市场需求变化引导生产者进行创新；另一方面，市场为创新提供获取资源的途径，从资本市场获得投资，从技术市场获取信息，从劳务市场吸纳人才。

大多数经济学家认为市场主流技术之所以呈现出良好的发展趋势，是因为其中的一项或者多项技术点符合市场的需求，技术在进入市场的初期只要依靠一点因素就能够取得不错的发展形势，但是随着该项市场需求被满足后，消费者开始对该项产品的其他方面提出了新的要求，只有不断创新才能够满足市场需求。

为迎合市场而进行的创新才具有生命力，但是同时也必须综合分析政策法规、社会文化等环境因素，避免一味迎合市场和消费者而非法、盲目创新。

2.3.1.3 第三步制定创新对策

分析 4 思路分析：学知识，找案例，抓灵感

善于创新并具良好创新思路者的相关特质。

分析 5 变通分析：打倒教条主义

“前事不忘，后事之师”，思考历史可以总结经验教训，但若凡事总是向后看，则容易因循守旧，无所作为。在时代前进步伐日新月异和市场环境瞬息万变的情况下，站在今天看未来的超前思维和应变能力决定了事业的发展。

分析 6 对策分析：对策就是“刀”

对策是针对可能发生的问题而拟的解决方案，是使创新思路变为切实可行的保障，是用“铁”千锤百炼打造的“刀”。“刀”的作用在于减少尝试与错误的任意性，节约解决问题所需要的时间，提高解决问题成功的概率。可将创新“思路”加工成“对策”，即把“铁”加工打磨成“刀”。刀有很多种，根据不同的需要可以随意进行选择。

2.3.1.4 第四步筛选创新对策

分析 7 前提分析：站在宏观层面上审时度势

智慧不能只是停留在微观层面上，要有站在宏观层面上审时度势的气魄和能力，对前提进行深入的分析，做一个统领全局的人。

分析 8 利益分析：穷开心，众开心，富开心

创新的实质是破与立的过程，必然涉及利益格局的调整，包括自身、部门和团体利益。创新要落地，必须过利益关，因为一个创新项目带来的改变一旦应用到生活实际，不免触动现有秩序，连带触动相应的观念和既得利益，如何实现创新项目的双赢甚至是多赢呢？

分析 9 资源分析：有钱男子汉，没钱汉子难

创新思路已经成熟，搭建了团队并找到了适合自身的创新方法，接下来需要分析的是如何借助外部资源让资源效应最大化。

分析 10 控制分析：抓住机会，制定最佳方案

人生充满了机遇，所谓“时势造英雄”就能够说明机遇对人一生的影响之大。“机会总是留给有准备的人。”“你可以没有开枪的机会，但当机会来时，你的枪里一定不能没有子弹。”，这两句话应用到创新的落地方面非常合适。

2.3.2 创新实施阶段

2.3.2.1 第五步细化创新对策

分析 11 对抗分析：向高手学“对抗”

对策就是对抗的策略，现实生活中的精彩“对抗”莫过于打麻将：各人的牌都是藏着的；不知道下一次会摸到什么牌；有人愁眉苦脸，有人喜笑颜开，都在玩心理战；最重要的是每个人的对手都不止一个，大家一团混战。

分析 12 过程分析：《孙子兵法》的真面目

A 《孙子兵法》的过程分析

《孙子兵法》有 13 篇，各篇之间步步推进，步步为“赢”，其过程为：

第一篇，始计——第一，巩固军政体系，在此基础上，决定是否有必要跟敌人打仗；

第二篇，作战——考察自己有没有实力跟敌人打仗；

第三篇，谋攻——如果既有必要打仗，又有实力打仗，怎样制定打仗的战略；

第四篇，军形——怎样根据既定战略进行军事力量的总体部署；

第五篇，兵势——怎样运用部署好的军事力量去打击敌人；

第六篇，虚实——打击敌人时怎样避实击虚；

……这才是《孙子兵法》的真面目。

B 面临分析的过程类型

同样可以照着这个真面目，把对策也步步推进，步步为“赢”。分析的过程，可以分成固定型、引导型和对抗型三种类型。

C 根据不同过程类型采取的不同手段

（1）顺应。对于固定型过程，顺应是最好的应对措施。例如四季更迭是固定型过程，春天看花、夏天游泳、秋天爬山、冬天滑雪。

（2）赶超。对于引导型过程，不能总是跟在他后面，应该超过他，牵着他的鼻子走。例如，许多公司在争夺电视、报纸、路牌的宣传途径时，“分众传媒”绕了个道，把几万栋大楼的电梯间都钉满了显示屏来给别人播放广告，这个“赶超”无疑是非常成功的。

（3）钳制。对于对抗型过程，双方你来我往，就看谁能争取主动，有效牵制住对方就能够给自己赢得发展的空间。

分析 13 程度分析：凡事都要把握“度”

孔子曰：过犹不及。这就是“度”。开展创新的“程度分析”，首先要对创新机会和创新环境进行程度分析，其次要分析创新对策的程度，主要分析力量的投入时机和投入程度，以确保在恰当时候触发有利质变，避免不利的质变。有时，在方案操作过程中需要根据形势变化及时调整投入力量的程度和时机。

案例 2-16 方太集团发布“云魔方”智能油烟机——在智能家电的热潮下，不少厂家将网络、APP、云等代表智能化的功能和标签简单粗暴地附加在家电产品上。一味标榜科技感的背后却忽略了用户的实际体验和需求的情况下，方太集团盯住消费者的需求，同时也就切中了智能家电的脉，从而确定了方太智能化的标准——有价值。2017 年 8 月 16 日，方太集团在新品发布会上，提出了创新的“度”的概念，并发布了“云魔方”智能油烟机：没有互联网，没有手机，没有云，有的是站在消费者的角度思考如何开发出真正对用户有价值、有意义的智能产品的创新原则。真正体现了“顾客真正需要的不是‘智能化’，而是‘更好的体验’的客观规律”。

分析 14 质变分析：打蛇要打七寸

荀子在所著的《劝学篇》中写道：“不积跬步，无以至千里；不积小流，无以成江海。”征途千里是一步步完成的，江海浩瀚是涓涓细流汇聚而成的。阐明了没有量变的积累，质变就不会发生的道理。任何事物的变化都有一个量变的积累过程，没有量变的积累，质变就不会发生。任何事物单纯的量变都不会永远持续下去，量变达到一定程度必然引起质变。老子说：“合抱之木、生于毫末，九层之台、起于垒土，千里之行、始于足下”。也说明了没有量变的积累，质变就不会发生的道理。

分析 15 利害分析：塞翁失马后，到底能得什么福

失败是弱者的地狱，强者的阶梯，智者的故乡，伟人的天堂，大凡成功之人，似乎都有一段漫长的失败旅程。屡战屡败，屡败屡战，曾经那么努力地为之付出，却总也得不到回报，但是如果再来一次，还有勇气和力气让自己逆流而上吗？强者从来不会在逆境中屈服，一扇门关上了，总会找到另一扇窗。经历了太多失败，以至于面对任何困难都可以从容应对。

分析 16 沟通分析：世事洞明皆学问，人情练达即文章

创新项目在实施过程中非常重要的一项内容是如何与人交往，做到“世事洞明、人情练达”需要不断地修炼。

2.3.2.2 第六步落实创新对策

分析 17 执行分析：执行需要智者

在人才培养过程中，创新创造能力的稀缺导致了其备受推崇以及执行能力的忽视。可实际上，社会上大部分人赢得幸福更多是依靠执行能力。所以在呼唤创新创造能力的同时也要认识到：创新对策的落实需要执行力；执行能力背后也有智慧，建立在智慧上的执行与盲目执行有着本质的区别。

2.3.3 创新复盘阶段

2.3.3.1 第七步总结创新对策

分析 18 理论分析：打倒经验主义

哲学原理告诉我们：办任何事情都要根据具体情况进行具体分析，千万不能搞经验主义。其实，在现实生活中，犯经验主义错误的例子很多。

创新项目在实施过程中，需要根据条件的变化不断进行调整，如果只是一味地生搬硬套，那么“经验主义”可能不再是创新的“扶手”，反而会变成创新的“绊脚石”了。

2.3.3.2 第八步构造创新公式

分析 19 形式分析：0

“0”是一个圆，既是起点也是终点。世界是个圆，从起点开始，走到终点时，其实是回到原位。从零开始，由零结束，犹如太极，大圈套小圈，无限循环。

创新的过程也是这样：程式 1 负责“守旧”；程式 2 负责分析创新机会；程式 3 负责分析创新环境；程式 4～17 负责分析创新对策；程式 18 负责把创新对策加工成固有的

“程序”和“体系”；程式0负责把之前形成的“程序”和“体系”再交给程式1去坚守。从程式1到程式18，它们之间是步步推进的，不能随便颠倒。通过程式0再回到程式1，周而复始，无限循环。著名的3M公司就是通过不断地创新，才不断实现着自我的超越。

案例2-17　新疆工程学院校园文化创新显威力——新疆工程学院不断创新校园文化建设，助力学校高质量发展。新疆工程学院是一所应用型本科大学，1985年建校，由中国人民解放军总后方勤务部第二预备学校的163名官兵集体转业建设，致力于培养煤炭、煤电、煤化工专业人才，已为社会输送各类人才11万余名，就业率连续多年排在新疆第一。新疆工程学院党委聚焦办学定位和发展目标，提出建设中华优秀传统文化、革命文化、社会主义先进文化和工业文化相结合的特色校园文化，打造了“一山、一谷、两湖、三园、五廊、六亭、八馆、十景”的校园文化体系。学校建设了“诗经园”，充分依托校园天然湿地风貌建设，围绕诗经文化修建了重檐亭、景观灯、人工水域和健身步道，园中的景观均以《诗经》中的诗句定名，并在每个灯柱四面分别镂空雕刻《诗经》中的经典诗句，16个灯柱上，共雕刻64首诗。诗经园，既在美景中体现对湿地原真性、完整性的保护，又在美文中呈现中华传统文化的独特魅力，在弘扬中华优秀传统文化中增强文化自信；学校积极联系红色收藏家李新晨先生，打造了李新晨先生藏品系列展览，分别建设3个藏书展馆，将其多年来收藏110个中英文版种的《共产党宣言》、100余个版种的《资本论》《中国共产党章程》、2400多个版种的《钢铁是怎样炼成的》、近300册高尔基《母亲》等进行集中展出，通过此举，不断滋养了学生的爱国心、强国志和报国行，更加坚定了学生听党话、跟党走的信心和决心。通过校园文化持续创新，学校文化场馆成为《习近平新时代中国特色社会主义思想概论》等3门课程的实践教学基地，成为大中小学思政课一体化建设的重要载体，成为学生社团建设成长的重要依托，成为学校助力乡村振兴的重要平台。目前，学校文化景观已累计接待校内外参观40000余人次，承担教育培训400余场，并获批新疆维吾尔自治区干部教育培训现场教学点、新疆科学家精神教育基地等称号。

〖本章小结〗

创新是社会进步的灵魂，创业是推进经济社会发展、改善民生的重要途径，创新和创业相连一体，共生共存。只要能够带来新价值的活动就是创新，在某一个或几个方面创新并进而创业的活动，就是创新创业。创新创业是基于创新基础上的创业活动，既不同于单纯的创新，也不同于单纯的创业。创新强调的是开拓性和原创性，而创业强调的是通过实践实现创新价值，获取利益的行为。因此，创新是创业的基础和前提，创业是创新的体现和延伸。

〖延续思考〗

2-1　什么是创新，你有过创新的经验或体验吗？

2-2　举例说明创新的特征是什么？

2-3　创新的原理和原则对你有什么启示？

3 创新能力：大学生创新创业的“牛鼻子”

第3章数字资源

〖名言金句〗

全球问题千头万绪，使人类面临的最大问题是怎样开发人的创造力。

——联合国教科文组织1972年主题报告

一个人是否具有创造力，是一流人才和三流人才的分水岭。

——普西

认为创造人物有特别的天赋，具有普通人没有的某种品质，这也许仅仅是外行人的看法……所有的人都在某种程度上拥有创造力，几乎所有的人都会有创造性行动。

——吉尔福特

人与人之间有程度上的差异，可是任何人都具有创造力，则是毫无疑问的。

——奥斯本

〖温馨提示〗

开发和增强创造力始终是本书学习者的出发点和落脚点！无论是发明家们的创造力，还是李冰父子修建治理都江堰的创造力或高斯的创造力，都给人以极大的启迪和激励。简单的“创造力=学习力×思维力×行动力”公式，为我们提供了一个快速提升创造力的途径。因此，通过对创造力和创造力开发的学习，了解创造力是一个综合性体系化的创新能力系统为主要表现形式的结构。创造力人皆有之和创造力可以开发是创造力开发的两个理论依据，认识、把握和获得创造力是创新能否成功的关键。创造力开发的思路和方法为开发创造力指明了道路。从而，促使大学生能够积极主动地走进创造力开发的进程之中。

3.1 创造力的概念与结构

广义上讲创新能力就是创造能力，即创造力。创新创业能力也就是创造力。

案例3-1 李冰修建治理都江堰之伟大创造力：史上最激动人心的伟大工程

秦昭王后期，蜀郡守李冰在总结前人治水经验的基础上，组织岷江两岸人民，修建了充分体现李冰伟大创造力的举世闻名水利工程都江堰。

（1）都江堰的伟大之处。

“我以为，中国历史上最激动人心的工程不是长城，而是都江堰。”（余秋雨散文《都江堰》）。散文《都江堰》通过作者自己游览都江堰的经历，从人与水相辅相成的关系表达了作家余秋雨对道的感想：“看上去，是人在治水；实际上，却是人领悟了水，顺应了水，听从了水。只有这样，才能天人合一，无我无私，长生不老。这便是道。”这样也更丰富了“拜水都江堰，问道青城山”的深刻内涵。

都江堰最伟大之处就是把成都平原造就成了“天府之国”，而且建堰2250多年来经久不衰地继续发挥着越来越大的效益。在古代每当岷江洪水泛滥，成都平原就是一片汪洋；一遇旱灾，又是千里之地，颗粒无收。岷江水患长期祸及西川，鲸吞良田，侵扰民生，成为古代蜀国生存发展的一大障碍。自从都江堰建堰以来就彻底改变了这一状况。而且，都江堰至今仍然担负着四川盆地中西部地区1130万余亩农田的灌溉、成都市多家重点企业和城市生活供水，以及防洪、发电、漂水、水产、养殖、林果、旅游、环保等多项目标综合服务，是四川省国民经济发展不可替代的重点水利基础设施。都江堰既是“三遗产”工程，又是全国重点文物保护单位，还是国家级风景名胜区和国家AAAAA级旅游景区。这是古人为我们留下的宝贵而丰富的资源和遗产！

都江堰还是一项处处充满创新创意的伟大创造工程。李冰修建治理都江堰的强劲创造力将启迪、激励、帮助后人去更好地创新创业。

有游客游览都江堰后这样作诗感慨道：“高原深壑雪，化洪频造难。李氏聚众智，治水有铁肩。江分千条水，泽润蜀西南。千秋功业伟，天道遂人愿。”

（2）都江堰的创新之处。

1）都江堰的系统设计是伟大创举，即鱼嘴、飞沙堰和宝瓶口三大主体工程。

一是鱼嘴之创新。李冰当年在岷江弯道江心修建鱼嘴分水堤，将岷江分为内江和外江，实现“四六分水”。即在冬、春枯水季节，岷江水位较低，则60%的江水流入内江，40%的江水流入外江，保证了灌区的用水量；而在夏、秋洪水季节，岷江水位相对升高，则变为40%的江水流入内江，60%的江水流入外江，达到了防洪的目的。

二是飞沙堰之创新。“飞沙堰”是岷江内江外侧的一道低矮堰坝，就是在内江从离堆前转弯的河床下建堰。起到的主要作用为：引水以灌田，分洪以减灾。枯水季节时拦水流入宝瓶口，保证灌溉和航运之用；丰水季节时具有强大的排洪排沙功能并实现“二八分沙”，即河沙80%从“飞沙堰”排走，20%流向下游。

三是宝瓶口之创新。“宝瓶口”是李冰当年开凿离堆山体形成的一个宽20 m、高40 m、长80 m、可使内江灌区具有一个坚固而水量可控的引水口，其咽喉形如瓶颈，故称“宝瓶口”。其最大作用就是能够稳定地控制内江进水量（定量进水），从而实现对成都平原灌溉和防洪的双重功能（保证永远不会发生洪灾）。

2）都江堰的辅助工程是重大创造，即宝瓶口泄洪道的设计和江中“卧铁”的预埋。

一是宝瓶口泄洪道设计之创新。宝瓶口泄洪道是紧挨宝瓶口右侧的一个小河道。如果遇到洪水季节，大量的水被宝瓶口阻拦，水面就会上升，当水面超过旁边的小河道或飞沙堰时，多余的河水就会被宝瓶口泄洪道或飞沙堰排往外江，达到二次排洪的目的。

二是中“卧铁”预埋之创新。就是在江中凤栖窝一段河床“埋卧铁”（明代以前称为“埋石马”），主要用作每年淘沙挖掘深度的标记。在都江堰的维护过程中，特别是在每年的枯水期，都需要对河道进行清淤作业，以确保河道的畅通和防洪灌溉功能的有效性。当进行清淤作业时，工人会挖到卧铁的深度，就停止挖掘，以确保清淤的深度适中。不会因过度挖掘导致河床过浅而减少水量，也不会因挖掘不足导致泥沙堆积而影响水流。

3）都江堰的兴建治理法则是主要创新，即都江堰治水六字诀：“深淘滩，低作堰”；都江堰治水八字格言：“遇湾截角，逢正抽心”及都江堰治水八字法宝：“乘势利导，因时制宜”等。

一是都江堰治水六字诀：“深淘滩，低作堰”——这是都江堰水利工程的治水名言。

“深淘滩”是指每年岁修时，河床淘沙要达到一定深度，如果淘得过深，宝瓶口进水量会偏大，可能会导致涝灾；如果淘得过浅，宝瓶口进水量不足，难以保证灌溉。因此，相传李冰在河床下埋石马，从明代起改为埋卧铁，作为深淘的标志。

“低作堰”是指飞沙堰在修筑时，堰顶应该建造得较低，便于排洪和排沙，起到“引水以灌田，分洪以减灾”的作用。如果采用高作堰的方式在枯水季节增加宝瓶口的进水，是一种急功近利的做法，因为当洪水季节到来时就会造成严重淤积，使工程逐渐废弃。

二是都江堰治水八字格言：“遇湾截角，逢正抽心”——这是李冰治理岷江和解决灌区输水及疏通排洪河道的治水绝招。

“遇湾截角”是指岁修时遇河道有拐弯的地方，一定在凸岸截去锐角，把直角修改成为弧度的样子，减缓冲势，使其顺直一些，减轻主流对河岸的冲刷。

“逢正抽心”是指在主河道的中心，一定要深挖，让江水按照一定的轨道流淌。

三是都江堰治水八字法宝：“乘势利导，因时制宜”——“乘势”，体现了建造都江堰对自然的尊重和敬畏；“利导”，体现在尊重自然规律的基础上对自然进行利用和改造。

“乘势利导”是指都江堰建造设计的核心理念。都江堰建设者道法自然，充分利用山势、地势与水势，全面实现了人、地、水三者高度协调统一。

“因时制宜”则是都江堰长效运行的制胜法宝。其工程一直处于与岷江河道演变相协调的动态平衡中，根据岷江流量变化趋势、内外江摆动情况、上游浅滩沙丘分布，相应地调整工程布局，增减辅助工程。

3.1.1 创造力的概念

3.1.1.1 创造力的含义

创造力是一个综合性体系化的概念，并以一种创新能力系统为主要表现形式，它是由知识、智力、能力及优良的个性品质等多因素综合优化构成的。创造力是创新活动中最关键、最活跃的因素，是创新教育中一个最基本的概念。

从20世纪上半叶以来，创造主体的创造力开发及方法，一直是创造教育的重点，也是创造教育最有意义的成果，使人的创造力得以开发。但是，长期以来人们所注重和推崇的是创造产物，谈到中国的四大发明，总是介绍是什么人在什么时候发明了什么东西，以及他们对人类的贡献、领先外国多少年等，足以使国人为之自豪一番，然而对于人的创造力从何而来、创造力如何构成、创造力怎样培养和开发等问题却知之不多。

真正的创造活动总是给社会产生有价值的成果，人类的文明史实质是创造力的实现结果。对于创造力的研究日趋受到重视，由于侧重点不同，出现两种倾向，一是不把创造力看作一种能力，认为它是一种或多种心理过程，从而创造出新颖和有价值的东西，二是认为它不是一种过程，而是一种产物。一般认为它既是一种能力，又是一种复杂的心理过程和新颖的产物。创造力较高的人通常有较高的智力，但智力高的人不一定具有卓越的创造力。研究表明，智商超过一定水平时，智力和创造力之间的区别并不明显。创造力高的人对于客观事物中存在的明显失常、矛盾和不平衡现象易产生强烈兴趣，对事物的感受性特别强，能抓住易为常人漠视的问题，推敲入微，意志坚强，比较自信，自我意识强烈，能认识和评价自己与别人的行为和特点。

案例 3-2 发明家们的创造力——爱迪生以罕见的热情和精力完成了 2000 多项发明，仅 1869~1910 年期间，经正式登记的发明就有 1328 种。我国工人出身的发明家包起帆取得“3~25 t 木材抓斗”等 70 多项创造性成果，分五大系列几十个品种，其中 3 项获得国际发明金、银、铜奖，仅金奖就有 9 项，3 项获得国家发明奖，多项获得国家专利。他发明的新型抓斗及吊具系列推广应用于 200 多个港口、车站等部门获经济效益 4 亿多元，至 1996 年扩大应用到 800 多个部门，又创效益 2 亿多元。日本发明家中松义郎，有 2360 项发明，居世界之首，他的第一项发明——模型飞机的平衡器获得成功时他年仅 5 岁，初中二年级时发明的“无燃料暖房装置”第一次获得专利注册。

3.1.1.2 创造力的性质

创造力是一种宝贵的文化生产力，原因如下。

（1）文化生产力强调了创造社会财富的创造特征。创造力就是文化生产力。人类的生产活动有两类，一类是物质财富的生产，另一类是精神财富的生产，完整的生产力概念包括文化生产力，其发展程度构成一个国家综合国力的重要组成部分。过去，在一些人印象中，创新无非是发明、发现及技术创新、产品创新、市场创新等物质财富的创造革新。

（2）文化生产力又具备了生产文化产品、提供文化服务的产出特征。只要是在生产和提供的产出中有新颖的价值，这种文化生产力也是创造力。创造力是文化生产力的提出，适应了以创新为基本特征的知识经济时代生产力发展的客观要求，体现了生产力构成中的人本思想，突出了科学技术是第一生产力的地位。

3.1.1.3 创造力的分类

A 创造力的马斯洛分类法

美国心理学家马斯洛把创造力分为特殊才能的创造力和自我实现的创造力。

（1）特殊才能的创造力。主要指创新成果对整个人类社会历史进程来说，是新颖的、前所未有的。它常见于对创新有突出贡献的杰出人物身上，对推动人类文明进步具有重要意义。

（2）自我实现的创造力。主要指不拘泥于创新目标的大小、创新行为的成果，而是对生活的一切领域尝试着采用一种新颖的态度和方式，谋求新颖的感受、乐趣和享受。这种自我实现的创造力在处理每一个生活细节的细微处，都能显示出新颖别致、趋新求美、独一无二和巧妙机智，形成一种崭新的生活景观和精神境界。马斯洛更推崇这种创造力。

B 创造力的其他分类法

除了马斯洛分类法，创造力还有其他的分类法。

（1）按创造主体分类，可分为学习者的尝试性创造力和从业者的目标性创造力、个体创造力和群体创造力、不同年龄创造力。

（2）按创造的内容分类，可分为科学发现的创造力、技术发明的创造力、艺术创作的创造力和社会变革的创造力。

（3）按创造的过程分类，可分为潜在的创造力和现实的创造力。

（4）按创造的产品分类，可分为：最高层次创造力，如牛顿、爱因斯坦、爱迪生等人的创造力；高层次创造力，例如科技及其他方面英才的创造力，如软件奇才比尔·盖茨、“抓斗大王”包起帆以及许多诺贝尔奖获得者；一般创造力，指普通人的创造力。

了解有各式各样的创造，是为了具体而更深刻地懂得创造力，并从自我实现的创造力、前创造力、潜创造力、年轻的学习者创造力以及普通人的创造力等概念。大学生都具备创造力，创新就并不神秘和高不可攀。

3.1.2 创造力的结构

创造力由若干子系统组成，它们相互联系，构成各要素之间相应的联系方式，即具有相应的内在结构，并决定了创造力的总水平，如图 3-1 所示。

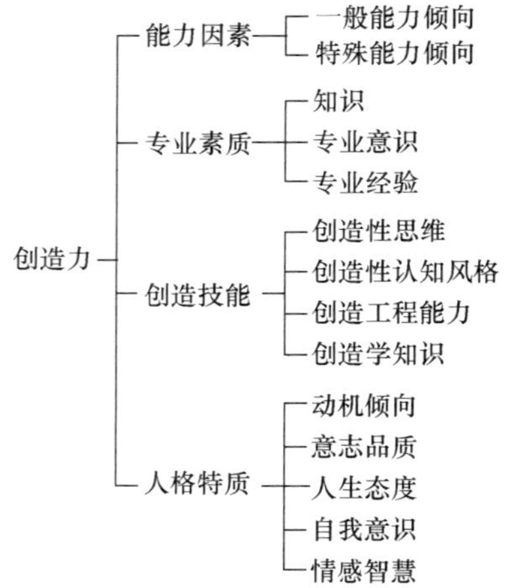

图 3-1 创造力的静态结构

3.1.2.1 能力因素

创造力具有明显的能力属性，包括一般能力倾向和特殊能力倾向。一般能力倾向（亦称为智力）是指个体对多类型活动经训练达到的、有效行为反应的能力，通常是指人基于遗传天赋经训练而存在的注意力、观察力、记忆力、想象力、思维力和操作力。特殊能力倾向则是指从事特定活动所必需的特殊才能和完成这一特定活动的专门技能。特殊才能主要取决于天赋，承认遗传决定的天赋作用，这是因为人在特殊才能方面的个体差异很大，而一般能力倾向即智力方面差异较小。据声乐专家研究发现，人的声音取决于声带，而声带结构及特征主要由遗传决定。音乐艺术家必须有旋律感、节奏感、音乐形象的想象力等特殊才能，还必须有识谱、记谱、演奏等专门技能。

3.1.2.2 专业素质

专业素质包括知识、专业意识和专业经验（包括专业技术技巧和专业方法）。

（1）知识是人们对自然界和社会观察、认识及实践而获得的感知总结。知识是创造力结构中不可缺少的构块。知识这一子系统中应包括基础知识、专业知识和相关的交叉知识。

（2）专业意识是对专业地位、作用、特征和性质的认识并在此基础上形成的观念。

（3）专业经验是能为创造力提供丰富的素材，而建立在经验之上的经验智慧就更显得重要。经验智慧是指个体善于运用经验，形成新观念，对新事物处理时能迅速进入新情况，且能表现较高工作效率的能力。同时还包括了专业技术技巧和专业方法。

3.1.2.3 创造技能

创造技能包含以下四个方面。

（1）创造性思维。创造性思维就是创新思维，是创造技能要素的基础性因素，又是创造力的核心。

（2）创造性认知风格。它是指人们在感知觉、记忆和思维中受个人喜爱的、经常采用和习惯化了的态度、方式以及认识复杂问题过程中表现出的一贯气度、能力和心理特征，是个性在认知过程中的表现。

（3）创造工程能力。它是另一主要因素，包括创造的原理、原则、技巧和方法，是创造（创新）技能的操作性因素。

(4) 创造学知识。它是创造技能的理论基础。

3.1.2.4 人格特质

人格是创造(创新)的内在根据,创造性(创新)人格特质是由动机倾向、意志品质、人生态度、自我意识和情感智慧(情商)等因素组成,它包含了创造(创新)的非智力因素的主要内容。创造性(创新)人格有“不是智力,胜似智力”的重要作用。由五个方面构成。

(1) 动机倾向。动机是创造性人格结构中的动力源,是创造力的能源。有创造力的人,在动机倾向方面有以下特点:内在动机丰富且水平高;好奇心强;兴趣强烈、广泛与专一;抵抗挫折力和外部压力的能力;接受社会给予的承认和报偿的谦虚态度。

(2) 意志品质。其通俗的说法是韧性、恒心、锲而不舍、百折不回、坚韧不拔等。

(3) 人生态度。它是人对人生及其矛盾和问题的评价和行为倾向,包含人生认知、人生情感、人生意志和人生行为四个方面。创造性人格的人生态度:对人类的文明进步有强烈责任感和使命感,自愿为之贡献甚至牺牲;敢于大胆提出问题,揭示矛盾,直面现实,为创造新价值甘冒风险;喜欢新事物,学习新知识,勇于尝试新方法,接受新产物,探索新道路,有求新精神;具有进取性性格,不满足现状。

(4) 自我意识。它是个人对自己以及自己与周围关系的认识。创造力水平高的人常具备良好的自我意识:自信,表现为自我肯定、自我承认、自我激励;自我统一,有自知之明,善扬长避短,能自我分析,促不断成长,能从内在精神活动中获得创造动力的源泉;有无私精神,在自我与周围的关系上持利他原则。

(5) 情感智慧,又称为情商。稳定的、品质良好的情感能提高创造力,促进创造思维的发展,对创造活动有始动和维持作用。自从美国教授萨拉维和迈耶于 1990 年共同提出情感智慧的概念,我们才得以运用情感智慧来研究创造人格,并使创造力结构的探讨更科学。情感智慧是一种监控、感知自己和别人的感情,区别并运用它们去指导自己思考和行动的能力。情感智慧主要包括:情感的知觉、评价和表达;情感的调节;情感的运用。

情感智慧对提高人的创造力有促进作用,因此情感智慧构成创造人格并成为创造力结构的一个因素。情感智慧对创造的促进作用主要表现为情感引导注意并维持创造活动;情感智慧影响创造性解决问题;情感智慧的发挥有利于团体创造。

案例 3-3 高斯的创造力——高斯是 18 世纪的德国数学家。3 岁那年,高斯听爸爸算账就能知道爸爸算得对不对。7 岁时,老师出了一道从 1 连续相加一直加到 100 的算术题,当别的小朋友刚开始小心地 1+2+3……计算时,高斯发现这一系列数有一个规律,第一个数加最后一个数是 101;第二个数加倒数第二个数也是 101,如此相加都是 101。就是说,从 1 加到 100 就有 50 个 101,只要 50×101=5050,把加法变为乘法使计算大大简化。

3.2 创造力开发的原理与因素

3.2.1 创造力开发的含义

创造力开发是以普及创新知识、激发人们的创新精神,提高创新品质,增强创新思维能力,运用创新技法为内容的创新能力开发活动。开发的对象其本身是一个存在物,因此，开发的对象不是被生产、被制造出的，不是无中生有的，而是从埋藏、蕴含、隐藏和幼小状态显露和壮大起来，也就是由隐到显、从小到大、由不知到知晓，变不完善、不发达为更完善、更发达。

3.2.1.1 创造力开发的脑科学含义

创造力是一个以心理活动为主的系统性合力，心理活动的生理基础和物质本质，是大脑和神经系统，从脑功能意义上讲，创造力开发的含义有：挖掘脑功能的生理性潜能；激发脑功能的能动性潜能；提高脑功能的训练性潜能。

总之，创造力开发以树立创新意识，培养创新精神，改进思维技巧，学习创新技法，增强创造性解决问题的能力为目的，着眼于创造力水平的提高。

3.2.1.2 创造力开发的过程含义

（1）创造力的发现。创造力的发现包含对创造力的唤醒、挖掘、启发、解放、显露等含义，强调人以一种新的观念审视自己，从一个新的视角观察自己，以“创造力人都有之”的理论依据发现自己，认识到自己和所有的人一样，确实具有尚待开发的创造力。

（2）创造力的培养。创造力的培养是在发现和确认创造力的基础上，对幼小和稚嫩的创造力实施健全、提高、发展、培养的综合性措施，使创造力得以成熟、发达和强大，以实现提高创造力水平的目的。创造力的培养在创造力开发中是操作性最强的部分，创造力开发的成败和优劣，是看创造力培养后的实际创造力水平。

（3）创造力的整合。在创造力发现的基础上，在创造力培养的过程中，人们开始知道自己确实有创造力。不过，在创造力开发的初级阶段，创造力往往呈低级状态，创造力结构不健全，结构的各要素和要素中的因素也常处于无序状态，这就需要将创造力加以整合，使原始状态的创造力得以健全和完善。联合国教科文组织认为：“人是在创造活动中并通过创造活动来完善他自己。”

3.2.1.3 创造力开发的教育含义

教育能指导学生看到自己有创造力。联合国教科文组织编著的《学会生存》一书中说道：“人们不断要求教育把所有人类意识的一切创造潜能都解放出来。”要求通过教育开发人的创造力。民族的复兴需要创新，创新需要培养具有创新精神、创业意识和创新创业能力（创造力）的人才。高校要从民族振兴的高度抓好大学生的双创教育。其教育含义包括：

（1）承认每个人的首创精神和创新力量，并把它们在现实生活实践中加以实现；

（2）传递文化以利创新，而不是以陈腐的模式去压抑创新；

（3）鼓励每个人发挥自己的创造才能，尊重其表达方式，但不去助长他的个人主义；

（4）保护和尊重每个人的独特性，而同时强调群体创造力的价值。

案例 3-4 创造力开发的提出——美国历史学家汤因比说：“为潜在的创造力提供良好的机会，这对任何一个社会来说都是生死攸关的事情，这一点极为重要，因为按人口比例看是相当少的那种杰出的创造能力是人类最重要的财富。”他还说：“如果社会没有让杰出的创造能力发挥出效能，那就是对它的成员的失职，并将会给它自身带来只能责怪自己的那种惩罚。”汤因比说此话是 1964 年，那时日本刚从美国引入创造学，并在政府的重视和支持下大规模推广创造学，开发创造力，为日本在经济腾飞的双翅上增添了创造的羽毛。而那时的中国却连创造学这个名词也不知道，错过了一次经济建设的大好机遇。直到 30

年之后的 1995 年，在我国引入创造学已 15 年之后，第八届全国人大三次会议上，出现了鲍建广等 32 位人大代表的议案：“建议把开发创造力作为一项基本国策。”提案在分析了创造力开发的重要性和紧迫性后，提出：“我们郑重建议：把开发创造力作为我国的一项基本国策，置于国家建设和发展的重要位置。这是为确保我国在激烈的国际竞争中取得主动，赢得优势的战略需要。”国家科委在对此提案的答复中说：“开发创造力，造就和培养了千百万年轻一代的科学技术人才，是实施‘科教兴国’战略的一项重要内容，随着科学技术是第一生产力思想的全面落实，开发人的创造力的工作将会摆到重要的议事日程。”

3.2.2 创造力开发的理论依据

“创造力人皆有之”和“创造力可以开发”是创造力开发的理论依据。早在 20 世纪心理学研究就表明，人人都具有创造力，即创造力人皆有之。同时，研究也发现创造力通过教育和训练是可以提高的，即创造力可以开发。这就是说，创造力并非在任何情况下都能自发地表现出来，它需要开发才能得以展示。

案例 3-5 上海通用发明学校的创造力开发——上海通用发明学校对学员通过讲授创造学知识，进行创造力开发的创造思维训练，运用创造技法解决创造性课题，开展创造力开发教育。在教学中曾对学员做过培训前后的创造力测量，结果令人惊喜：创造力提高 5 倍的人在下列几方面所占的百分比是：思考能力 27.5%，发现能力 43.8%，想象能力 45.3%，新产品开发能力 39.1%。也就是，至少有 1/3~1/2 的人在创造力的几项能力方面提高了 5 倍！说明创造力是完全可以开发的。

3.2.3 创造力开发的脑生理机制

3.2.3.1 人的大脑蕴藏着巨大的创造潜能

整个宇宙还没有什么东西就结构之复杂、机能之高超可与人的大脑相媲美，人脑在质和量上比其他任何高级动物都有显著优势。人脑的神经细胞（神经元）的构造精巧复杂，而且每个神经元之间的几千个触突依靠电-化学反应形成联系，思维就在这电-化学反应中进行，一瞬间有高达 10 万~100 万个化学反应发生。人有 140 亿个神经细胞，大脑皮质细胞间形成的联合高达 10 的 2.783×10^6 个单位，其惊人作用远远超过任何超大规模集成电路。

3.2.3.2 左右脑优势功能的协调有益于创造

人有左右两半脑。左脑的优势功能是语言、计算、逻辑思维，是理性的脑；右脑的优势功能是形象思维、直觉、非逻辑思维，是创造的脑。左右脑如能协调开发，构成一个功能互补并具有转移功能效应的统一的控制系统，创造潜力就一定能得到更好的开发。

3.2.3.3 大脑还有极大的潜力未能开发

一般人的大脑潜力仅利用了 4%~5%，少数有极高创造力的人利用到 10%左右。爱因斯坦谢世后，大脑被保存下来加以研究，希望揭开爱因斯坦脑功能高超之谜。经研究证实，他的大脑的重量、细胞数与常人相仿，仅触突比常人为多，说明他的大脑潜力比常人开发得更好，但最多也不过 30%。一个人一天之内大脑的显意识和潜意识闪过的内语言和内形象，如能记录下来足有 20 万字之多，然而，不是有意去进行创造性思维的话，也就仅几万或几千字可能有点创造价值。可见大脑潜力极大，创造力开发大有可为。

3.2.4 创造力开发的主要因素

美国心理学家罗伯·史登堡和特德·鲁巴特在《不同凡响的创造力》中分析说，创造潜能和创造力是有区别的。创造力就是去形成或看到别人尚未看出价值的想法或念头。有些人可能很有创造力潜能，但是它只是潜伏着，除非他们懂得利用可获得的资源将这个潜能显现出来，不然，别人是很难对他的创造力做出评价和认同的。他们认为，一个人把自己的创造力潜能转化为已经现实创造力的资源有6项。

3.2.4.1 智慧因素

一个有创造力的人必须要有3种智慧。

（1）能产生新构想的综合智慧。如重新定义问题等，其中包含着信息处理的领悟力，包含着把旧的信息、理论等组装成新的东西的能力，也包含着利用周围现有的物质创造出与众不同的东西，以及改变方向采用别的方式的能力等。比如，3M公司的一位工程师在发明强性胶黏剂时，获得的却是一种弱性的胶黏剂。他通过重新界定需要研究解决的问题，发现了这个弱性胶的最佳用途，发明了“不干胶”。智力的综合功能常常有助于我们分析和把握问题解决中出现的各种“例外”和“反常”的价值。

（2）能认清问题、发现问题、调度资源以及评价构想价值的分析智慧。它有助于我们看出哪一个新的想法是好的、有前途的想法，然后有效地调动资源，把问题的基本部分分别加以解决。在我们周围，总有一些人不断有新点子冒出来，但就是不能区分各种点子的优劣，这就使他们的各种点子和想法常常停留在半空中，无法最终实现。一个真正有高创造力的人，不但要能提出很多点子，而且要能看出这些点子的潜力得以实现的途径。

（3）能根据别人的批评知道如何宣传、改进自己的构想的实用智慧。它能使我们有效地把自己的成果表现给观众看。在新创意的开发上，“卖点”是很重要的，好的销售策划可以提高这个想法的价值。一个人应该从他的工作中得到回馈，知道怎样回馈就是实用智慧的表现。这个批评值得采纳吗？应该改变产品吗？如何改才可达到最高效益？以新的非故步自封的方式看事情，重新界定问题及把事情反转过来看的能力；能够建构问题、分配资源和评估一个想法是否可行的能力；能够宣传一个想法、善用别人的批评的能力，所有这些都是综合、分析和实用智慧的具体表现，是创造力有效发挥的重要条件。

3.2.4.2 知识因素

要组合或超越已有的想法，必须先要知道这个想法是什么；不要随便接受别人已经接受的东西，必须预先知道什么是别人所接受的；要去质疑基本的原则，必须预先知道什么是基本的原则。创造性成果不可能凭空存在，即使它与现有的理念完全不一样，也必须预先知道什么是现有的理念。因此，知识是一个从事创造性活动的人必备的智力资源。

3.2.4.3 思维形态因素

思维形态不是一种能力，而是一个人解决某个特定问题所用的方式、方法，具体体现在一个人开发利用自己知识和创造力潜能的独特方式上。高创造力的人常常“随时依情境应变”及“质疑社会规范、真理及假设”，而不人云亦云，这种宁可自己去制定规则也不愿遵守既定规则的工作习惯或解题模式，是高创造力者的“注册商标”。思维形态是开发创造力的基本因素，一个人的创造力潜能需要借助于特定的思维形态才能完全激活，从一个原本冬眠的状态突变为创造激情沸腾的状态。

3.2.4.4 人格因素

创造力不仅仅是认知的或心智上的特质，也有人格方面的特质。很多有高创造力者很少或永远没有把他的能力展现出来，最主要的原因是他们没有必备的人格。由于创造性想法和观点的独特性和不合时宜性，一个高创造力的人必须有勇气讲出自己的创造性想法和观点，而且还必须坚持不懈地去克服种种困难来捍卫和实现自己的想法。

3.2.4.5 动机因素

要发挥自己的创造力潜能，一个人必须有很强的动机才行。这些动机可能是外在的，如奖励、金钱、权利、名誉等，也可以是内在的，如自我显示、自我挑战等。动机可以使一个人专注于手边的工作，并促使他不断地克服各种困难，做出更多能表现其创造力的发现和发明成果来。绝大多数成功的高创造力者所从事的都是他们有兴趣、很喜欢的工作。内在的动机常常使一个人保持高度专注力，进入“衣带渐宽终不悔”的人生状态，并最终做出重要的创造性的工作和成果。

3.2.4.6 环境情境因素

创造性想法或创意是一个人跟环境互动的产物。一个可以刺激创意的环境，在这个创意被提出时能够及时给予鼓励、奖励的环境，才可能造就出一流的原创性的科学家、发明家、思想家和其他杰出人才。相反，一个过于排斥异端思想或另类创意的社会环境，会使许多真正有原创性想法的人把自己的创意深埋在心中而不说出来，这不论对那些富有创造精神的个人来说还是对整个社会来说都是很可悲的事。

3.3 创造力开发的途径与方法

3.3.1 创造力开发的主要途径

3.3.1.1 增强创新意识

人的创新意识有两种：一是主动性创新意识；二是被动性创新意识。创新意识决定一个人想不想创新的问题。因此，要开发创造力，首先要增强和提高人的创新意识。主动性创新意识，是指不需来自外部的推动，主体的意识就可以有效地驱使个体去创新，创新活动是主体自身需要的一种意识，稳定、持续、主动、习惯化是它的特点。被动性创新意识是指主体受外部的推动而产生的创新意识，例如，接受交给自己完成的指令性科研问题、开发任务或项目。这类被动性的创新意识同样也会对创新活动产生推动作用，主要是创造主体有责任感、有成就欲和有胜任的能力。

3.3.1.2 培养创新思维

创新思维乃创造力的灵魂，培养创新思维是个体创造力开发的关键。美国创造力开发公司总裁、创造学家罗杰·冯奥奇说过：“如果你对创造性思维持冷淡态度，你就不会认识到在一个发展变化、日新月异的世界上，激发和应用新设想是至关重要的生存技能。”

3.3.1.3 掌握创造技法

创造技法和创造方法都是创新活动成功经验的总结和归纳，并上升为工具性的创造方法论。创造技法一举击破了创造的神秘气氛，使普通人借助创造技法亦能涉足创造活动。由于创造技法简单易学，对于创造活动有很大的实用价值和工具价值，掌握创造技法是开发个体创造力的好思路。

3.3.1.4 增强三种能力

可以按照比较简单但不一定完善的“创造力=学习力×思维力×行动力”公式，只要不断提升其三力，创造力就会自然地不断提升。

3.3.1.5 形成创新环境

创造力开发离不开一个好的创新环境。尤其是个体创造力开发。因为人的行为是个体与环境的交互作用的产物。美国创造学家阿瑞提认为：“适宜的气候和环境能极大地促进创造。”

3.3.1.6 优化创新人格

创新思维乃创造力的灵魂，而创新思维的灵魂又是什么呢？那就是创新人格。这是因为人是创造万物的主体，是一切创新活动的认识者、发出者和操作者，忽视创新人格的优化，开发创造力将是舍本求末和本末倒置的。

3.3.1.7 创新成果展示

经常进行各级各类的创新课展示，对创造力的开发具有重要的推动作用。

3.3.1.8 创新人物示范

对创新方面取得成绩的人物进行表彰、鼓励和奖励，达到示范作用的目的。

3.3.2 创造力开发的主要方法

3.3.2.1 奥-帕创造性解题训练模式

奥斯本-帕内斯创造性解题训练模式在美国被认为是效果最佳的教学模式之一。由著名创造学家奥斯本提出的理论，由另一创造学家帕内斯制定解题模式，主要分为六个阶段。

（1）善于发现具体问题。在训练者给定的或者学习者自己发觉的“困境”中，学习者学会提出许多值得探讨的具体问题，并描述问题的要素。

（2）能够确定复杂问题。给定一个复杂的“问题情境”，也就是对第一阶段描述的问题的要素想得更深些、更广些：辨认出所陈述问题的背面还有哪些潜在的或实质性的问题；能否扩展或重新定义问题，也就是多问几个“为什么”；通过变换动词扩展或重新定义问题；试着提出几个有可能的低一个层级的“子问题”。

（3）善于打破习惯思路。按习惯性思路，即按过去一贯的、“自动化”式的思考方法，提出解决问题方式。冷静评价和审视上述方式是否真正有效。在上一问题的基础上，鼓励提出跳出习惯性思路的、有新意的解决方式，这一步十分重要，而且要追求多种有新意的解决方式，越多越好。然后，从上述有新意的方式中选择最优的，制定并实施利用有新意的方式的创新方案。

（4）冷静学会推迟判断。在思考一个复杂的问题时，力求做到：提出尽可能多的、不追求完美地解决问题的思路和设想；对提出的思路和设想自己不去作评价，这就是推迟判断，因为过早地评价，很可能扼杀有希望成功的设想；也要忍住不去评价他人提出的设想的思路，这也是为了推迟判断。

（5）及时发现新的关系。把问题情境设计得复杂些，以此刺激学习者，使学习者应该能够做到：发现事物之间的相似性；发现事物之间的差异性；根据事物之间的相似性和差异性提出设想。

（6）能够评价行动后果。提出可能的评价标准来解决问题，对评价标准也应推迟判断，不过早下结论，以求找到一个创新而又实际的评价标准。

3.3.2.2 AUTA 模式

美国的创造学家戴维斯在1980年提出的由四个环节构成的创造力开发模式，描述了开发创造力的各个步骤，为开发创造力提供了一个合理安排教学内容和教学活动的框架。该模式由意识（A）、理解（U）、技法（T）和实现（A）四个环节组成，即提高创造意识；理解创造原理，包括创造思维、创造力、创造人格、创造过程、创造环境等；技法的学习、训练和掌握；实现创造，大胆创新，勇于实践，创造出成果。其模式合理有效，故有较大影响。

3.3.2.3 珀杜三阶段模式

珀杜大学首创三阶段创造力开发教学模式，最初是为智力水平较高的学生设计的一种提高性课程模式，后来证明在职业教育中也取得了很好的效果，故在本书中向教师和学习者介绍。本模式教学过程分为三个阶段。

（1）培养发散和收敛能力。由教师选择一些训练思维能力的练习，难度可根据学习者而定。然后组织学习者做这些练习。练习时要让全体同学都参与，都动脑，切忌只部分人参与，其他人在一旁悠闲地充当“观众”和“听众”。方式可采用分为若干小组的方法进行，或者将学习者编号轮流或抽号随机进行，或者适当借助书面练习，使每个人都要练习。

（2）学习和练习创造性解题模式。学习使用头脑风暴法、形态分析法、综摄法等较复杂和实用的创造技法。

（3）运用所学的技法自己解决问题，提高独立解决问题能力。学习者根据自己所从事的工作或兴趣所在，选择一定的实用的或工作中迫切要解决的课题进行研究，运用所学的技法自己解决问题，教师此时则起“参谋”和助手的作用，创造主角是学习者。

3.3.2.4 中国运载火箭技术研究院的“JLZTH”模式

“JLZTH”模式由五个环节构成：

（1）“介绍环节”（简称J环节），讲解介绍创造学知识、方法；

（2）“练习环节”（简称L环节），创造技法和思维的练习；

（3）“总结环节”（简称Z环节），学习者根据过去的经验和学习到创造学知识、经练习掌握的思维、技法，对创造做出总结性评述，以强化创造意识；

（4）“提出环节”（简称T环节），学习者提出自己的解题方案，针对具体课题拿出解决的设想；

（5）“培训后环节”（简称H环节），培训后应巩固和发展学习收效，继续扩大学习成效，例如组织创造性群体组织、不断深化培训、经常展示出成果、定期表彰先进等。

3.3.2.5 “三三一”教学模式

“三三一”教学模式是自20世纪90年代以来在创造力开发讲学、培训学员时常用的一种方法，开发效果较明显，也受到学习者和教学部门的肯定。

这种共办7天培训班的教学模式可分为三个阶段。

（1）阶段1：前3天介绍创造学基本知识、创造技法及其练习，其目的是为了解创造学、掌握创造技法、突破创造的心理障碍，但并不求深入，因为第二阶段仍可深化。

（2）阶段2：第二个3天是学习者有初步学得的知识，主要是技法和思维，“真刀真枪”地解决带来的实际创造课题（办班通知中就已告诉学习者来学习时必须带1~3个要解决的课题），力求解决或获得解题的思路、创意。方法也力求多样，有在独立思考基础上的研讨、小组式研究、师生合作，也可请本单位技术人员或其他主管负责人、专业人员到班里来一起研究。第二阶段不仅是收获的阶段，也是深化的阶段。第一阶段初步掌握的、但尚未实践的，在本阶段可得到进一步深入。因此，教师可及时讲授有关问题。

（3）阶段3：最后1天是总结，由师生一起展示成果、畅谈心得收获、明确个人努力方向等，填写由教师评价的学习效果反馈表，以供回原单位汇报、总结使用。

〖本章小结〗

创造力是人类最重要的财富，是大学生走向未来的最大资本。每个人都是一座金山，只要能充分开发金子般宝贵的创造力，发挥自己的潜能，努力去奋斗，便会打开这座金山，实现人生的最大价值。开发每个人都有的却常常处于潜能状态的创造力是决胜未来的选择。

〖延续思考〗

3-1 结合本讲内容，请论述创造力开发的重要性。

3-2 就创造力的结构谈创造力开发需从何入手才能取得实效？

3-3 以你的亲身感受和体会，你认为创造力开发的实质是什么？

3-4 你认为创造力开发的思路和方法中哪些比较适合你开发创造力？

创新品质：大学生创新创业的“护身符”

第4章数字资源

〖名言金句〗

就单个人来说，他的行为的一切动力，都一定要通过他的头脑，一定要转变为他的愿望的动机，才能使他们动起来。

——恩格斯

敢探未发明的新理，即是创造精神，敢入未开化的边疆，即是开辟精神。创造时，目光要深；开辟时，目光要远。总的来说，创造、开辟都要有胆量。

——陶行知

要意志坚强，要勤奋，要探索，要发现，并且永不屈服，珍惜在我们前进道路上降临的善，忍受我们之中和周围的恶，并下决心消除它。

——赫胥黎

想象力比知识更重要，因为知识是有限的，而想象力概括着世界上的一切，推动着进步，并且是知识进化的源泉。严格地说，想象力是科学研究中的实在因素。

——爱因斯坦

〖温馨提示〗

创新因素主要包括创新人格因素与创新智能因素两个方面。创新人格因素主要表现为创新动机、创新兴趣、创新情感、创新意志和创新性格等五个方面；创新智能因素主要体现为创新的注意力、观察力、记忆力、思维力和想象力等五个方面。创新不可能缺少创新人格因素的动力、定向、支持和强化等的作用，更不可能没有创新智能为基础。了解并应用培养创新人格因素、创新智能因素，是非常必要的，特别是对成长中的大学生来说，更是不可缺少的。

4.1 创新人格因素

4.1.1 创新人格的基本概念

4.1.1.1 创新人格的含义

创新人格也称个性，是指一个人整体的精神面貌。通俗地讲，人格是指能引发、维持并主动引导人的行为的一种心理倾向，它能够使个人面对不同种类的刺激都能做出相同反应的心理结构。

人格源于希腊语 Persona，原本是指演员在舞台上戴的面具，类似于中国京剧中的脸谱。后来被心理学用来描述一个人的个性特征，形容一个人所具有的与众不同的、独特而稳定的心理特征和行为风格。它主要表现为动机、兴趣、情感及情感智慧、意志、性格、气质、能力、爱好、需要、理想、信念等方面。

4.1.1.2　创新人格的形成

个体的人格是在遗传、教育、实践等先天因素和后天环境交互作用下形成的。遗传因素为个性的形成提供可能性，而长期的社会生活实践是个性形成的决定性因素，它使可能性变为现实性。

人与人之间显著的差别就在于人格即个性。不同的遗传、不同的教育环境以及不同的社会实践，形成了各自独特的个性特征。我们经常所说的“人心不同，各如其面”就是指的这个意思。如有的人自然随和，有的人顽固自守；有的人沉默寡言，有的人开朗善谈；有的人谨小慎微，有的人豪爽粗放等。

4.1.2　创新人格的重要意义

从实践主体的角度讲，运用有关的人格理论有利于人自身的认知与完善。从实践主体的角度讲对于教育、管理等实践领域，具有重要意义。

4.1.2.1　加速认识内外世界

学习创新人格理论，可以加深人们对自身的了解。通过学习心理学，可以知道自己为什么会做出某些行为，这些行为背后究竟隐藏着什么样的心理活动，以及自己现在的个性、脾气等特征又是如何形成的等等。同样，也可以把自己学到的心理活动规律运用到人际交往中，通过他人的行为推断其内在的心理活动，从而实现对外部世界的更准确的认知。例如，作为教师，如果了解了学生的知识基础和认知水平，明确吸引学生注意力的条件，就能更好地组织教学，获得良好的教学效果。

4.1.2.2　调整控制人的行为

人的心理特征具有相当的稳定性，但同时也具有一定的可塑性。因此，我们可以在一定范围内对自身和他人的行为进行预测和调整，也可以通过改变内在外在的因素实现对行为的调控。也就是说，可以尽量消除不利因素，创设有利情境，引发自己和他人的积极行为。例如，当我们发现自己存在一些不良的心理品质和习惯时，就可以运用心理活动规律，找到诱发这些行为的内外因素，积极地创造条件改变这些因素的影响，实现自身行为的改造。

案例 4-1　创业者的情商至关重要——美国公布了一份权威调查，显示了美国近 20 年来政界和商界成功人士的平均智商仅在中等，而情商却很高。为什么他们的企业能够脱颖而出？为什么他们是员工喜欢的老板？这些令人不敢恭维的性格却使他们如此迷人？性情后面到底隐藏着怎样一个真实的人？他们如何不同于常人？他们的成功是偶然还是性格使然？在当今竞争激烈的商业社会中，哪种性格的人能够成功呢？性情的魅力怎样使企业领导者凝聚起一支精英团队所向披靡？其实，性情魅力是由情商决定的，对于创业者来说，成功的关键在于是否拥有了创业所需要的情商。

4.1.2.3　直接用于实际工作

人格是个体在行为上的内部倾向，它表现为个体适应环境时在能力、情绪、需要、动机、兴趣、态度、气质、性格等方面的整合，是具有动力一致性和连续性的自我，通过研究人格的构成特征及其形成，从而预计它对塑造人类行为和人生事件的影响。研究人格成因对管理者来说，可以塑造良好的团队行为，为管理团队提供理论指导以及在管理过程中发生的不可绩效、不可标准化的行为进行有依据的管理和影响，通过人格管理可避免很多企业发展过程中的人为无作为的事件发生。也就是说我们通过研究人格增加企业的魅力、文化和形象，是品牌企业管理必不可少的行为。

案例 4-2　创业者需要哪些情商——自我激励。他们普遍都有很强的自信心，有时有咄咄逼人的感觉。成立美吾发化妆品（上海）有限公司的李成家认为，成功＝能力×个性，能力再强，个性封闭，善妒，也无法成大业，他认为，每个人应随时保持一个开放宽敞的心胸，才能迈向成功。太欣半导体公司总经理王国肇也是杰出的创业楷模，他分析自己的人格特质指出，喜好冒险、不服输的草莽性格，具有带动团队向前冲，达成目标的领导气魄，是支持他创业的动力之一。“创业过程相当孤单，自我需有强烈的事业心，并非常渴望成功，才能对创业的艰辛甘之如饴……所以，自我激励的性格对经营者相当重要。”王国肇表示，碰到困难不仅要懂得自我调适，更要适时安慰，激励部属，才不致影响前进的脚步。

4.1.2.4　显著影响创新创业

总起来说，创新人格因素对于创新创业活动具有动力、定向、引导、支持、强化等一系列相互联系的作用。美国公布了一份权威调查，显示了美国近 20 年来政界和商界成功人士的平均智商仅在中等，而情感智慧（情商）却很高。对于创业者来说，成功的关键在于是否拥有了创业所需要的情感智慧（情商）。

案例 4-3　创业者的五大人格特质——比尔·盖茨之所以会成为当今电脑世界的显赫人物，其独特的性格特征也是他非同寻常的原因之一。对小时候的盖茨来说，在课堂上睡觉是常有的事。他的生活极其紧张，三天不睡觉对他来说如同家常便饭。据一位朋友说，他通常 36 个小时不睡觉，然后倒头便睡上十来个小时。盖茨常在夜晚或凌晨向其下属发送电子邮件，编程人员常可在上班时发现盖茨凌晨发出的电子邮件，内容是关于他们所编写的计算机程序。一般的情况是，他于凌晨开始工作，至午夜后再返回家。他每天至少要花费数小时时间来答复雇员的电子邮件。商场如战场，对盖茨来说，他必须胜利，所以盖茨是个天生的工作狂。

其实，不仅是盖茨，就是其他的创业者的成功也是由情商注定的。综合数十位青年创业家的创业经验，他们成功的共同点是以勤奋、踏实及勇往直前的创业精神，配合灵活的经营策略、利好产品及朋友们的襄助等，才得以踏上成功的创业之路，而青年创业协会历届的创业楷模，得以攀登高峰，成为杰出的创业家，则多半归因于旺盛的事业心，吃苦耐劳，锲而不舍，与追根究底的精神等行为特质。当然，这些都只是过来人的现身说法，透过客观的适应性测验结果，发现成功创业者大都是具有五大人格特质，包括挑战性、指导性、柔韧性、行动性及持续性等。值得注意的是，想成为一个成功的创业家，需降低自己的“慎重性”，也就是自己的个性需外向开朗，行动积极乐观，做事轻松活泼，善于领导，切勿太过认真谨慎，自我抑制，悲观保守，优柔寡断，否则，太过谨慎，往往错失创业良机。

4.1.3 创新人格的主要内容

创新人格因素主要表现为动机、兴趣、情感、意志和性格等五个方面，以及它们的升华。创新动机的升华就是责任感，创新兴趣的升华是事业心，创新情感的升华为创新的执着热爱和追求，创新意志的升华是可贵的毅力，创新进取的升华是创新性格的精髓。

4.1.3.1 强烈的动机

A 动机的含义

创新动机是引起和维持创新主体的创新行为，并将创新行为导向某一目标的愿望或意念，是形成和推动创新行为的内驱力。

创新主体的创新动机往往不是单一的，而是多元的。这既与创新主体的素质和价值取向有关，也与一定的社会环境、文化背景相关。动机中最强烈、最不可动摇的动机是建立在理性基础上的社会责任感。

创新是受人的精神支配的，假如没有崇高的社会责任感，不仅创新思维可能受到影响，即使有了种种创意，也可能成为纸上谈兵被束之高阁；或者发现了急需开拓的领域、亟待解决的难题因惧怕艰辛不敢投身进去。事实说明，明确、高尚而强烈的创新动机，是创新活动取得成功的重要条件。

案例 4-4 攻克特大暴雨预报难题——原吉林省气象局局长丁士晟建立了以低空急流为主导的北方暴雨模型，多次准确预报成功。他之所以研究北方暴雨，是因为 1975 年 8 月 5 日发生在河南省驻马店、许昌、南阳地区的一场罕见的暴雨。这场暴雨日降雨量超过 1000 mm，创 6 h 降雨量的世界纪录，造成两个大型水库失事，数万人死于铺天盖地而来的洪波之中，损失上百亿元。暴雨过后，丁士晟和几位气象科学家在实地考察时，眉头紧锁，眉宇间紧锁着焦急和忧虑，那翻卷着黄色波浪的洪水，淤泥遍地的土地，被洪水巨大力量扭成麻花状的钢轨，荡然无存的村庄田园，都猛烈地撞击着他的心扉，牵动着他的每一根神经。

B 动机的功能

人的各种行为和活动都离不开动机，创新活动更是如此。动机在激励创新活动方面，有以下这些功能。

（1）唤起创新行动的始动功能。恩格斯说过：“就个人来说，他的行动的一切动力，都一定要通过他的头脑，一定要转变为他的愿望的动机，才能使他行动起来。”这就是说，创新活动总是由一定的动机引起的，动机对创新起发动作用。

（2）维持创新活动达到目标的志向功能。动机一旦引起行为和活动，并能使这种创新活动具有稳固而完整的内容，使人表现出极大的积极性，朝思暮想，茶饭不香，思维敏捷，能持久而顽强地进行创新活动。

（3）动机的强化功能。一个人在创新或其他活动上的成功和失败的体验，对他的活动志向有一定的影响。或者说，行为的结果如何，影响着人的动机。若一次创新成功，就可使新的创新行为不断重复出现，这就是正强化。相反，创新的失败，新的创新就可能不再出现，这就是负强化。由此可知，动机对人的创新行为起着以正负强化形式出现的调节控制作用。

案例 4-5 发明头针战胜病痛——山西头针研究所的焦顺发发明了头针疗法和颈动脉

滴注药液治疗脑血管疾病，对脑源性病症的治疗有奇效。焦顺发有正确而高尚地为病人祛除病痛的动机，而在一次阅读古代医学经典时获得发明头针疗法的诱因：“募穴是脏腑经气聚汇的地方，它对脏腑疾病有特殊的治疗作用，故称其为‘特定穴’。近距选穴是针灸选穴原则之一。脑源性疾患，病灶在脑，在头皮部位选区针刺，离脑最近，符合‘近距选穴’原则……”动机受到诱发。这项发明成功了，尤其对脑源性、皮层内膜性病症和脑血栓形成早期、颅脑损伤恢复期，小儿舞蹈病等有较好的疗效。

C 创新动机的培养

要培养强烈的创新动机，可从价值观、抱负水准和兴趣三个方面去努力。

（1）价值观。价值观是人们对客观事物的评估与态度体系，表现为生活方式与生活目标的看法，反映一个人对客观事物的是非、善恶、重要程度、价值大小的基本观点，从而采取相应的态度。因此，价值观决定着个体的动机模式和行为指向。

（2）抱负水准。价值观决定行为的方向，而抱负水准则决定行为达到什么程度。所谓抱负水准是指一种欲将自己的工作做到某种质量标准的要求。一个人在从事创新活动之前，自己内心预先估计所能达到的成就目标，然后竭尽全力为实现这个目标而努力。高尔基的这段话很有道理：“一个人追求的目标越高，他的才力就发展得越快，对社会就越有益；我确信这也是一个真理。这个真理是由我的全部生活经验，即是我观察、阅读、比较和深思熟虑过的一切确定下来的。”

（3）兴趣。人们总是根据自己的兴趣来选定自己认为合适的创新内容和方向。在出现同时有几个目标，同样可以满足个体的创新需要时，那么个体就会选择适合自己兴趣目标。

D 创新动机的强化

创新动机的强化就是按照动机产生和发展的规律，通过一系列行之有效的方法，使创新者产生高尚、正确的动机，避免消极、错误的动机；强化潜在的积极动机，抑制消极的不良动机。

强化创新动机的主要的方法包括提高目标引力、增强外界压力和加大内部动力。在这三种力的合力作用下，动机的培养和激发是可以奏效的。

4.1.3.2 浓厚的兴趣

A 兴趣的含义

创新兴趣是指以特定活动事物以及人的特性为对象，个人在积极的、选择的爱好倾向上所产生的情绪兴奋态度。兴趣表现为一个人积极去探究某种事物或从事某种活动的认识或意识倾向，这种倾向是和一定的情感体验联系着的，如喜欢。假如一个人对创新创业有兴趣，他总是会关注有关创新创业方面的一切信息，像新出版的书籍、报刊上的文章以及各种有关创新创业方面的政策、会议等。某人因为喜欢“心理学”“创造学”，并以研究“心理学”“创造学”为乐趣，情愿花很多钱购置这方面的书籍资料也不觉心疼，得到它们后会感到心满意足，有先读为快之感。

创新兴趣是多种多样的。大学生创新兴趣的内容主要有专业兴趣、业余（课外）活动兴趣、社会兴趣和物质兴趣。创新的自身特点，需要有明确健康的兴趣，还应有较广泛的兴趣。

B 兴趣的意义

（1）创新兴趣是进行创新活动最重要的心理条件之一。对一项创新活动只要有了兴趣，就能钻进去，不知疲倦不畏艰险去闯。这就是说，一个人如果被某一事情或者某一种思想完全吸引住的时候，他就会对所有和这种事情或者这种思想相联系的一切产生兴趣。当他被这种兴趣引起的求知直至突破的欲望完全控制了的时候，就到了钻研入迷的程度。培养兴趣—创新入迷—获得成功，这往往是创新成功的三部曲。历史上许许多多的发明创新者，都是沿着这三部曲走向成功的。

（2）兴趣让创新活动变得快乐。创新本身有客观的内在美，而凡是美的东西，都容易引起人们的兴趣和追求。创造的成果和成就使人兴奋、快乐，从而产生新的兴趣。有一位学者说过：“一个人只要一生中体验过一次科学创造的欢乐，就会终生难忘。”

（3）兴趣让创新活动满足人的自尊心和荣誉感。在个人需要层次中，自尊、受到别人尊重和成就感、荣誉感，是高层次的需要。当一个人由于做出了某种创造性贡献，得到了别人的赞许和尊重，就会因这种需要得到满足而感到快乐，这种快乐又会促使他开始新的创新。

（4）兴趣产生好奇心。好奇心既是创新的最初根源，还是创新设想的触发物和催化剂。

案例 4-6 有兴趣就不苦——杨振宁说过这样一段话：“上海一家杂志社写了一篇文章，介绍我的生平。文章有一个小标题叫作‘终日计算，沉思苦想’。没有征求我的意见，我不同意，尤其不同意这个‘苦’字，什么叫‘苦’？自己不愿意做，又因为外界压力非做不可，这才叫‘苦’。做物理学的研究没有苦的观念。物理学是非常引人入胜的，它对你的吸引力是不可抗拒的。如果一个人觉得搞得很苦，他应该考虑他是否应该选择这个方向，是否应该再搞下去。”他的话引起了我们的深思。如果我们去问在创新上奋勇攀登的人，你在彻夜攻关时是感到很痛苦，还是觉得很兴奋，而且越干越有劲！每一个从事他所感兴趣的创新时，都会感到快乐。这就是兴趣的力量。

C 兴趣的作用

创新兴趣在创新活动中的作用是巨大的。兴趣是最好的老师。教育家乌申斯曾经说过：“没有丝毫兴趣，就不可能克服求知活动中的重重困难，怀疑、思考、释疑、考证各种疑惑，最终有新的创造。”达尔文正是对昆虫产生了极大兴趣，才激发了他探究的激情，从而引出进化论的产生。兴趣在创新中的作用主要有以下三个方面：

（1）兴趣可以使人善于创造条件、适应环境，对创新活动充满热情；

（2）兴趣对丰富知识，开发智力有重要意义；

（3）兴趣有助于创造成功。

案例 4-7 维纳的广博兴趣——维纳创立控制论与他年少时博览群书，他认为，在科学上能取得最大收获的是学科之间的无人区。创新就应适应现代科学高度分化又高度综合，学科之间互相依赖又互相渗透的特点。这一特点必然要求创造者具备多方面兴趣。维纳论述这一问题时说：“到科学地图上的这些空白地区去作适当的勘察工作，只能由这样的一群科学家来担任，他们每人都是自己领域中的专家，但是每人对他的邻近领域有十分正确和熟练的知识。”20 世纪 70 年代初，美国对 115 个科研机构中的 1300 多位科学家进行过为期5年的调查，得出的结论是，科技工作者只有科技工作面广，兴趣广泛，才富于观察力和想象力，思考问题才有广阔的背景。杨振宁总结自己的经验：在读书的时候，学习的面要广一些，后来通过自己比较广泛的接触，向各个方面发展，这方法对出研究成果是效率比较高的。以上这些道理同样适用于大学生。

D 兴趣的培养

激发和培养创新兴趣的主要途径有三个方面。

（1）加强理想和目标的教育。创新只有与理想和目标一致，才能激发和培养创新兴趣。一个没有崇高理想和奋斗目标的人，只会凭一时的直接兴趣创造，或者从个人的得失出发，去进行创造活动，这种创造兴趣是靠不住的。因此，要使他们的创造兴趣与远大理想和奋斗目标联系起来，不论什么艰难困苦，波折坎坷，也能保持旺盛的创造兴趣和精力。

（2）进行教育改革，树立新的教育思想。改进教学方法、更新教学内容、创新教育思想，激发和培养学生的创新兴趣和创新意识是教育中亟待解决的问题。教学方法应灵活多样，旨在培养创新精神，使学生的学习处于积极主动状态，创新的兴趣得到发展。

（3）应注意在学校广泛开展各种创新性活动。如创业、小发明活动，大学生的科研活动等，使创新成为风气，成为人才标志之一。这样，创新的兴趣一定能被激发和培养起来。

4.1.3.3 炽热的情感

A 情感的含义

（1）情感。创新情感是人脑对客观现实的反映，是对客观事物是否满足自己需要的态度上的反映。离开了客观事物，无缘无故的情感是不存在的。由于客观事物与人的需要之间的关系不同，人产生了对客观事物的不同的态度，有了不同的内心变化和外部表现。需要是人的心理活动的重要根源，创新的需要是一种高级的社会性需要。社会性需要引起的情感，就成为人类高级的情感。人们常说“创造的激情”和“创造的愉快”就是这样一种高级的情感。

（2）热情。热情是一种强有力的，稳定而深刻的情感。如对祖国深沉的爱，为祖国富强而创新的强烈情感。

案例 4-8 热情是一座火山——世间一切事业都需要热情，没有热情，哪怕是一件微不足道的小事情也做不好。创新比其他事业更需要热情，这正如巴甫洛夫谆谆告诫他的学生时说的那样：要有热情。你们要记住，科学需要一个人贡献出毕生的精力。假定你们有两次生命，那还是不够的，科学需要一个人有极紧张的工作和伟大的热情。

B 情感的作用

（1）情感的动力功能。在创新中，情感对人的认识和行动起着发动机作用。达尔文说：“我之所以能在科学上成功，最重要的一点就是对科学的热爱，坚持长期探索。”情感有力地推动着创新，崇高的情感召唤我们去创新所产生的力量，是任何其他动力所不及的。一旦创新已成为心中的深厚情感，创新就是愉快的，这时所表现出来的动力功能是巨大的。乐观、坚定、自信、愉快的积极情感对人的创新活动起“增力”作用。而消极情感则会对人创新活动起“减力”作用。

（2）情感通过能力因素影响科学创新。情感通过能力因素影响创新，良好的情感对能力因素产生好的影响，从而可以增强创造力，反之亦然。

C 情感的优化

人的情感不完全是本能的，理智能够影响情感。因为情感具有社会性，它是在人的社会实践活动的过程中发生和发展起来的。因此，情感是可以而且应该调节和陶冶的。陶冶情感使之更有利于创新，这就是情感的优化。情感优化主要从以下五个方面去努力：

（1）要有较高的思想境界，努力提高认识水平；

（2）要有高层次需要的追求；

（3）要正确选择自己的人生态度；

（4）要在社会实践活动中丰富和美化自己的情感；

（5）要从文学艺术、历史和哲学中吸取营养。

4.1.3.4 坚强的意志

A 意志的含义

创新意志就是自觉地认识并确定目标，根据目的来支配、调节自己的行动，克服多种困难，从而实现目的的主观能动过程。

（1）创新就是一种意志行为。创新的特征就是克服困难，做前人和别人没有做的事。

（2）毅力是意志品质中的一个成分。即意志持续度，或者称为意志坚韧性、坚持性。毅力顽强的人，由于有符合客观实际的目的，深信自己的目的和实现目的而采取的行动是符合客观发展要求的，因而能正视各种困难、百折不回地为实现既定目的而努力，坚决、果断地采取行动。英国作家狄更斯这样评价毅力：“顽强的毅力可以征服世界上任何一座高峰。”

（3）精力是一种意志品质。这是指在达到一定目的的过程中具有充沛地克服困难的能力和从事各种活动的紧张程度。是一个人在活动中的兴奋性、准确性和有效性的心理品质表现。

创新需要集中精力，力争调动一切创新能力于一点突破，法国昆虫学家法布尔对一个询问他研究经验的人说：“把你的精力集中到一个焦点上试试，就像这块凸透镜一样。”这就要学会选择和自控，把注意、观察、思维、想象能力都集中到创新的主攻方向上，尽量使自己兴奋起来。

B 意志的作用

（1）创新意志产生巨大力量。意志就是力量，咬定青山不放松；

（2）创新者的认识越自觉、越坚定，他控制和支配自己情感的意志就越坚强、越持久，产生的创新力量也就越大。相反，在意志薄弱者身上，不会出现“奇迹”。这是因为他们的认识常与自身得失安危相联系，情感也是淡漠的，因此，在大脑中产生的兴奋不强烈、不集中。同时，患得患失、怕苦怕累的认识和情感还在干扰兴奋，不能引起人体的相应反应，一旦有了行动的不舒适感和困难、痛苦感，会立刻反馈大脑，行动就会动摇。意志薄弱者的行动常常半途而废就是这个道理了。

案例 4-9 超强意志造就“杂交水稻之父”袁隆平——袁隆平是中国工程院院士，当代杰出的农业科学家，也是享誉世界的“杂交水稻之父”。几十年来，袁隆平以杂交水稻研究的突出成就，为解决中国粮食自给和世界粮食安全问题作出了巨大贡献。杂交水稻是世界级科技难题，发达国家较早涉足并投入巨大，这个科技难题能在中国取得突破，得益于袁隆平的巨大勇气和执着探索。

科研之路从来就不是平坦笔直的，农业科学研究尤其如此。在几十年杂交水稻研究的风雨历程中，袁隆平表现出了超乎寻常的坚定意志和顽强毅力。杂交水稻研究刚刚起步时，各方面的条件十分艰苦，善于化困难为动力的袁隆平，总是千方百计创造条件开展科学研究。遇到地震、洪水和病虫害等天灾，视杂交水稻研究为生命的袁隆平，总是像母亲爱护自己的婴儿一样呵护着他的科学成果；面对一些人曾经的不理解和冷嘲热讽，立志献身杂交水稻事业的袁隆平，总是坚持不懈地坚守在杂交水稻研究的第一线。正是因为袁隆平具有这种迎难而上的坚定意志，杂交水稻研究的异形稻到杂交稻再到超级稻、从三系法育种到两系法再到一系法的一道道难关才被攻克。正是这种坚定顽强的意志品质，铸就了袁隆平务实苦干的奋斗精神。坚持在顽强拼搏中埋头苦干，成了袁隆平攻克一个个难关、取得一个个胜利的重要法宝。

C 意志的锻炼

创新意志不是先天的，没有所谓生下就是意志坚强的人。意志是在实践中、在奋斗中逐渐地培养或锻炼起来的。创新活动困难重重，本身就是一个很好的锻炼环境和机会。

（1）辩证法帮助你坚定意志。创造与失败似乎有天然的姻缘，辩证思维帮助创造者对创造的失败和挫折进行科学的分析，从而激发勇气、培养意志品质的坚韧和坚定。

（2）要摸清自己的弱点，要有点与自己“作对”的气概，从小事做起磨炼意志。一个人的意志品质不十分理想，这并不是说他样样品质都不理想，而是在某一方面有缺欠，这种缺欠又影响别的品质，使你的总体意志品质令人感到遗憾。譬如说，你的主要毛病是果断性稍差，遇事不善于适时地下决心和采取决策，总是犹豫不决，瞻前顾后，即使在开始行动之时，你就缺乏信心，动摇不定，开始之后还在不断地修改决定，最终放弃决定，中止行动。找到自己的弱点，先从小事做起，有了进步，及时巩固；出现动摇，拿出点偏与自己“作对”的气概，正确决策后坚持下去，意志就会一点点坚强起来。

（3）要想使意志行动达到理想的结果，必须符合事物客观规律性的要求。创造成功的获得没有一回是靠蛮干的，创新的新颖性特征更要求行动的科学性。要培养创新者的意志，必须首先帮助他们掌握创新的必要知识和技能。常言说的“艺高人胆大”“知识就是力量”表明了它们之间的转化关系。所以说，人的意志行动是和一定的技能、知识以及熟练的技巧密切联系着的。

（4）还要强调在创新中提高自控能力的问题。自控往往是通过自我暗示来维持和实现的。心理学中把暗示定义为用含蓄、间接的方法对人的心理状态产生迅速的影响过程。暗示可以采取语言的形式，也可以使用其他形式。自我暗示是暗示的一种，它不是来自外界而是起自内心。自我暗示有消极和积极之分，前者引起不良后果，后者是即使自己处于不利之地，也总是鼓励自己，增强信心去完成预想的目标活动。例如，当创新失败后，仍暗示自己干下去一定能成功，这对创新的有利的。有人用格言、名言、警句随时暗示自己，也是一种好方法。林则徐曾经有爱发火的毛病，为此，他大书“制怒”二字悬于墙上，当他发怒中处置事情时，一看字幅，即能收到制怒效果。

4.1.3.5 进取的性格

A 性格的含义

创新性格是指表现在人对现实的比较稳固的态度以及与之相适应的习惯化了的行为方

式。性格在个性心理特征中居于核心地位，最能表现个别差异。性格的好坏与优劣，往往决定一个人事业的成功与否以及社会贡献的大小。它是一种与社会相关最密切的人格特征，在性格中包含社会道德含义，能最直接地反映出一个人的道德风貌。

B 性格的特征

包括以下四个方面特征。

（1）对现实态度的性格特征。人对现实的态度是性格最重要的组成部分，在人的性格结构中处于核心地位。主要体现在如下方面：对待社会、集体、他人态度的特征，如有的人爱祖国、爱集体、助人为乐、正直、诚实、宽容、与人为善等；而有的人则自私自利、阴险狡猾、虚伪等。对待劳动态度的性格特征，如有的人勤劳、认真、细心、节俭；而有的人则懒惰、马虎、粗心、浪费等。对自己态度的性格特征，如有的人谦虚、自信、自尊、自爱；而有的人则骄傲、自馁、自卑、自怜等。

（2）性格的情绪特征。主要是指一个人情绪活动的强度、稳定性、持续性以及主导心境方面的特征。

（3）性格的理智特征。主要是指人们在认识过程中所表现出来的性格特征。具体表现在：在感知方面有被动感知型（易受环境刺激的影响，易受暗示）、主观观察型（自己有主见且不易被环境刺激所干扰）；详细罗列型（特别注意细节）和概括型（更注重事物的一般特征和轮廓）等。在想象方面有幻想型和现实型，主动想象型（力图用想象打开自己活动的领域）和被动想象型（以想象来掩盖自己的无所作为）等。在思维方面有独立思考型和盲目模仿型、灵活型与刻板型、创造型与保守型等。

（4）性格的意志特征。主要是指人在行动中所表现出来的目的性、自控性、果断性、坚韧性等性格特点。例如，是具有明确的目的还是盲动蛮干，有主见还是易受暗示等。一个人的行为是主动积极还是消极被动，是有自制力还是易受暗示等。在紧急或困难条件下表现出来的是沉着镇定还是张皇失措，是果断、勇敢还是优柔寡断、胆小怯懦等。在经常和长期的工作中表现出是耐久有恒、坚忍不拔，还是见异思迁、半途而废等。

C 性格的作用

人的创新性格与人的创新活动相互作用、相互影响。

（1）创新性格影响创造力的开发和培养。从创新性格品质影响创造力的实验研究和卓越的创造人物的性格对创造力的分析，得出结论：性格品质对人的创造力有影响。成就卓著的创新人才，以他们自己的切身体验，提出了创新所必需的良好性格品质——勇敢、谦虚、勤劳和乐观。

（2）创造力对创新性格的影响。创造力对创新性格优化起促进作用。这就是为什么杰出的创造人才都有令人羡慕的优良性格，如我们熟知的李四光、华罗庚、彭加木、爱因斯坦、居里夫人，都是我们的楷模。

D 性格的培养

创新和培养创新性格是人的统一发展过程中相互联系、相互依存的两方面。

（1）性格的优化与汰劣。把自己的性格朝着什么方面塑造？这是每一个创造者最关心的。主要应用两个原则，即优化原则和汰劣原则。

（2）优秀性格的重塑。有了性格导向和优化，在创新中还可从四个方面重塑优秀性格：

1）要确立正确的世界观、人生观；

2）要普及心理学知识，进行良好的性格教育，加强自我修养；

3）应调动社会力量，尽可能地形成有利于创造的良好的社会环境，使创造者更和谐；

4）针对个别差异，进行心理健康教育。

案例 4-10　创新火箭原理，追求航天梦想的先驱者：张衡——张衡是中国航天科技集团公司九院总设计师，也是中国航天科技事业的奠基人之一。他毕业于北京大学力学与应用力学专业，并在国内外知名高校深造多次。在职业生涯中，张衡参与了神舟、嫦娥等多个航天项目的研究和设计，为我国航天事业的发展做出了巨大贡献。

张衡以其卓越的理论水平和创新能力，在航天领域有着广泛的影响力。他在研究过程中提出了许多引领性的观点和方法，尤其是在火箭原理方面做出了突破性贡献。他首次提出了多级火箭的概念并在实践中验证了这一原理的可行性。这不仅大大提高了火箭的运载能力，也为后续的航天科研工作提供了技术支持。

张衡的创新品质不仅体现在科技研究上，也表现在推动航天科技的普及与发展上。他始终追求卓越，力图将中国的航天科技推上世界舞台。他鼓励团队成员不断探索和创新，坚持在实践中提高科研能力和创造力。同时，他倡导团队合作，相信“团队更强大”的他谦逊、谨慎的态度使他成为工作中的榜样，也为后来者树立了标杆。他的创新精神、追求卓越的态度和团队合作的倡导，对于广大科技工作者和在校大学生来说都是宝贵的精神财富。

4.2　创新智能因素

4.2.1　创新智能的基本概念

创新智能是指能胜任创新的主观条件，是直接影响创新效率，达到创新目标的个性心理特征，主要有注意力、观察力、记忆力、思维力、想象力和操作力六个方面。

4.2.2　创新智能的培养意义

大学生能否成为创新性人才，在很大程度上与其创新智能有关。因而，培养和训练大学生的创造力，很重要的一个方面就是培养和发展他们的创新智能。

4.2.3　创新智能的主要内容

创新离不开创新智能的支持和运用，了解创新智能及组成创新智能的注意力、观察力、记忆力、想象力和操作力的概念、创新作用及其培养提高的方法，认识自己的智能水平，掌握培养和提高创新智能的方法并通过训练提高创新智能。

案例 4-11　毕昇发明活字版——毕昇看到当时的雕刻印书虽然比抄写要快得多，质量也得以保证，但一块书板刻下来颇费工本，又只能印固定的一页。书印完后，积存的大量书板不能再用了，能不能改进一下？毕昇的注意力、观察力在发明的初始阶段就发挥了作用。

毕昇很可能从下列事实中通过联想而获得创造想象：七巧板的每一块只是一个没有整

体含义的几何块形，但巧妙地组合能使这七块板子构成有整体意义的图形来。毕昇也有可能通过观察发现，如果刻书匠人偶尔不慎刻错了字，或者对字形不满意，可以用刀挖去，另在木片上刻新的字，补在空缺的位置上。只要新补的字与版面齐平就可以了。

他有了一个极为可贵的创意：如果把印书要用的字刻在一小块一小块木头上，印书时拼凑起来印刷，印完后拆散，还可以再拼合印别的书，这有多好！

怎样使一个个木块连成一片，而且有字的一面又平又齐呢？毕昇调动他的记忆储备——什么东西加热或加水能溶化，冷却后或干燥后又能粘住一个个小木块，连成一块整版？他想到松脂和蜡，肯定还试用过其他东西，诸如胶泥，面团之类，最后发现还是松脂和蜡比较好，工艺上简单、实用，价格便宜，来源广泛，又能反复使用。这一过程借助了构成智能的记忆力和操作力，以及实验能力。

后来毕昇发现，木头遇水会胀，既不便于清洗，又影响印书质量，他又试图用石质字块来代替木质字块。但石头不易刻字，加工困难。他又想到，有人用胶泥做碗罐，就用胶泥做字，取材方便，刻制容易，不胀不缩，再入窑烧成坚硬的陶制字块，终于发明了活字版印刷术。在整个发明过程中贯穿着丰富的思维。

后人在总结毕昇发明活字版的经历后指出，他的思维转化过程如下：摄取（观察）、排除（放弃）、改造（分析）、适应（修改）、联想（设想）、储备（记忆）、理解（总结）、运用（实验、制作）。

4.2.3.1　注意力

在创新活动中，常见的一种心理现象——注意。

A　注意的含义

创新活动是在一种高度注意状态下进行的。教育家乌申斯基说过：“注意是我们心灵的唯一门户，意识中的一切，必然都要经过它才能进来。”注意的两个特点是指向性和集中性。指向性表明人在认识事物的过程中，并非把所能感受到的刺激物都作为自己认识的对象，而是从诸多刺激物中选择具有现实意义的事物。这些选择出来的事物就成为自己认识过程指向的对象。集中性体现了人的心理活动反映某一事物所达到的清晰程度，因为人的认识过程不仅有选择地指向一定对象，而且需要长久地持续指向这个对象。保持认识的清晰、完善。集中就要抑制那些与该对象相对抗的东西。

案例 4-12　不专心致志，则不得也——我国古代著名的棋师弈秋，教两个学生下棋。但两个学生对下棋的心理活动却不同，一个注意，另一个不注意，注意者专心致志听弈秋的教导，领会了下棋的奥妙，对下棋有了认识，也产生了对下棋的情感过程和下好棋的意志过程；而不注意者则思想开小差，想着鸿鹄将至，打算拿弓箭去射杀，他不仅认识不到下棋的规律和技巧，也不会产生相应的积极的情感过程和意志过程。孟子叹曰：“不专心致志，则不得也。”宋代张载也说：“心不在焉，虽学无成。”

B　注意力的作用

创新从始至终离不开注意力的参与。

首先，创新活动的成功常出现在灵感之后，而产生灵感的条件是对问题进行了一段时间专注的研究，伴之以对解决方法的渴求。

其次，创新也要有一定的机遇，如果不注意，创新的机遇就会从你的手指缝中溜掉。

再次，创新是一种极为艰难的事业，不能坚持持续的注意，创新就可能半途而废。

最后，创新成果的社会价值，人们往往一时认识不到，这就难于使一项创新造福于人类，也不利于社会对它的承认。

总之，良好的注意力能使创造者集中自己的心理活动，提高观察、记忆、想象和思维的效率，可以这样说，善于集中注意力的人，就等于打开了智慧的天窗。所以注意力的培养对开发智力，培养各种能力，提高学习质量，取得创新成果，是必不可少的因素。

C 注意力的培养

兴趣和注意的关系很密切，培养兴趣是形成良好注意力的首要条件。一个缺乏兴趣的人，是很难有良好的注意力的，也无法进行创新活动。

加强意志品质的锻炼，养成因地因时注意的习惯，对自己要有控制能力，上课时就注意听，到图书馆就注意读书。神不守舍，懒散疲沓和见异思迁对注意力的培养都是不利的。

要锻炼在不顺利不理想的条件下工作、学习的习惯。青年时代的毛泽东，故意到嘈杂纷乱的城门口读书，就是一种很好的锻炼手段。在正常、安静的条件下，一般人容易保持较好的注意，但在非常环境中，在对自己有引诱性的活动环境下，要保持注意力高度集中很难。如果有意去锻炼，久而久之就能提高注意力。

4.2.3.2 观察力

A 观察和观察力

观察是一种受思维影响的、系统的、主动的、有意的知觉活动，是有目的的具有探索性质的知觉。像常说的勘察、侦察、调查、考察等大致都属于观察的范围。

由于人们的知识经验、思维方式、职业习惯、个性特点等方面存在着各种各样的差异，人们在观察事物的时候，会出现明显的不同。这种个体差异说明人们的观察具有不同的类型。

（1）分析型、综合型和分析-综合型。根据参与观察的思维特点，可以知道，分析型在观察时，特别留心于局部的细节，难以理解事物的整体意义。属于这种类型的人，会在创新中犯“只见树木，不见森林”的毛病。一件创新成果，在它的创新过程中和取得初步成果时，肯定有许多不足，如仅注意细节而不理解它的整体意义，就可能使创新半途而废。

（2）客观型和主观型。根据反映事物的真实程度，又可以知道，客观型的表现是在观察时，很少受自己主观见解或情绪状态的影响。在尚未掌握观察材料之前，不轻易想当然地做出任何结论，因而能够比较真实地、客观地反映事物。这是一种良好的观察类型。

B 良好的观察品质

为了更好地培养创造者的观察力，必须弄清楚发展观察力的标准和要求，即良好的观察有哪些品质。主要有观察的条理性、观察的敏锐性和观察的精确性。

C 观察的功能

不会观察就没有创新。为了推进创新，务必把握以下四个方面观察功能：

（1）创新始于观察；

（2）观察力是创新获得成功的重要能力；

（3）观察力为创新提供方向、线索和条件；

（4）观察力促使人们去探索未知，纠正错误。

案例 4-13 发明源于观察——1986 年日内瓦第 14 届国际发明展览会上，获得“日内瓦”大奖的第一个东方人——我国的张开逊，早在 1975 年就自费研制成功“可燃气体探测仪”。他之所以搞这个项目，是因为在一次参观河北怀来地热电站时，看到这个液化石油气管道纵横交错、纷杂衔接的电站，没有可燃气体的探测仪器。他想万一气体漏出，一点火星就可以引起严重爆炸，尤其是当他听说这个电站由于没有探测器，确曾发生过房毁人亡事故时，他下了动手研制的决心。一起参观的其他人不是也都看到这些可燃气体的通道，但他们仅仅是看到了，而没有像张开逊那样“观察”到。因此张开逊有了创新意向，而其他人却没有。可见良好的观察力为创新提供了线索和方向。

D 观察力的培养和提高

观察力的不同水平使人的观察活动产生不同的效果，观察力通过观察活动本身，是可以培养和提高的。其方法有三，即循序渐进、及时强化和持之以恒。

观察力的培养是一种高级能力的培养，比起掌握某种知识技能来需要一个更长的培养和锻炼过程。这就需要长期进行观察活动，需要有一定的计划，养成勤于观察的习惯。没有恒心，不坚持长期的观察活动，观察力的发展是有限的。

4.2.3.3 记忆力

A 记忆和记忆力

记忆是过去识记过的事物或经历过的事情在人脑中的再现。记忆的好坏常常用记忆力来衡量，记忆力是人脑贮存和重现过去经验知识的能力。

B 记忆在创新中的作用

记忆是创新的重要心理条件，因为记忆是创新所必需的知识的库房，记忆为思维提供信息，记忆为联想助飞。创新需要联想。联想在创新实践中产生，再由新的联想发展到创新目标的实现，这是创新活动的一个完整过程。

C 学会科学记忆

（1）记忆与遗忘的辩证法。没有遗忘就没有记忆，记忆和遗忘是对立的统一。正是遗忘了一些东西，才保证了更好地记住另一些东西，遗忘促进了记忆。科学的遗忘能打通信息贮存和输出的通路。尽管大脑记忆容量很大，但作为记忆入口的意识，如果有繁杂而又无关紧要的信息干扰，就难以记住必要的信息。记忆在输出时也一样。对信息进行合理的选择是提高记忆的先决条件。越善于选择信息，记忆就越有效。

（2）精确记忆与模糊记忆。记忆不一定必须精确，其实，“精确”与“模糊”各有妙用，这一点，对创新来说也很重要。因此，创新所需的记忆要“精确”与“模糊”相结合，有时甚至更注意模糊记忆。

4.2.3.4 想象力

A 想象力比知识更重要

我们没见过兽头人身的人，却见过兽和人，并感知过各种动物的特征。想象就是人脑在过去感知的基础上对所感知过的形象进行加工、改造、创建出新形象的心理过程。

想象是创新的翅膀，这是因为创新活动是从生活中尚未存在的事物进行想象开始的，因此，想象是创造新事物的翅膀。爱因斯坦想象人追上光速时的情景而创造狭义相对论，又在想象人在自由下落的情景中创立广义相对论。他对想象力是推崇备至的："想象力比知识更重要，因为知识是有限的，而想象力概括着世界上的一切，推动着进步，并且是知识的源泉。严格地说，想象力是科学的实在因素。"哲学家康德说得更加明确："想象力作为一种创造性的认识能力，是一种强大的创造力量，它从实际自然所提供的材料中，创造出第二自然。"

案例 4-14 《西游记》与孙悟空——谁也没有见过人的身体却长着猴脑袋和猪脑袋的，而吴承恩却活脱脱地使他们跃然纸上。孙悟空和猪八戒就是人的想象的产物，是人凭借想象力创造出来的艺术形象。《西游记》中孙悟空为了制服铁扇公主，变成小虫钻进铁扇公主肚子里的情节，就充满了想象。因为人不可能进入另一个人的肚子里。一旦让我们的大脑插上了想象的翅膀，孙悟空在铁扇公主肚子里说话、打拳、翻跟斗，甚至爬到他的嗓子眼儿检验是不是有芭蕉扇的描写，竟那样的惟妙惟肖。

B 想象力的激发和培养

建立正确的世界观、人生观，培养辩证的思想方法，积累知识和经验，保持和发展好奇心，培养善于捕捉"直觉"和"灵感"的本领，陶冶健康而丰富的情绪，培养广泛的兴趣，涉猎多学科领域，游弋于文学艺术的百花园，不断丰富自己的语言及其他表达能力，都有助于激发和培养想象力。下面有几道练习题，读者可每题阅读 2~3 min 后，立即把自己头脑里想象的东西记入到表 4-1 中。

表 4-1 想象记录表

想象内容	
统计数量	

题目 1：由于大气污染，南极上空的臭氧层已形成空洞，并逐渐增大，将使地球上的生命受到紫外线的伤害，对此你能想象出什么情景？

题目 2：现正研制一种可进入人体施行手术的微型机器人，你能想象它的工作状态吗？

题目 3：如果我国西北地区的沙漠和黄土高原全部被森林覆盖，你能描绘出我国北方生态环境的变化吗？

题目 4：听到别人去"新马泰"旅游回来后的介绍，你能想象出哪些热带风光特点？

题目 5：计算机能够识别人的语音，根据语音的指挥来运作，但也还有一些没有解决好的问题，你能想象出错的时候会发生什么情况吗？

题目 6：驾驶汽车时不系安全带，可能发生伤害，假如你是司机，又没有系安全带，在紧急刹车时或与其他车辆相撞时会发生什么情景？如果系好了安全带呢？

还有创造性想象训练，就是通过对已有记忆表象的加工、改造、重组的思维操作活动，产生出新的形象。核心是必须有新的形象产生，否则就不能称为创造性想象。也就是说，几乎所有的创新活动都离不开创造性想象，所以，创造性想象的训练是十分重要的。

下面有几道练习题，请读者在给出信息的基础上，大胆想象，形成新的形象，并提出解决问题的方法，将想象的结果按表 4-1 的形式记录下来。

题目 1：想象一下可能存在的"外星人"的外表和动作特征。

题目 2：常用的洗衣机中，衣物和水同时转动，所以洗涤效果不理想，你能想象出改变这种情况的新的洗涤方式吗？

题目3：开发大西部需要改造沙漠，为了使沙漠绿化，你有什么新的设想？

题目4：塑料制品废弃后，造成了“白色污染”，你设想一下，有哪些好的解决方法？

题目5：北京等城市汽车的数量增长迅速，交通拥挤的现象越来越严重，除了现有的办法外，你有什么新的办法能较好地解决这一问题吗？

题目6：居家防盗是一个人们十分关注的问题，除了安防盗门，你还能想出哪些高招？

题目7：假冒伪劣商品很多，防不胜防，你能提出防止假冒伪劣商品的几条新措施吗？

还有幻想性想象训练，创造性想象结果应当是具有新颖性和可行性的。幻想性想象可以看作是创造性想象的一种极端形式，其特点是幻想的结果远远超出了现实的可能性，甚至是很荒谬的，但其中也包含了创新的成分，或者是创新的先导。

从这个意义上说，没有幻想就没有创新。因此，幻想性想象是有益无害的。在进行幻想性训练时，应当大胆地任意想象而不必考虑能否实现。如果想象的结果明显可行，那你的想象很可能就不是幻想。这一点在训练时要特别注意。

以下有几道练习题，请读者在明确问题之后，大胆进行想象，不要顾及不能实现，也不要管你的答案是否完整，只要想到，就用简单的文字按表4-1的形式记录下来。

题目1：由于雨量不均匀，世界上有的地方发生旱灾，同时有的地方却发生洪涝灾害，你有什么办法解决这个问题？

题目2：机械加工中大量的都是切削，加工过程中损失了相当多的材料，你能否想出不同甚至相反的加工方法，从而大大节约原材料和能源呢？

题目3：海洋占了地球面积的70%以上，在人类居住越来越拥挤的情况下，你对海洋有何新的想法？

题目4：你对开发新的能源，比如太阳能和地热，有何更有新意的想法？你想想你家现在的居住条件和环境，你对于未来的住房在舒适程度、节约能源方面有什么更完美的想法？

题目5：你可否想象一下，如果自己要用少得多的时间读完从小学到大学的课程，或者用相同的时间就达到博士水平，可以采用哪些更好的接受教育和学习知识的方法呢？

题目6：除了现有使用磁卡之类的方法，你有哪些可以减少甚至取消货币流通的办法？

题目7：可预见的是，在未来社会里，机器人的使用将会十分普遍，每个人都可能拥有一个以上的机器人助手，那么，你想要什么样的机器人呢？你又将和你的机器人干什么呢？

4.2.3.5　操作能力

A　操作力

操作力就是寻求如何把决策化为结果的方法和途径的能力，是所有工作的归宿。人类社会发展史已经证明，人的智能水平的标志之一，是一个人所具有的操作能力。近代科学的研究和实践也指出，人的双手绝妙无比的动作和敏锐的感觉，会迁移到思维中去。主要是双手凭动作和感觉，给思维以精确和明确，帮助注意和观察，强化记忆，因此，操作力的培养对人的大脑技能和智力发展有着重要的促进作用。教育家苏霍姆林斯说手的动作“是意识的伟大培育者，是智慧的创造者”，又说“能力和才干”可以看成是“来自他们的指尖”。这说明：通过操作可以提高智能，并使操作力在智能中占有一席之地。

人们也一直把属于认识方面的注意、观察、记忆、思维和想象，与属于实践方面的操作，看作是一个整体概念上的智力。常说的“心灵手巧”“眼明手快”“闻风而动”及“急中生智”而产生的操作和动作，都说明人们习惯上也把操作力看成是聪明和智慧。当然，从创新的角度看，“良好的开端是成功的一半”。创意再好，也只是“良好的开端”。创新的成功，必定要通过操作来最终实现。

案例 4-15 “分子一级水平”的操作力——童第周教授从自己长期研究中提出，细胞质中含有的信使核糖核酸对改变生物的遗传能起到主动的、积极的作用。但是，任何一个科学结论，必须拿出实验结果做根据。他和牛满江教授首先选择鱼类中的一对近亲——金鱼和鲫鱼作为研究对象，从鲫鱼卵巢成熟的卵细胞中提取信使核糖核酸，注射到金鱼的受精卵中去，观察这种金鱼的后代将出现什么变化。童第周和牛满江的实验。如果没有童第周那双高超、精细、灵巧、熟练的手所显示出来的超群的操作能力，科学创造只能付诸东流。

手术的对象是金鱼的受精卵细胞，小得像小米粒。和在医院里给病人做手术之前一样，先要给他们脱去身上的“衣服”，即去掉包住它们的卵膜，可是这身衣服小得实在不能再小，薄得实在不能再薄了。看，那双手握一对尖利的钢镊，向着一个细胞钳过去，这时，只要轻轻地颤一颤，在显微镜下都会呈大幅度地摆动，在培养液中掀起一阵轩然大波，甚至使那个娇嫩的小生命化为乌有。

童第周的双手以惊人的准确和敏捷，夹住细胞的一端，均匀地向两边一撕，细胞膜就被剥得干干净净。它使人想起巧手姑娘的绣花针，但它比绣花针细得多，他给脱掉“衣服”的小家伙，一个接一个进行注射。用科学家的语言来说，这是“分子一级水平的研究”。仅在短短半小时里，同样的高难手术重复了 23 次，平均每分钟一个。

全部动作是那么优美、娴熟、富有节奏。面对这双手，人们会发出惊叹，会感到钦佩，会感到由衷的骄傲。因为，这是中国科学家的手，在实行难度很高的精细手术！

当人把目光从这双手，转向实验者的脸孔时，那就不光是发出赞叹，而且简直会感到惊愕了：坐在实验台前的，是一位年逾古稀的老人。

B　动作反应与技能

心理学认为，人的动作方式有反射和意志动作两大类。反射动作是不经大脑调节的非条件反射动作。意志动作是刺激传入大脑，经人脑的调节而产生的动作反应，是一种有意活动。

我们所说的技能就是一种意志动作方式，而且是由练习而获得的“自动化”的活动方式。边听课边记笔记，确有“自动化”的味道，这是长期练习而获得的技能。

C　操作能力的培养

培养操作力可通过掌握局部动作、初步掌握完整动作和动作协调完善三个阶段来完成。

〖本章小结〗

从创新的本质来看，创新不仅仅是知识、经验亦或能力、技法问题，更要求创造者具有强烈的动机、浓厚的兴趣、炽热的情感、坚强的意志和进取的性格。关于这一点，对人格因素正处在培养、锻铸逐渐成形阶段的大学生来说，尤为关键和重要。大量的事实证明，不仅两个能力差不多的人创造力不等，就是能力平平比能力较强的人更具有创造力也屡见不鲜。这就告诉我们，在创造力开发和创新活动中，都要十分重视创新人格因素的培养。

创造力是主体在创造活动中表现出来并发展起来的各种智能的总和，主要是指能产生新设想的创新思维成果的注意力、观察力、记忆力、想象力和操作力。创新思维能力是在智能基础上形成的。所以，创造力和创造力的开发，是丝毫也离不开创新智能支持的。

〖延续思考〗

4-1　你是怎样认识人的智力因素之外的非智力性人格因素的？

4-2　为何开发大学生创造力要注意从创新智能的培养这一基础抓起？

4-3　经过创新思维训练，你有哪些收获和提高？

5 创新障碍：大学生创新创业的“拦路虎”

第5章数字资源

〖名言金句〗

妨碍人们学习的最大障碍，常常不是未知的东西，而是已知的东西。

——贝尔纳

成功可能有很多种原因，但往往失败只有一条，那就是杂念太多。

——钱逸泰（化学家）

如果你陷入困境，那不是你父母的过错，不要尖声抱怨我们的错误，要从中吸取教训。

——比尔·盖茨

〖温馨提示〗

思维创新，是一切创新的基础和前提。任何组织或者个人若是封闭思维，只会身陷囹圄。大学生要想获得创新思维，就必须扫除创新思维的拦路虎—思维障碍。

人的思想常常存在一些盲区，这些盲区通常是由于思维惯性造成的。知道了什么是思维惯性，有哪些思维惯性存在，方可知如何突破这些思维惯性的障碍。

创新活动本身是有个性的创新者的活动，这个活动的过程需要创新者正确的个性倾向，顽强的个性品格，坚韧的个性特征，开拓的个性本色。如果创新者的人格不完善，或受到障碍、或有障碍，那么创新既不可能成不竭的涌泉、不落的风帆，创新者自身也就难以拥有一双不闭的慧眼。因此，心理困惑是阻碍创新者创新的主要因素。

5.1 创新必须突破思维定式障碍

5.1.1 思维定式的概念

思维定式是由先前的活动而造成的一种对活动的特殊的心理准备状态，或活动的倾向性。在环境不变的条件下，定式使人能够应用已掌握的方法迅速解决问题。而在情境发生变化时，它则会妨碍人采用新的方法。思维定式是束缚创造性思维的枷锁。

5.1.2 思维定式的形式

思维定式的好处在于，用来处理日常事务和一般性问题的时候，能够驾轻就熟、得心应手，使问题得到完满的解决。然而，思维定式弊端主要在于以下三点：

（1）单向思维，即“脑子不转弯”，不利于在更大领域里的开拓创新；

（2）主观主义，即忽视对新事物的认识，因此对发明有害；

（3）静止看待，即把客观事物看成是静止的、孤立的、一成不变的，因而是一种反科学的、阻碍发明创造的思维方法。

就唯从众思维方法、唯权威思维方法、唯经验思维方法、唯书本思维方法、唯自我思维方法、唯传统思维方法、唯情感思维方法等思维方法定式作相应的分析。

5.1.2.1 唯从众思维方法

有人说，谣言重复1000遍就是真理。为什么呢？因为不断地重复某种谣言，就使得相信这种谣言的人越来越多，成为一个团体当中通行的法则，于是大家都会把这种谣言当成是真实的了。创新的大敌就是“从众思维”。

5.1.2.2 唯权威思维方法

有人群的地方总会有权威，权威是任何时代、任何社会都实际存在的现象。人们对权威普遍怀有尊崇之情，这本来是可以理解的，然而这种尊崇常常演变为神化和迷信。

总体来说，我们应该尊重权威，但是不能迷信权威。为了打破思维定式、保持头脑的灵活和思维的创新，我们必须对进入思考范围内的权威先来一番彻底的审查。

5.1.2.3 唯经验思维方法

案例5-1　中国的事情要按照中国的情况来办——中国共产党历史上曾召开过多次重要会议，但唯有1935年的遵义会议配得上“生死攸关”四个字。亲身经历过这场巨大变化的陆定一同志，在遵义会议后说过一段没有引起人们足够重视的话：“它在党史上是个很重要的关键，在内战时期党内有两条路线：一条是‘左’倾机会主义的路线，一条是以毛主席为代表的正确的路线。遵义会议是由错误路线转变到正确路线的关头。”

他所说的“两条路线”是两种指导思想：前者就是把马克思主义教条化，把共产国际的指示和决定神圣化，一切听从它的指挥，在十年内战时期表现为“左”的机会主义错误；后者是把马克思主义基本原理同中国革命实际相结合，独立自主，坚持一切从中国实际出发，依靠中国人自己的力量去夺取胜利。这是两种截然不同的指导思想。

遵义会议前，前者在中共中央更占优势；遵义会议后，后者在中共中央取得了优势地位。

5.1.2.4 唯书本思维方法

案例5-2　纸上谈兵——战国时期，赵国有位名将叫赵奢，赵奢有个儿子叫赵括。赵括从小熟读兵书，谈起用兵之道，能够滔滔不绝，连他的父亲也对答不上来。后来，秦国进攻赵国，两军在长平对阵数年，秦不能胜。秦国使用反间计，赵王听信流言，撤回赵军主将廉颇，任用赵括为大将。结果，秦军偷袭赵营，截断粮道。赵军40万人马被围歼，赵括也遭乱箭射死。

成语“纸上谈兵”说的就是这位赵括。如此看来，白纸黑字的兵书，与刀光剑影的战场并不是一回事。任凭你“读书破万卷”，不见得“做事若有神”。

书本是一种系统化理论化的知识，是千百年人类经验和体悟的结晶。应该说，书本是人类最伟大的发明。有了书本，前代人能够很方便地把自己的观念、知识和价值体系传递给下代人，使得下代人能够从一开始就站在前人的肩膀上，而不必每件事情都从零开始。

凡事有利必有弊。书本知识带给我们无穷多的好处，有时也会给我们带来一些麻烦。

其根本原因在于：书本知识与客观现实之间存在着一段距离，二者并不完全吻合。

人们常说“知识就是力量”，实际上，只有用起来的知识才有力量。在知识经济时代，所谓知识，主要不是指知识的储存，而是指知识的运用。那些知识经济时代的英雄，并非他们的知识比别人都多，更重要的是他们能够正确地把自己已有的知识运用到现实生活中来。

比如，创造出“雅虎”的杨致远。他当时还是耶鲁大学的学生，他对于软件编写的知识当然并不是最多的，但是他却能够敏锐地发现因特网上的问题，及时编出一种搜索软件，从而获得了极大的社会效益。单单就编软件的技术来说，杨致远在当时显然不是知识最丰富的，至少，他的老师们要比他的知识丰富得多。但是，杨致远把他的知识运用出来了，在实际生活中产生了巨大的效益，成为一种强大的改造社会的力量。

所以，对待各种知识和事物应该更强调从实用的角度来观察和理解它。这是现代社会中一个突出的特点。

读书而不为书所累，从个人的读书经历来说，大约总要经过几个阶段才能悟出其中的道理。初读书时，常常容易“尽信书”，对书本敬佩得五体投地；后来读得多了，开动脑筋，做些比较，发现书与书之间、书与现实之间存在着不吻合，便会与辛弃疾产生同感：“近来始觉古人书，信者全无是处”。最后才有可能达到“读书而不为书所累”的境界，彻底破除书本型思维定式。

5.1.2.5 唯自我思维方法

案例 5-3 通信交流试验——在一个电话实验室，有个科学家进行通信试验，他找来一些人分成三组。每组的人由他指定两个两个地传递信息。每两个人得到一套骨牌，其中 A 的骨牌很有规律地排列，B 的骨牌则是乱的。现在要求 A 告诉 B 怎么把他手中的骨牌排成像 A 手中骨牌的顺序。但每一组都有若干规则和限制条件。

第一组：小组中的 A 可以对 B 说话，但 B 不许回答。实验全结束时，小组中的 B 无一人把排列顺序搞对。

第二组：B 也不能跟 A 说话，但可以按电铃示意 A 重复他的指示。实验结束时，有些小组的 B 把顺序搞对了。

第三组：A、B 可以自由交流。实验结束后，每个 B 都把顺序搞对了。

当两个人试图交流时，一连串事情就会发生。下面是人们说话时可能向对方送出的几个信息：说话人想说什么；说话人实际上说了什么；照对方理解，说话人说的是什么；听话人想听到什么；听话人实际上听到什么。

人们所说的每一个句子或每组句子都会有上述的可能性，因此误解的可能性是很大的，原因就在于人们思考问题时总受到“自我中心定式”的影响。

人类中心主义——在这种思维定式的束缚下，个人的思考以自己为中心，一个团体的思考习惯性地以本团体为中心，一个地区的人在思考时习惯以本地区为中心，一个国家或民族的人则习惯以本国本民族为中心，而整个人类同样也跳不出“人类中心主义”的小圈子。

正因为每一个人都有自己独特之处，所以，我们要求自己所采用的标准，与要求别人所采用的标准，总不可能完全一样。每一个人，应该用自己感到合适的标准来要求自己，而不应该用这种标准去要求别人。因为这种标准在你看来是合适的，是一种君子式的做法，但是在别人看来却并不一定如此，该更加宽松一些。只有这样，我们才能更好地、更加和谐地、更融洽地与周围的人群相处。

如果每个人只站在自己的角度来理解周围的人，那么他将无法与别人进行有效的沟通，因为所谓沟通应该是双向的，而单向的信息传达经常会出现各种各样的误解，那是由“自我中心定式”引起的。

要跳出自我，承认错误。每个人都会犯错误，但能承认自己错误，却可以化解矛盾，给人以尊贵高尚的感觉。这里就需要在思维上跳出自我，换个角度看问题。

5.1.2.6 唯传统思维方法

案例 5-4 26 个英文字母——请把英文 26 个字母排成上下两列，你会怎么排呢？这个问题有许多种答案，你是否只满足于一种排列方法呢？

比如，你可以按照“字母形状”来排，有曲线的字母在下，无曲线的字母在上；或者字母中间有一横的在上，无者在下；或者字母在下者可以不提笔一气呵成，在上者办不到，等等。

比如，你可以按照“字母发音”来排，上面的字母发轻声，下面的发浊声；或者上面的字母要加冠词 an，下面的要加 a，等等。

比如，你可以按照别的字母特征来排列，所有字母都放在上面；或者以字母代表乐符来排列；或者上面的字母打字起来较容易；或者上面的字母是西方工业先进国家的缩写，等等。

你对这些答案的反应如何，其中有一些有趣的答案吗？想想看，你为什么会有此反应？事实可能是由于你没有想到这些答案。假如你当初很自满，如今你是否不太满意了？

人的意念在一般情形下不会急不可待地去继续寻求更多的答案，而为求迅速解决，就省略了更多的想法。只有打破“唯一标准答案”的思维定式，才能使头脑真正开阔起来。

富有创造力的人必然懂得，要变得更有创造力，一开始就得发现众多可能性，每一种可能性都有成功的希望。有些习惯和行为有助于创造力地发挥作用，有些则会严重破坏创造力。寻找唯一的答案就会遇到阻力，而寻找多种可能性则会推动创造力的行动。

赫伯特·西蒙在一部著作里曾说道，一位自满者的特征如下：他在稻草堆里找到一根针，就歇工不找了。另一个尽善者要搜遍草堆，把所有的针都找出来，以便取得针尖最锋锐的一根。当然，在生活中我们没有足够的时间把草堆翻遍。但是“唯一标准答案”的思维习惯常常让我们找不到那根最尖的针。

然而，创新从某种程度上讲，没有固定的套路和过程可循，你越是去组织它、整理它、规定它，你就越可能扼杀它。应该看得出来，这些管理上的做法，主要都是左脑型的行为，是偏好日常思维定式才会有的结果。

5.1.2.7 唯情感思维方法

案例 5-5 谁最美丽——美国某富豪儿子多次偷他父亲的钱，他父亲也知道他的钱多次被偷，可他总怀疑不到自己的孩子身上，最终他的儿子走上了犯罪的道路。类似的事情很多，当你问一个小孩世界上谁最漂亮时，他会说是自己的妈妈；当你问一位母亲她认为谁最聪明时她会说是自己亲爱的儿子。为什么每个人都认为与自己关系最密切的人是最棒的呢？可事实并非如此啊。也许那小孩的母亲是一个非常普通的妇女；也许那母亲的儿子也是一个成绩不太好的学生。

生活中大家可能会注意或体会到这样一种现象：当你喜欢或认同一个人时，也容易理解或共鸣他的想法和观念；当你抵触不喜欢或看不上这个人时，哪怕是他的观点有道理，也会产生一种排斥或抵制的心理情绪，继而影响到自我对他人观念的理解和吸收，这种普遍的现象称之为对人不对事。从心理学角度分析，这是人的正常心理反应，从理性观点来看，我们都懂得对事不对人的道理：不能因噎废食、因人废言。但大多数事到临头，通常会不自觉地掺杂个人情感因素，真正能够做到完全客观理性的人并不多见。

5.1.2.8 唯一元思维方法

案例 5-6 非黑即白——在谈到反恐时，

甲：我支持反恐。

乙：我不支持反恐。

甲：如果你不支持反恐，那你就是支持恐怖分子。

在谈到某国人时，

甲：某国人都是好人。

乙：某国人都是坏人。

一元思维的一个突出特点是非黑即白，非此即彼。在一张白纸上画上一道黑色，在这张白纸上，是非黑即白，一条河的两岸，非此岸即彼岸。

但是，这一认识是被限制在一张画了黑色的白纸上和一条河的两岸的。例如，黑白之间，还有成千上万的色差，两岸中间还有不息的水流，只承认有黑白和两岸，就排除了事物的丰富性。一般来说，非黑即白，容易出现将局部的合理性绝对化的问题，如坐井观天，以为天只有井口大，盲人摸象，以为大象是一堵墙或只是一根柱子之类。

5.1.2.9 唯直线型思维障碍

案例 5-7 谁是傻子谁是聪明人——一个被人当成傻子的人问聪明人："你猜，我的牙齿能咬住我的左眼球吗?"

聪明人看着傻子说："不可能。"

结果，傻子把左眼窝里的假眼取出来放进了嘴里。

傻子又问："你相信我能用牙齿咬住自己的右眼睛吗?"

聪明人想着一个人两只眼睛都是假的根本就看不清东西，答道："不可能。"

于是，傻子把嘴里的假牙拿出来扣在了右眼上。

人们由于在解决简单问题时只需用一就是一，二就是二，或 A=B、B=C、则 A=C 这样的直线型的思维方式就可以奏效，往往在解决复杂问题时也是如此。在学习时，虽然也遇到过稍微复杂的数学问题、物理问题，但多数情况下是把类似的例题拿来照搬；对待需要认真分析，全面考虑的社会问题、历史问题或文学艺术方面的课题，经常是死记硬背现成的答案。这样，就养成了直线思维的习惯。不善于从侧面、反面或与迂回地去思考问题。如果没有破除直线型思维的训练和实践，即使是比较有经验的人也免不了陷入思维的误区。

5.1.2.10 唯自卑思维方法

案例 5-8 "求爱"缺乏勇气的维勒——瑞典化学家贝采利乌斯是 19 世纪上半叶最伟大的化学家。他有一个学生名叫维勒，维勒是德国著名化学家，他首先把无机物合成了一种有机物——尿素。可是，就是这样一位年轻有为的维勒，在“仙女”面前，却没有“求爱”的勇气。1830年，瑞典化学家肖夫斯特姆在研究斯马兰铁矿的铁渣时，得到了二氧化钒，从而发现了新元素——钒。

消息传来，维勒后悔不已，原来他早就断定铅矿中有一种无人发现的新元素。遗憾的是，他没有继续研究下去，从而错失良机。

不久维勒收到老师寄来的一封信，信中说：在遥远的地方，有一位美丽的女神凡娜迪丝。但是谁没见过她，因为有关她的美丽传说让很多年轻男孩都感到自卑，谁也不敢去敲门。有一天，女神正在房里休息，她听见了敲门声，但没去开。女神等待着下一次的敲门声。结果那敲门人敲了一阵后，便垂头丧气，失去了耐心和勇气，悄然地离开了。女神很纳闷儿，这样的家伙怎能配做自己的新郎？她跑到窗前一看，哦，原来是维勒。过了一阵子，又有人来敲门了。这次敲门声持续了很久很久，他执着和坚定的精神终于感动了女神，她开门迎纳了这位勇敢与执着化身的肖夫斯特姆。

自卑型思维障碍。就是非常的不自信，由于过去的失败或成绩较差，受到过别人的轻视，产生了自卑心理。在这种心理的支配下，不敢去做没有把握的事情。

5.1.2.11　唯偏执思维方法

案例5-9　科幻还是科学——发明人容易走入的几个误区，首先就是发明人对自身的认识普遍过高，导致偏执和不善合作。中国发明协会接待过许多发明人，其中有相当多的发明人对自己的发明成果估计过高，认为自己的发明可以颠覆现有技术，甚至可以带来一场产业革命，只要有人提供资金支持，就可以成功转化并改变世界。

还有一些发明人，不考虑市场需求搞发明，而是陷入了闭门造车的境地无法自拔，比如有部分发明人仅仅从自我主观的想象出发，不进行市场调研，误将自己的特殊想象当成事物发展的规律和市场需求，这样的发明创造很难得到支持进行转化；还有部分发明人埋头发明，却不知他所发明的技术是市场上已有的技术，根本不具有转化意义；甚至还有个别发明人把自己的不切实际甚至是违背科学规律的幻想当成了发明创造，到各处寻求支持，得不到支持就怨天尤人、发牢骚。

5.2　创新必须突破惯性思维障碍

老师给学生上课，讲了一个故事：某五金店有一个哑巴来买钉子，他对着服务员左手做拿钉子状，右手做握锤状，用右手锤左手，然后用右手指左手，于是服务员给了他一枚钉子，他点点头，然后满意地离去。过了一会，该五金店又来了一个盲人，他想买一把剪刀。这个时候，老师向自己的学生提问：这个盲人如何才能最方便地买到剪刀？一个学生说，他只要用手作剪刀状剪东西即可，其他同学也纷纷表示赞同。老师笑了，说你们都错了，盲人只要开口说就可以了，同学们不要用惯性思维来思考问题。

还有个故事发生在美国，美国国家航天局发现航天飞机上的一个零件总是出故障，不是这里坏就是那里坏，花费很多人力物力始终无法解决，最后一个工程师提出，是否可以不要这个零件。果然这个零件确实是多余的。正如人们想打开门上的锁，自然而然地都会想到钥匙，而很少有人会想到一脚把门踹开。

5.2.1 惯性思维的基本概念

5.2.1.1 惯性思维的主要概念

惯性思维指心理上的“定向趋势”，是建立在经验上的思维倾向性。它使人按照积累的经验教训和已有思维规律，形成稳定的、定型化的思维和固定倾向，影响后来的分析和判断。

小象是被链子绑住，而大象则是被习惯绑住。虎曾经被习惯绑住，而驯虎人则死于习惯。习惯几乎可以绑住一切，只是不能绑住突发情况。习惯可以影响你的一生，甚至是你的生命，思维决定你考虑问题的角度，直接影响事情的结果。所以要养成好的习惯、正确的思维方法，更要培养跳出习惯性思维的能力。

5.2.1.2 惯性思维的主要特征

强大的惯性，不仅逐渐成为思维习惯，甚至深入到潜意识，成为不自觉的、类似于本能的反应。其主要有以下三个特征。

（1）代表性。将某种特征与某种事物固定而紧密地联系在一起。如习惯性地认为理科生不懂情趣、女博士不食人间烟火，坏人都是一副尖嘴猴腮的样子。

（2）可利用性。以我们的回想或经历而不是概率判断事件发生的可能性。如判断感冒是否在流行的时候，依据身边感冒的人数而不是全国此时总感冒人数。根据阅历认为乘飞机出行是很危险的，而实际飞机比所有已知的任何交通工具都要安全得多。

（3）先入为主性。对自己并不太了解情况作出一个估计，然后再逐渐调整，即先入为主，又称锚定效应。1974 年，卡纳曼和特沃斯基要求实验者对非洲国家在联合国所占席位的百分比进行估计。首先，实验者被要求旋转摆放在其前面的罗盘随机地选择一个在 0～100 之间的数字；接着，实验者被暗示他所选择的数字比实际值是大还是小；然后，要求实验者对随机选择的数字向下或向上调整来估计分子值。通过这个实验，卡纳曼和特沃斯基发现，当不同的小组随机确定的数字不同时，这些随机确定的数字对后面的估计有显著的影响。例如，两个分别随机选定 10 和 65 作为开始点的小组，他们对分子值的平均估计分别为 25 和 45。由此可见，尽管实验者对随机确定的数字有所调整，但他们还是将分子值的估计锚定在这一数字的一定范围内。

5.2.1.3 惯性思维与逻辑推理的区别

逻辑思维是人们在认识过程中借助于概念、判断、推理等思维形式能动地反映客观现实的理性认识过程，对认识者的思维及其结构以及起作用的规律的分析而产生和发展起来的。只有经过逻辑思维，人们才能达到对具体对象本质规定的把握，进而认识客观世界，是人的认识的高级阶段，即理性认识阶段。而惯性思维指人习惯性地因循以前的思路思考问题，仿佛物体运动的惯性。惯性思维常会造成思考事情时有些盲点，且缺少创新或改变的可能性。

案例 5-10　经典逻辑思维——一个人他的头倒插在沙子里的姿态死在沙漠中，身体旁边有几个行李箱，右手仅仅拿着半截火柴棒。问这个人是怎样死的。一般来说人死后手里拿着的东西都是非常重要的，半截火柴我们可以联想到是抽签。头倒插在沙子则应是从高空掉下来，用三段推理术来分析，一段死者手中的半截火柴，二段死者从高空坠落，三段结论是由于某种意外，死者被迫从高空坠落，显然不可能是飞机，那在沙漠中最常见的就是热气球，所以死者与同伴一起坐热气球，动力不足就把行李丢下去，可还是不足就必须有一人跳下去，死者抽到了这根火柴才会被逼跳下去。

5.2.2 惯性思维的表现形式

5.2.2.1 否定性思想

否定性思想即否定自己的能力，认为自己不可能、没办法解决问题，放弃思考，放弃为结果找答案。克服否定性思维的方法为，遇见一个难题或者困难，应该坚信“方法总比困难多”。要仔细分析造成困难的前因后果，把困难或问题写在纸上，把造成问题和困难的原因逐一列举出来，针对原因逐一解决或拿出解决方案。

人生的转变靠果敢的思想和行为来实现，只有具备敢闯敢干的拼劲，才能有更多的机会去改变人生。

5.2.2.2 推卸责任

是否推卸自己应有的责任正是成功者和失败者的区别。弱者永远在找借口，而强者永远在找方法。对于强者而言，他们永远不需要任何借口，他们总是在踏踏实实地做事，在“找方法”中一步步收获成长。所谓人才就是当遇到问题和困难的时候，总是主动去找方法解决，而不是找借口回避责任，找理由为失败辩解。善于找方法、勇于抛弃借口的人，他们面对困难时往往能够表现出坚韧不拔、锲而不舍的工作态度，他们不会向困难低头，也不会为自己所遇到的问题找尽借口，推卸责任。

5.2.2.3 太看重金钱

金钱锁定一个人的能力，不给钱就不干活，钱给得少就少做，久而久之自己丧失了赚钱的能力，所以不能太看重金钱。

案例 5-11　为了节约时间而打车——胜间和代是日本经济评论家，同时也是注册会计师，后辞职从政。打车对她来说很值，她认为要比较干一件事情、买一个东西值不值的一个方法是计算时薪来对比。比如月薪 1 万元，一个月工作 22 天每天 9 h 算下来，时薪是 50 元左右。假设想买个好笔记本要 50 元，但这个本子有特别的模板格式设计，不用每天拿尺子画线，未来至少能节省两小时（100 元），就该把本子买下来，而不是买个便宜笔记本，自己天天画线。打车逻辑也是如此，即把时间也算经济账，通过购买别人的服务，节省自己的时间。

具有“富人思维”的人舍得花钱买服务、买时间、买知识、买培训和买信息，舍得花钱培养深度关系，在富人的思维里，钱只是实现目标的资源之一。做成了事情，钱自然也就随之而来。“穷人思维”则太看重金钱，为省钱不在乎自己的时间，还吝啬于在教育培训、知识信息、服务上投资。富人思维为自己买入一个持续的未来，脱离单纯关注钱的“穷人思维”，建立起来钱—时间—知识技能和情感人脉的通路，用投资未来的思路做事情，才能在未来有更多改变。

5.2.2.4 职责局限

职责局限的表现形式为“这个不归我管”“那个不归我管”“不在其位不谋其政”，忘了机会永远留给有准备的人。能否善于抓住机遇，是一个人成功与否的重要条件。一个人要学会创造机遇，用自己的聪明才智勤奋努力，不断进取，踏踏实实地耕耘，才能获得成功。

5.2.2.5 抱怨

比尔·盖茨说："如果你陷入困境，那不是你父母的过错，不要尖声抱怨我们的错误，要从中吸取教训。"

抱怨不能解决任何事情，与其怨天尤人，不如发奋图强。

5.2.2.6 自以为是

谁的意见都听不进去，总是觉得自己是对的，慢慢地谁都不再给他提意见，再也听不到真话的同时只能自己慢慢成长。"自以为是"与"实事求是"格格不入，人的认知终归是有限的，容易形成草率结论，也容易否定他人的结论。现实生活中往往越无知的人越盲目自信，越盲目自信则越没有创新的动力，则必然会落后。

案例 5-12 龟兔赛跑——有一天，兔子和乌龟跑步，兔子飞快地跑着，乌龟拼命地爬，不一会儿，兔子与乌龟已经离得有很大一段距离了。兔子认为比赛太轻松了，它要先睡一会，并且自以为是地说很快就能追上乌龟。而乌龟呢，它一刻不停地爬行，当兔子醒来的时候乌龟已经到达终点了。

虚心使人进步，骄傲使人落后。要踏踏实实地做事情，不要半途而废，才会取得成功。

5.2.2.7 不自信

你不相信能做到的事就永远不会全力以赴地去争取，一切随缘，顺其自然，结果一事无成。要有自信心，要相信自己具有某种能力或优势，选择一项自己所长，尽可能将它磨炼到庖丁解牛那种程度，对应得的荣誉和褒奖坦然接受，面对要做的事情别怕犯错，把握每一次成功的机会，把心完全放在希望的光明而伟大的事情上去。

案例 5-13 年轻人在创新中膜拜权威不自信怎么办——在《开讲啦》节目中，青年代表提问陈德明："年轻人在创新中膜拜权威不自信怎么办?"导弹试验专家陈德明说："每个行业都有很多惯例，打破惯例很难。年轻人可以换一种方式，一点一点去解释，去化解风险。反对你并非因为个人私事，而是对国家负责，当初反对你最厉害的人，或许是最支持你的人。务实探索，相信自己!"

5.2.2.8 怕犯错误

怕犯错误的人不敢去做更多的事，出了错第一时间先给自己找理由找借口，失去了很多次尝试的机会，没有结果意识，经常为了对和错争论得面红耳赤。恋爱很难一次就成功，生意很难一次就赚钱，道理很难听一遍就懂，开车不可能一次就上路，万丈高楼平地起。勇士有时惧怕，智者有时愚拙，专家有时出丑，辩士有时舌结，事情本如此。看见别人犯错，不必苛责别人。发现自己犯错，不必过分自责。赢家把错误看作是最好的老师，从错误中吸取宝贵的教训。只有不尝试才不会犯错，不过也必无所成。

5.2.2.9 懒惰

不想干，也不愿意去想，安于现状，与世无争，承受不了压力，只想不劳而获，每天做着美梦，温水煮青蛙。懒惰无孔不入，有时那怠倦与无聊怎么也赶不跑，它让你的心惆怅，让你的行动迟缓，让你失去进取心，感到生活暗淡又无力。一个人如果常常为自己的懒惰找借口，就会做什么事都半途而废，如果没有与懒惰作斗争的顽强精神和坚强的意志，就必然会为惰性找到温床，任其滋生。因此人需要经常与懒惰斗争，如果战胜了懒惰，就会进步，如果败倒于懒惰，就会停步。所以我们要经常警醒，克服自身的惰性，养成不畏艰险，不向困难低头的坚韧品质。

5.2.3 惯性思维的突破方法

5.2.3.1 从不同的角度考虑问题

从舞剑可以悟到书法之道，从飞鸟可以造出飞机，从蝙蝠可以联想到电波，从苹果落地可悟出万有引力。换个位置，换个角度，换个思路，也许我们面前是一番新的天地。可采取以下方法来减少惯性思维的影响。

（1）从不同的角度考虑问题，试着换一个出发点或角度来考虑问题。

（2）在尝试了多种方式后，要发现和总结不同方式间的差异以取长补短。

（3）在咨询他人前应进行独立的思考，避免产生思维惰性并进一步成为惯性思维。

（4）征询尽可能多的意见，保持思维的创新力，培养开放性思维。

（5）向他人征询意见时，不要过多地告诉别人你自己的意见，以免造成他人的惯性思维。在谈判前做好充分的准备也可以避免受到对方惯性思维的影响。

（6）思维定式是固有的，往往在不知不觉中就又循着旧路走去了。时刻提醒自己，走一阶段后，要停下来思考一下是否又跳入固有思路了。

5.2.3.2 逆向思维

逆向思维是指对常规思维的反向行之，对现成的结论进行逆向思考。正向思考之后，再用逆向思考可以碰撞出很多思想的火花，并有了新的思路。如果不能打破单方向的惯性思维、灵活运用所学知识，会影响人的全面思维，产生消极作用。思路决定出路，格局决定结局，创新思维是不受常规思路的约束，寻求对问题全新的、独特性解答和方法的思维过程，是创造力发挥的基本前提，要摒弃从众心理，不钻牛角尖，善于采取多向思维方法，学会创造性、建设性的思考。

案例 5-14 逆向思维治懒惰——比尔·盖茨说：“我会选择一个懒惰的人来做一份辛苦的工作。因为一个懒惰的人会找到这样做的一个简单的方法。”确实，懒惰的创新者，一般会找到做一个项目的最好和最简单的路线。结果，他们不只是创造最好的产品，而且往往会创意出最好的过程，这个过程，也会成为企业创新的财富。

从逆向的角度来看，懒惰一定程度上驱动人类提高生产力的创新。一个富有创意的“懒人”总是在想：“必须有一个更好的办法。”在人类历史上，一些最伟大的创新，其实许多都是由那些懒得去做一个特定任务的人达成的。在 20 世纪 30 年代末发明了世界上第一台电脑的发明人就曾宣称：我太懒了，不喜欢运算，所以就发明了电脑。

很多时候寻找捷径少干活的一种懒惰心态，往往变成寻求创新的巨大动力。回顾人类所做的一切创新，无不是在寻求安逸和简单。当今互联网经济的各种服务和产品，继续诠释着这个道理。电子商务让我们坐在家中动动指头就能享受到各种生活用品和上门服务。在中国，有万能的淘宝和微信，可以通过向餐厅下单点外卖，还可以到众多网站上外包家务，然后腾出时间来读书或者享受生活。语音技术的帮助免除手动输入的烦恼，电子阅读器为喜欢读书又懒得拿重物上路的人而发明的，离线地图可以自由活动。

努力地工作和聪明地工作，往往不是一回事。整天忙忙碌碌的员工，很有可能在精神上处于一种怠惰状态。而具有懒惰心态的员工总是在寻找简化做事的过程。正是这种寻找捷径的心态及冲破常规思考的特质，浇灌着孕育创新的土壤。

5.3 创新必须突破心理困惑障碍

5.3.1 心理困惑的基本概念

困惑，心理学名词。困的字面意思是陷在艰难痛苦里面，惑是指不明白对与不对。困惑就是指不明白陷在艰难痛苦里面对与不对的意思。

5.3.2 心理困惑的表现形式

心理困惑的表现形式常常概括为“五求五不求”。

5.3.2.1 “怕冒风险，求稳不求变”

案例 5-15 诺基亚的覆灭——百年老店诺基亚是一个伟大的企业。它曾多次遇险，也屡屡化险为夷；它因勇于创新而崛起，也因瞻前顾后而衰败。这个昔日手机界巨头的辉煌与没落已被写入企业教科书，值得后来者反思。

1998 年，诺基亚联合摩托罗拉、爱立信、三菱等共同成立塞班公司，研发同名操作系统。该系统问世不久，西门子、三星、松下、索尼爱立信等相继成为授权使用者。“塞班”成为当时最受推崇的操作系统，2007 年一度占据智能手机市场 62%的份额。

顺风顺水时，往往暗藏危机。2007 年，苹果公司的 iPhone 问世，基于多点触控技术的全新用户界面，重新定义了智能手机的概念。继苹果 iOS 系统之后，谷歌 2008 年推出了安卓系统。iOS 和安卓的面世，开始侵蚀“塞班”的市场份额。

其实，诺基亚早在 2002 年就研发出触屏技术，2005 年研发出面向互联网的手机操作系统 Maemo，受到业内好评。然而，公司决策层错认为占据市场优势的“塞班”将继续成为主流，轻视了移动互联网浪潮的力量。

自 2009 年底开始，摩托罗拉、三星电子、LG、索尼爱立信等终端厂商纷纷宣布终止“塞班”平台的研发，转向安卓系统。2011 年，“塞班”的市场份额被安卓超越。

为应对危机，诺基亚联合英特尔，在 Maemo 的基础上推出新的操作系统 Meego，以图抗衡 iOS 和安卓，但仅生产了一款机型就宣布放弃。

诺基亚后与微软结盟，希望凭借 windows phone 翻盘，但未能如愿。2013 年，诺基亚索性将手机业务以 37.9 亿欧元的低价卖给微软，品牌授权费 16.5 亿欧元。

作为昔日手机界的王者，诺基亚在智能手机时代的节节败退从固守传统思维开始。诺基亚的兴衰历程，对包括中国企业在内的全球商业公司都不乏警示和启迪。企业要想做得长久，就需要有一种能够激发和保持活力的体制。如果整个组织都陷入一种惰性，高层搞政治斗争，员工缺乏拼搏精神，那么企业对外部变化的感知能力肯定会下降。而从高层管理者来讲，则应居安思危。“一个企业如果能够成为行业规则制定者、市场垄断者，日子会比较舒服，但也容易看不清对手。一旦发生革命性变化，则垄断地位尽失。”

5.3.2.2 “学富五车，求多不求新”

2024 年，中国专利申请数量居全球首位，可让国人引以为豪，因为专利申请的数量在一定程度上能够代表国家创新科技的发展潜力，也意味着我国能够培育新的经济增长点。不过某些领域，中国还要继续努力提升。

5.3.2.3 “从众附和，求同不求异”

案例 5-16 你确定你的答案吗——心理学家做过这样一个实验：被试者 10 人，其中 9 人是心理学家的助手，另外一个是真正的被测试者。心理学家在黑板上先画了 ABC 三条长短不一的线段，然后又画了一条 X 线段。X 线段明显是跟 B 一样长度的。

心理学家问：“请问 X 线段跟 ABC 中哪条一样长？”

其他 9 个人抢着回答：“A。”那个被测试者没说话。

心理学家又问了一遍：“刚刚好像有人没有回答，我再问一遍，X 线段跟 ABC 哪条线段一样长？”

其他 9 个人又异口同声地回答：“A。”

心理学家问被测试者：“我好像没听到你回答。你觉得 X 跟哪条线段一样长呢？”

被测试者目光躲闪着，有些不确定地说：“应该是 A 吧。”

这就是从众心理。X 线段明明跟 B 一样长，是一眼就能看出来的。但是，因为另外 9 个人都觉得是 A，这个被测试者对自己产生了怀疑。从众，让他放弃了自己本是正确的选择。

一个实验，也许并不会产生恶劣的后果；但是，在现实中，从众心理却往往酿成大错。

静心思考，不盲目跟风，才能做出正确的判断。

5.3.2.4 “固执迂腐，求经不求真”

案例 5-17 一个创业者真实的自述——从当教师那会儿开始接触网络，然后每天都会花时间在网上浏览各种资讯。对于初学者来说，一切都是新的，网络上有那么多的知识，创业导师的创业秘籍、营销技巧，应有尽有。那会儿的我就像一个乞丐突然走进一个到处是食物的厨房一样，贪婪地学习着各种知识，并沾沾自喜自己的知识越来越丰富，时不时地还飙几个专业名词出来，顿时觉得与众不同了许多。但后来我慢慢地发现，虽然学了那么多知识，但是在实际运用中却不知道如何下手。特别是我第一次创业的时候，以前看网上的创业导师说这创业团队一定要组建完整，然后我就组建了整个技术团队以及推广财务这些人。

说实话，大部分人是没多少事情做的，但那时候就是为了达到导师们说得合格的标准以及满足自己的虚荣心，愣是招了七八个人在一个初创公司，仅仅只是为了开发一个网站。

结果可想而知。每个月发几万的工资我不堪重负，而且人浮于事网站开发也没搞好，最后项目彻底流产。如果以我现在的阅历经验来做，开发就直接外包，然后网站搞好了，直接招两个做销售的，以签单为目的，另招一个做推广运营的，运营各种自媒体号和写文章，基本上就可以了。但那时候就偏偏招了那么多人，而且还没发挥作用。

后来我一直在反省：为什么那些创业导师说的经验到了我这就没啥用呢？我想应该是自己没有消化好，没有充分认识到具体情况具体分析。拿着生硬教条的东西来指导具体工作，那肯定是要付出一些代价的。

固执迂腐，求经不求真也就是教条主义、经验主义。这个故事是教条主义的典型例子，现实生活中，教条主义的例子也是比比皆是，一些人唯书、唯上，不唯实，不顾客观条件的变化，拿着死书本、死教条生搬硬套，结果给工作造成了极大的损失。

从认识论的角度看，经验主义夸大感性经验，轻视科学理论，把局部经验当成普遍真理，犯了类似于经验论的错误。教条主义夸大了书本知识、理性认识的作用，轻视感性经验，一切从教条主义出发，犯了类似于唯理论的错误；实质上都是主观主义的具体表现。二者的出发点是相同的，都是从主观出发，行为上都是不问具体情况，不从实际出发，主观认识脱离客观实际，都是主观主义的工作和思想方法。二者的结果相同，都必然会给生活、工作带来损失甚至失败。

5.3.2.5 “妄自菲薄，求名不求己”

许多人一提到创新。就会把它与科学家的科学研究和创造活动相联系。认为创新只存在于高科技等领域，并总将创新代表人物与学界、政界、商界的名人，比如爱因斯坦、爱迪生、牛顿、比尔·盖茨等联系起来，认为自己没有创造力，或是认为自己没受过某种专业训练，这是缺乏对创新的大众化认识的一种表现。

其实，创新应如著名教育家陶行知所说：“处处是创造之地，天天是创造之时，人人是创造之人。”美国心理学家吉尔福特呼吁，人们不要将创造力当作少数人具有的特权，而应该将其视为人类普遍具有的一种特殊品格加以研究。

5.3.3 心理困惑的突破方法

5.3.3.1 学会正确看待挫折，增强自身逆商

前人已提及，认知因素是影响挫折的重要方面。因此，要培养挫折耐受性，不断增强自身逆商。首先要学会正确地看待挫折。要认识到人生的道路并不平坦，挫折是不可避免的，许多著名的科学家、文学家、政治家都是在逆境和坎坷中磨砺出来的。大学生们在生活和学习中应作好充分的心理准备，随时准备迎接各种困难和失败。有了准备，就不会在挫折面前惊慌失措，就能够冷静地分析挫折原因，总结教训，继续前进。

还有，要正确看待挫折的作用。挫折具有两重性，既有消极的一面，也有积极的一面。挫折可以激发人的进取心，促使人为改变逆境而奋斗，磨炼人的性格和意志，提高创造力。所以不要视挫折如猛兽，变换一下思维的角度和方式，从其他方面来审视和评价所遇到的挫折。并且，这样做还有助于摆脱挫折困境。

此外，在挫折之后要认真地总结教训。有的大学生在失败之后总把原因归于某些外在因素，如考试不及格后强调运气不好，题目太偏，老师的评分不够合理等。有的大学生则往往把成败归因于自身的能力，失败后过多地自责，以至于自卑。这两类同学，不管是归于外因还是归于内因，都是过分强调了内外因中的不可控因素（而不是努力等可控因素），这样就难以战胜挫折。所以，在遇到挫折后，一定要冷静地分析自己的目标、方法、努力程度以及外在的阻力和助力情况，找出挫折的真实原因，对挫折作出切合实际的归因。只有正视挫折、认真吸取教训，才能将“失败”变为“成功之母”，使挫折向积极的方面转化。

5.3.3.2 正确地看待自我，对自己充满信心

大学生应该客观地认识和评价自己，既不抬高自己也不贬低自己，对自己的态度体验也要符合实际，既不自卑也不自傲。自傲会使制定的目标高于自己的实际水平从而导致受

挫；自卑会使自己缺乏面对困难的勇气，惧怕困难、逃避困难，或者陷入困境中不能自拔。正确地看待自己，必要时可请好友帮助自己找出自己的优点和缺点，充分地利用自己的长处，对自己充满信心。大学生应学会自信，“自信人生二百年，会当水击三千里。”这种自信的人生态度值得我们学习。日本心理学家高良武久说过：许多事情并不一定等有了自信之后才去做，自信产生于努力之中；有人认为只有有了自信之后才能去工作，这好比人学会了游泳之后再下水游泳一样，是非常荒谬的。

5.3.3.3 自以为是，不以人蔽己

“自以为是”，是敢于肯定自己，把自己从芸芸众生中独立出来，肯定自己的作为、自己的价值，避免从众。“不以人蔽己”是敢于否定他人，从自己的实践出发进行独立思考。

创新者对他人的学说和理论要在自己的实践中加以证实，更要在发展过程中加以证伪。证实是证明他人的成果的确实性，证伪是说明他人成果的非确实性；证实是对他人认识的充实，对传统学说的兼收并蓄，证伪则是对前人认识的突破，对传统学说的重新改造。无论证实证伪，都体现了创新者积极主动的思考，探索者的主观能动性。人类历史表明，人类对客观世界的认识并不完全是若干正确的简单相加，更不是某一正确理论的反复证实，而是在证实—证伪—新的证实—新的证伪的曲折过程中螺旋式前进的。

能否做到证实证伪，首先取决于个体对于真理、对于权威的态度；其次取决于个体追求真理反对权威、反对世俗的果敢和勇气。追求真理远比占有真理艰巨得多，犹如走路，在前人已经开辟的道路上，你可以大步流星，驱车直进，而要去开拓前人未走过的新路，则要经历许多坎坷曲折。创新的天空下，搭建的不都是摘冠者的颁奖台，也有先驱的绞刑架。风和日丽从来就不是创新者的希冀，风雨兼程倒往往是跋涉者的本色，但恰恰是这样一种面对真理的执着，面对权威的坦荡，面对事实的果敢，创新者才最终功成名就，彪炳青史。

5.3.3.4 不要畏惧创新，人人皆可创新

案例 5-18 职工小创新换来的大效益——岱庄煤矿营销中心车间工会主席马天雷在盘点 2016 年工作时，为该中心职工小创新换来的大效益感到惊叹。“最初，我们都认为创新很难，现在大家意识改变了，只要比原来的做法更好就是创新。”在该矿煤场内，正拿着自制工具清理路面积水的职工刘俊彦说，为确保煤场地面干净整洁，他们每次冲刷地面后，都要用扫帚清理积水，一个月 15 个扫帚根本不够用。

“一把扫帚虽然不值多少钱，但日积月累也是一笔不小的支出。”该矿营销中心副主任吴常胜说，为了降低扫帚的用量，去年 12 月份，该中心职工许世国利用旧皮带制作了清理积水的小工具。该工具一经诞生并投入使用，当月下来，职工没有领用一把扫帚，按这个比例计算，一年至少能节省 150 多把扫帚。像这样的小创新，去年该中心累计完成了 60 多项。

“创新并不难，难的是让职工有这种创新意识。”该煤炭营销中心主任宋涛说。为此，他们在强化思想教育的同时，建立了创新奖励机制，依靠经济杠杆撬动职工的创新能动性。同时，制定了以案说理机制，在对创新人员进行奖励的基础上，让这些创新者当“老师”，给职工讲解创新点的构思和创新的经历。

伴随一系列举措的实施，该中心职工的创新能动性得到了最大限度地调动，仅提案改善项目就由过去单月两三个，增加到了十多个。其中，创效最大的首数装运班创出的“二

八”装车法。该工作法的实施，使得装一列火车的时间同比节省了近一半，仅电费就同比节约150多元。

据该矿煤炭营销中心装运班班长石汝科介绍，最初装运班定编是20人，但是受自然减员影响，现仅剩16人。又由于环保治理力度的加大，在人员减少的情况下，他们的工作量不仅没有减少，反而有所增加。为此，他们喊出了“依靠创新控员提效”的口号。

正是在这种理念的引领下，装运班围绕煤炭发运、煤场管理、铲车管理等多个环节进行梳理，先后完成了车辆引导牌、禁行护栏改进等10多个小创新项目。“减人不减薪，加人不加资”，是该中心内部市场运作模式下的工资分配原则。因此，装车班职工与其他班组职工相比，人均工资增加了300多元。

“创新没有大小区分，也不受年龄限制，只要敢想就一定能行。”石汝科说，许元辉是该装运班的一名老职工，还有5个月就将退休。由于体弱多病，该中心就让他负责煤场的卫生清理，以及替班放仓和日常巡检等工作。就在这些平凡的工作中，他却围绕提高功效、降低劳动强度，提出了制作晾篷布降低劳动强度，调整控制盘放置位置提高工作效率等多个创新项目。

“创新不是技术人员的特权，只要想创新，人人都可以。”许元辉说，他积极创新的初衷，只是为了在最大限度降低劳动强度的同时，能够提高效率，减少不必要的支出。

没有创新的社会犹如生锈的车轮，无法转动，创新给了社会的生机与活力。创新无处不在，创新的力量无可限量，犹如一把利剑，划破长空，突破禁锢，为社会提供不竭的动力源泉。对个人来说，创新更是一种吸引力，吸引着寻梦人去追寻。

然而，还有不少人对创新活动有心理包袱，认为在创新上有所作为是很难的事情，觉得创新是科学家和天才的专利，自己和他们有天壤之别，不能创新。

其实不然。创新不只是远在天边的科技革命，无论是个人还是组织，要想更好地发展，就必须同时思考两个问题：怎样做得跟别人不一样？怎样才能做得更好？而这，就是创新。

创新其实可以很简单，找出某些事物的一些缺点或工作中存在的一些问题，然后去改进它、去完善它，这便是一个小小的创新。创新就在我们普通大众的身边，只要我们做生活和工作的有心人，有一双善于发现问题的眼睛，一颗勤于思考的大脑，人人都可以创新，因为这并不是某些人的专利，创新不论老少、不分行业、不唯学识，只要有梦、有想法、有实践，就能获得创新的成果。创新，每个人都会！

创新源于生活和工作，生活和工作需要创新。没有创新的生活和工作，就像是一潭死水，是枯燥的、无味的、无趣的。一些创新虽然感觉科技含量不怎么高，但是在生活和工作中却被广泛应用，从而为生活和工作注入了活力——正是有了这些创新，才使我们的生活和工作生机勃勃，更加便捷、美好！

工作同样如此。只要你能细心观察、仔细思考，不断探索，付诸实践，谁能说下一个发明家不是你呢？展开创新的翅膀，就能翱翔于生活和工作的蓝天。学历、年龄都不是阻碍创新的绊脚石，只要敢于想别人所不能想、做别人不敢做之事，也许某一天就会迸发灵感。

创新更重要的是一种态度。这种态度让人充满自信，敢于梦想！因为创新，我们会不断挑战自我、敢于尝试。一个具有创新精神的人，一个把创新融入生活和工作的人，将会成为一个快乐的人。

〖本章小结〗

惯性思维是一种心理和思维状态，利用历史的经验机械性地解决遇到的新问题，有其积极的一面，但无益于创新。惯性思维的形成包括不自信，推卸责任，不愿担当，抱怨等心理障碍，除了自信，勇于面对挫折，承担和担当，创新者也可通过从多个角度看问题，逆向思维等方面来克服惯性思维的问题。打破惯性思维是一种美。而我们习惯于定式思维堵塞了自己洞悉的目光和创新的思路。提高对现有布点结论的甄别能力，有利于我们开拓视野、活跃思路、丰富眼界，从而使我们在平台上能更进一步。

〖延续思考〗

5-1 创新怎样突破思维定式障碍?

5-2 你会运用突破惯性思维的方法吗?

5-3 你怎样突破遇到的心理困惑障碍?

6 创新思维：大学生创新创业的“金钥匙”

第6章数字资源

〖名言金句〗

灵感——这是一个不喜欢拜访懒汉的客人。

——车尔尼雪夫斯基

每当理智缺乏可靠论证的思路时，类比这个方法往往能指引我们前进。

——康德

一个伟大的自然科学根本不可能没有想象力这种高尚资禀。我指的不是脱离客观存在而想入非非的那种想象力，而是站在地球的现实土壤上，根据真实的已知事物的尺度，来衡量未知的设想的事物的那种想象力。

——歌德

创意是历史进化中永远有效的契机。

——罗曼·罗兰

〖温馨提示〗

创新思维是创造力的灵魂和核心，创新思维是在探索未知时促使思维转化寻获新成果的思维。创新思维的精髓是非逻辑创新思维，包括联想、想象、类比、灵感等。创新思维中的两面神思维也很受重视，它开启了一条新的思维路径。发散思维与收敛思维，纵向思维与横向思维代表了创新思维的主要方向。学习本章是要了解创新思维的基本原理和主要方法，并尝试用创新思维方法去解决创新性问题，同时了解创意的基本知识。

6.1 思　　维

6.1.1 思维的基本含义

我们每个人都有一个能想会算的大脑，通俗地说，“想”和“算”就是思维。用现代信息社会的语言讲，人类将作用于我们的感觉器官的信息内容进行处理的过程，就称为思维。

思维分广义的和狭义的。广义的思维是指人脑对客观事物的概括、间接的反映，它反映的是事物的本质和事物间内在的联系即规律性，包括逻辑思维和形象思维。而狭义的思维通常是心理学意义上的思维，即专指逻辑思维，即在感性认识的基础上进行分析、综合、判断、推理等理性认识活动以获得对客观现实的本质属性和规律性认识的过程。

创新思维是思维的重要表现，创意思维也包含在创新思维之中。

6.1.2 思维的重要特征

6.1.2.1 抽象性

思维是一种抽象的认识活动，能够独立于具体的物质状况、时间和空间条件进行思考和推理。

6.1.2.2 概括性

思维的前提人们已经形成或掌握的概念。掌握概念，就是对一类事物加以分析、综合、比较，从中抽象出共同的、本质的属性或特征加以归纳。概括是思维活动的速度、灵活迁移程度、广度和深度、创新程度等智力品质的基础。概括性越高，知识的系统性越强，迁移越灵活，一个人的智力、思维能力和创造能力就越能得到发展。

6.1.2.3 间接性

间接性是思维凭借知识、经验对客观事物进行的间接反映。

6.1.2.4 逻辑性

逻辑性这一特征反映出思维是一种抽象的理论认识，表明思维过程有一定的形式、方法，并按照一定的规律进行。

6.1.2.5 深刻性

思维的深刻性指人脑在感性材料的基础上，经过思维过程，去粗取精，去伪存真，由此及彼，由表及里，于是在大脑里生成了一个认识过程的突变，产生了概括。由于概括，人们抓住了事物的本质、事物的全体、事物的内在联系，认识了事物的规律性。个人在这个过程中，表现出深刻性的差异，思维的深刻性集中地表现在善于深入地思考问题，抓住事物的规律和本质，预见事物的发展进程。

6.1.2.6 灵活性

思维的灵活性是指思维活动的智力灵活程度。包括：一是思维起点灵活，即从不同角度、方向、方面，能用多种方法来解决问题；二是思维过程灵活，从分析到综合，从综合到分析，全面而灵活地作“综合地分析”；三是概括—迁移能力强，运用规律的自觉性高；四是善于组合分析，伸缩性大；五是思维的结果往往是多种合理而灵活的结论，这种结果不仅仅有量的区别，而且有质的区别。

6.1.2.7 独特性

思维的独创性强调思维个体差异的智力品质，指独立思考创造出有社会（或个人）价值的具有新颖性成分的智力品质。主体对信息高度概括后进行集中而系统的迁移，进行新颖的组合分析，找出新异的层次和交结点。概括性越高，知识系统性越强，减缩性越大，迁移性越灵活，注意力越集中，则独创性就越突出。

6.1.2.8 批判性

思维的批判性指思维活动中善于严格地估计信息和精细地检查思维过程的智力品质。

6.1.2.9 敏捷性

思维的敏捷性指思维过程的速度或快慢程度。有了思维敏捷性，在处理问题和解决问题的过程中，能够适应迫切的情况来积极地思维、周密地考虑，正确地判断和迅速地作出结论。

6.1.3 思维的主要类型

6.1.3.1 形象思维

形象思维是用直观形象和表象解决问题的思维，也称为逻辑思维。严格讲，所谓的形象思维，主要是指人们在认识世界的过程中，对事物表象进行取舍时形成的，是只要用直观形象的表象解决问题的思维方法。形象思维是对形象信息传递的客观形象体系进行感受、储存的基础上，结合主观的认识和情感进行识别（包括审美判断和科学判断等），并用一定的形式、手段和工具（包括文学语言、绘画线条色彩、音响节奏旋律及操作工具等）创造和描述形象（包括艺术形象和科学形象）的一种基本的思维形式。

6.1.3.2 抽象思维

抽象思维是凭借科学的抽象概念对事物的本质和客观世界发展的深远过程进行反映，使人们通过认识活动获得远远超出靠感觉器官直接感知的知识的思维。其哲学定义为：抽象思维是理论化、系统化的世界观，是自然知识、社会知识、思维知识的概括和总结，是世界观和方法论的统一；是社会意识的具体存在和表现形式，是以追求世界的本源、本质、共性或绝对、终极的形而上者为形式，以确立哲学世界观和方法的思维形式。

6.1.3.3 创新思维

创新思维是指以新颖独创的方法解决问题的思维及其过程。通过创新思维能突破常规思维的界限，以超常规甚至反常规的方法、视角去思考问题，提出与众不同的解决方案，从而产生新颖的、独到的、有社会意义的思维成果。

6.1.3.4 创意思维

创意思维是人脑对客观事物本质属性和内在联系的概括和间接反映，以新颖独特的思维活动揭示客观事物本质及内在联系并指引人去获得对问题的新的解释，从而产生前所未有的比较具体的新想法、新主意、新点子等。

6.1.3.5 创业思维

创业思维是能够帮助人们增强创新精神和创业意识，发掘自身创新创业兴趣与潜能，激发敢于创业并追求创业成功的欲望的一种创新思维。

6.1.3.6 创新创业思维

创新创业思维是严格按照“创新和创业相连一体、共生共存”的创新创业教育理念，在创新基础上进行创业的创新思维。

6.1.4 思维能力的概念

“教育就是教人去思维”，双创教育就是帮助受教育者通过接受教育而增强其创新精神、创业意识和创新创业能力，并尝试去进行双创实践的教育。

6.1.4.1 思维能力的基本含义

思维能力是人们在进行思维活动时表现出来的个性心理特征，是创新能力的核心部分，通常是指人们采用一定的思维方式对思维材料进行分析、整理、鉴别、消化、整合等加工改造，能动地透过各种现象把握事物内在实质联系，形成新的思想，获得新的发现，制定新的决策的能力。

6.1.4.2 思维能力的重要地位

思维能力是思维主体具备的完成思维活动所必需的，并直接影响思维活动效率的能力。思维能力的重要地位主要体现于思维活动过程的各个方面、各个环节：

（1）一个人如果有深入的思维能力，他就能由表及里地看到事物的本质、规律和发展趋势，不至于被片面、表面、虚假的现象所蒙蔽；

（2）一个人如果有广阔的思维能力，他就能由此及彼地发散和联想，做到综合性地研究问题，善于在比较中作出选择；

（3）一个人如果有统摄思维能力，就能在复杂、动态中，从战略的高度驾驭全局，统揽全局；

（4）一个人如果有应变的思维能力，他就能在突如其来的事变中，沉着应对，敏捷应对，使主体快速适应客体；

（5）一个人如果有创新的思维能力，他就能运用新的思维视角和新的思维方法把握客体，打破常规，制定出新的实践方案。

总之，思维能力是高素质人才的高强思维品格的表现。而思维水平则是思维能力的体现，也是人才要素的重要体现。思维水平的核心又是思维创新。

6.1.4.3 思维能力的特殊作用

思维是智力的核心，是考察一个人智力高低的主要标志。恩格斯把思维誉为“地球上最美丽的花朵”。人类的进步从根本上来说，就是人的思维的进步。

思维能力对创新型人才的特殊作用主要通过以下几个方面体现出来。

（1）通过思维活动，可以指导创造过程。思维能力因素包含两个方面的内容，一个是能力，一个是品质。能力又包含思维的分析能力、思维的综合能力、思维的比较能力、思维的抽象能力和思维的概括能力；品质又包含思维广度、思维深度、思维灵活性和思维独立性。思维的这些能力因素和品质因素对创新活动具有极大的指导作用。

（2）通过思维活动，可以抓住事物本质。世界上的许多客观事物，其表现形式错综复杂、其内部联系盘根错节，要对它们进行分析和研究，必须借助于思维活动，才能透过现象看到本质，了解事物存在的真实原因、把握事物联系的实际情况，从而获得创新成果。积极的思维活动有助于人们抓住事物的本质，促进创新成果的产生。

（3）通过思维活动，可以认识客观规律。在认识自然和改造自然的过程中，有些问题是人们可以通过感觉、知觉和记忆表象直接认识的，但有些问题则必须通过认真的思维活动才能间接地认识事物的发展规律。比如，在化学反应中已知反应物质的质量，怎样了解生成物的质量呢？这是仅靠感觉、知觉和记忆表象的认识功能所无法解决的问题。这就需要借助于已经掌握的知识（如质量守恒定律、化学方程式知识以及代数方程式知识），通过思维活动才能把生成物的质量算出来。所以，在利用现有知识与经验的基础之上，进行深入的思维活动，可以帮助人们了解未经直接感知或不能直接感知的事物，抓住其发展规律，预见或推测事物的发展过程和结果。

6.1.4.4 思维能力的主要特点

思维能力作为创新型人才必须具备的能力之一，具有以下一些与众不同的特点。

（1）独立性。思维上的独立性表现为善于独立地思考问题、独立地发现问题、独立地解决问题，这是创新型人才尤为宝贵的特点之一。

（2）广阔性。思维上的广阔性表现为善于全面地、深入地思考问题、理解问题。思路开阔、方法全面是创新型人才成熟的标志之一。

（3）深刻性。思维上的深刻性表现为善于透过现象看本质，抓住事物的关键所在，提出解决问题的根本性方法。

（4）逻辑性。思维上的逻辑性表现为善于遵循逻辑规律处理事情。条理清楚、层次分明、概念准确、判断有据、论证有理是创新型人才应该具备的素质条件之一。

（5）敏捷性。思维上的敏捷性表现为善于迅速进行思维活动，及时做出正确的判断并找出解决问题的合理方法。

（6）灵活性。思维上的灵活性表现为善于根据事物的发展情况而作相应的变化，能够依据不同的条件，提出符合实际的新设想、新方案、新建议。

（7）批判性。思维上的批判性表现为善于坚持正确观点、放弃错误主张，敢于对已知事物进行质疑、批判，在不断否定自我的过程中发展成长。创新型人才不能自以为是、主观固执；也不能人云亦云、随波逐流，保持思维上的高度批判性有助于思维能力的提高。

6.1.5 思维品格的概念

6.1.5.1 思维品格的基本含义

思维品格是指一个人思维的品位和格调，集中反映出一个人与众不同的思维风格。实践已经证明，对思维品格挖掘和升华，思维创新便会脱颖而出。

6.1.5.2 思维品格的具体表现

人的思维品格具体表现在以下十个方面。

（1）思维的锐性。即发现和捕捉材料、对象的能力与认识事物本质的能力。把思维的敏锐性挖掘出来，就能撇开现象、表象以及表面的相似性，直接抓住事物的本质。这是思维的基本功。

（2）思维的弹性。即调整和变换思维过程、形式、方法的能力。一切按时间、地点、条件为转移，体现了一个人思维的弹性。思维的形式和方法是多种多样的。

（3）思维的活性。即思维活动和流动的能力。具有思维活性的人，思维始终处在一种高速流动和异常活跃的状态之中，头脑里随时都有一种想创新、想发现、想发明的念头。思维的活性能使思维有点子、有生气、有新意、有创造，说到底就是创新的活力和创造的活力。

（4）思维的韧性。即对对象进行思维加工的能力。当思维的锐性将事物的本质揭示出来后，思维的韧性就可以把思维中的一个一个点连接成串和网。具有这种持之以恒、一丝不苟地、穷追不舍的韧性，才能使思维达到一个创新的境界。

（5）思维的广度。即思维所涉及的范围、数量、领域及视野，是一个人在思考某个事物或观念中的跨度和视角。当人们思考一个问题时，他能够联系到与此相关的别的事物、别的观念时，他的思维就会变得宽起来、广起来。

（6）思维的深度。即思维的深刻性、深透性和精深性。思维的深度代表着触及事物本质的程度。它指的是一个人认识事物发展规律性的能力和预见事物发展的能力。可以说，思维越是有深度就越具有创造性。

（7）思维的长度。即思维在发展时间上的关联性、伸展性。考虑问题不仅能持之以恒，对所思考的问题找不出答案决不罢休，而且能向两头延伸，向前延伸——作出前瞻性思考，对事物的发展作预见；向后延伸——作出后馈性思考，总结发展过程中的经验教训。这样的思维品格对于创新和创造都是有益的。

（8）思维的高度。即对事物本质、规律的抽象概括程度。高度的概括能力来自对事物的深入了解，来自对细小差异的深入观察、来自对发展规律的深入研究。同时，思维的高度还表现为，思考问题高瞻远瞩，高人一筹，这是建立在对事物本质规律的高度抽象概括之上。

（9）思维的密度。即思维的严谨性和细密性。思维的密度是思维把握事物发展的框架、层次、骨肉的程度。思维既要重视骨架，又要重视血肉，把握住两者之间的交融；既能抓住要点，又能注意相关因素的交融；既能把握主要层次，又能对次要层次进行思考，在对各方的综合把握中创新之点就不断出现了。

（10）思维的速度。即一个人思考问题的效率。表现为思维过程进行的节奏和频率，它通过某一思维过程所耗费的思维劳动的多少来反映。具有创新思维的人特别在过程、形式和方法等方面都有一定的灵活性，思维的速度相对快一些，思维的速度会提升事物的价值，并且具有决定性的意义，例如抢救重危病人，速度决定生命。

6.1.5.3　思维品格的良好培养

（1）意志坚定。这是一个创新者意志品质的重要特征，因此，坚毅乃是思维品格的一个首要内容。世界上许多创造出惊人业绩的人，并不完全由于他们智力不凡，更多的是在于他们比一般人更持之以恒。

（2）力排众议。一个新设想或新发现，从被研究者认识并理解，到为人们所普遍接受要冲破来自外界种种非难。阻力主要来自两个方面：一是旧习俗的嘲笑、冷遇和怀疑；二是冒犯了当时的权威，因而遭到大师们的反对和诋毁。所以一个新发现或一种新的设想，常常需要在它诞生以后再经过漫长的接受过程。

（3）敢于献身。没有敢于献身的精神，难以创新成功。

（4）独立思考。不迷信权威，不会受现在行规则的约束及自己习惯心理的束缚。

（5）不怕失败。只有坚持，不怕失败，才能创新有望。

（6）科学思维方法论训练。按照事物发展的客观规律思考问题全面、发展、实事求是地看待问题。

6.2　创新思维

6.2.1　创新思维的基本含义

创新思维是指在探索未知时积极地以独特新颖的方式和多向的角度，促使思维转化去寻获新成果的一种思维。

创新思维还强调思维状态的积极性，这就要求人们发挥最大的主观能动性，千方百计地、殚思极虑地想，不达目的不罢休，这样一种思维状态才能算创新思维。

6.2.2　创新思维的重要特征

6.2.2.1　思维的非逻辑和非常规性

创新思维常常以非逻辑思维的形式和违反常规的形式出现。

6.2.2.2 获得突破时的突然性

创新思维常常以突然降临的形式，在人们的脑中闪现，似有“踏破铁鞋无觅处，得来全不费工夫”之神奇。其实不然，突然性绝不等于“天上掉下来”的，恰恰相反，没有大脑高度集中的紧张思考，创新思维成果的突然闪现是根本不可能的。诸葛亮“眉头一皱，计上心来”的突然性，是基于平时的深思熟虑、饱读兵书和耿耿忠心。

6.2.2.3 与众不同和与前不同的独立性

创新思维成果总是由某个人首先独立获得，独立性就成为其特征，甚至此人在思考中或提出人创新思维成果时，是孤立的。“真理有时在少数人手里”恐怕就是这一现象。魏格纳大胆提出大陆漂移的假说时，全世界一片哗然，怀疑、讽刺、斥责使他处于孤立无援的困境。直到魏格纳去世后几十年，“大陆漂移说”才逐渐被人们接受。

6.2.2.4 主动性和进取性

创新思维的主动性和进取性，表现为主体的心理状态处于主动、进取之中。历经千难万苦不以为苦，屡遭挫折失败欲罢不能，就是这种心理状态的生动写照。

6.2.3 创新思维的主要形态

6.2.3.1 积极的求异性

创新思维是一种求异思维，着力于发掘客观事物之间的差异；现象与本质的不一致性；已有知识、理论和认识的局限性；对习以为常的现象敢于怀疑；对人们异口同声称赞的人和事勇于“挑刺”、找毛病；对已有的权威持分析、批判的态度。没有积极的求异性这一构成要素，很难称得上是创造性思维。

6.2.3.2 敏锐的洞察力

洞察力主要表现在观察之中，而观察是知觉与思维相互渗透的认识活动。不断地将观察到的事物与已知的事物联系起来，联系其相似性、特异性，发现其内在联系和本质现象，这就是洞察力。

6.2.3.3 创造性想象

创新思维一时一刻也离不开想象。创造主体有超人的科学预见、丰富的想象、大胆的科学假说，其中想象起着不可替代的重要作用。它是发明、发现及各种创新活动的泉源。

6.2.3.4 活跃的灵感

凭直觉获取灵感的能力，是创新思维能力的一个既神奇又重要的构成。灵感是指寻求解决疑难问题时，经长时间苦思，突然豁然开朗，顿然醒悟，获得了解决问题的新思路、新方法的思维过程。

6.2.3.5 合理而有特色的知识结构

创新思维需要合理而有特色的知识结构作为思维原料。合理常指知识的广度、深度适合创造的需要。特色则指与个人创造课题的范围、领域相联系的知识结构。思维原料不足或不合理，创新思维难以活跃。

6.2.3.6 新颖的表达

创新思维还离不开新颖的表达。新颖的、不落俗套的表达方式，不仅可决定创造性思维成果能否被人接受，也是创新思维本身的构成成分。表达的新颖性：一是要提出一套新的概念、原理、范畴；二是要形成表现新的思维形式的结构体系；三是要运用准确、鲜明、生动、形象和不拘一格的语言、文字、动作、图形、形体，赋予表达以创新的形式。

6.2.4 创新思维的重要作用和现实意义

不同环境与不同行业，创新思维有其多样的表现形式。但本质上，是人的一种思维能力的体现。创新思维在我们日常生活中有着异乎寻常的作用。

6.2.4.1 创新思维能够促使知识优化组合

知识是多种多样的，而一个人掌握知识的范围是有限的，只要运用创新思维就能促使人们了解多个领域，使知识的门类涉猎更广、体系化更强，同时在不断地思考中，达到知识的优化组合、融会贯通。

6.2.4.2 创新思维能够促使企业自主创新

企业的发展没有创新就难以维持，企业的产品没有创新就没有市场。要创立中国自己的民族品牌，就必须依靠自主创新。因此创新思维对于企业而言，尤其至关重要。

中国的强大，离不开民族企业的发展。民族性国际品牌的多寡，是一个国家综合国力、经济实力的体现。因此民族品牌的塑立，企业文化创新、研发创新、管理模式创新等，都离不开创新思维的支持。

6.2.4.3 创新思维能够解放人们的想象力

创新人才的培养需要教育的创新。素质教育的核心是创新素质。素质教育的实行，促使学生的自主能动性得以发挥，提升学生多方面能力的水平，想象力得到激发和保护。想象力的延伸和发展，就是创新思维的源泉。因此创新思维促进了教育体制的完善发展，对社会的明天、民族的未来至关重要。

6.3 创新思维方法

6.3.1 转换视角的创新思维方法

创新思维的形式主要有非逻辑创新思维、逻辑创新思维和两面神思维三种形式。而非逻辑创新思维是创新思维的精髓，其形式主要有联想、想象、类比、灵感、直觉、顿悟等。本案例就是属于这个范围的转换视角的创新思维。爱因斯坦发现狭义相对论就是典型的通过灵感和顿悟等非逻辑创新思维实现的。主要包括发散与收敛等六组创新思维方法。

6.3.1.1 发散与收敛思维方法

（1）发散思维方法。发散思维也称扩散思维、辐射思维、放射思维。它是指以一个问题作为思维的出发点或中心，围绕某一问题沿着不同方向、不同角度、向上下左右多方位的思考方式，从多方面寻找问题的多个答案的思维方法。发散思维是一个流动、开放、不断发展的过程。它要探索不同的、独特的答案。

根据发散思维的主要特征，其方法还可细分为具有流畅性、具有变通性和具有独创性的三种发散思维方法。

（2）收敛思维方法。收敛思维又称收缩思维、集中思维、辐合思维。收敛思维方法就是以某种研究对象为中心，把发散开来的不同部分、不同方向、不同来源、不同角度的众多思路和信息汇集于一点，通过比较、筛选、组合、论证再创造性地组合为一个整体，从而得出在现有条件下解决问题的最佳方案的一种创新思维方法。创造性的组合过程同样要求多方位、多角度、多结构、多线索与多关系。收敛思维，其思维特点是，以截然不同的事物的特性为基点，从事物的边界出发，向中心移动。收敛思维以问题为中心，围绕中心组织信息。从不同方向向中心收敛，以达到解决问题的目的。收敛思维有点像足球比赛，以把足球有效地射入对方的球门为目的和焦点。收敛思维是一种目标明确、有规律可循的思维。收敛思维是寻找正确答案，有时甚至是寻求唯一正确答案的思维。

根据收敛思维的主要特征，其方法还可细分为具有聚焦性、具有整体性和具有可行性的三种收敛思维方法。

6.3.1.2 联想与想象思维方法

（1）联想思维方法。联想是从甲想到乙、由此想到彼、从一事物联系到其他事物、从现时联系到将来、从此地联系到彼地的思想扩散。联想思维方法则是通过由此及彼、触类旁通、举一反三等思维活动，推出新事物、新特征的一种创新思维方法。联想思维方法在创新中的作用，一是确定和促进大脑中存储内容之间的新的联系；二是决定这些内容联结是通过什么路径来实现的。

根据联想思维的关联关系，其方法还可细分为相似联想、对比联想、因果联想和接近联想等四种联想思维方法。

（2）想象思维方法。没有想象力的翅膀，创新就无法飞翔。想象是创新的翅膀，这是因为创新活动是从生活中尚未存在的事物进行想象开始的。想象是人脑在过去感知的基础上对所感知过的形象进行加工、改造，构想出新形象的心理过程。想象思维方法就是通过对所感知过的形象进行加工、改造等思维活动，构想新形象、推出新事物的一种创新思维方法。爱因斯坦对想象力推崇备至："想象力比知识更重要，因为知识是有限的，而想象力概括着世界上的一切，推动着进步，并且是知识的源泉。严格地说，想象力是科学的实在因素。"哲学家康德说得更加明确："想象力作为一种创造性的认识能力，是一种强大的创造力量，它从实际自然所提供的材料中，创造出第二自然。"

根据想象思维的整合情况，其方法还可细分为预示想象、组合想象、填充想象和纯化想象等四种想象思维方法。

案例 6-1　通过"想象的眼睛"发现真理的科学家们——法拉第把孤立的电现象和磁现象联系起来想象，发现了电磁感应现象；又根据电磁感应现象构建出发电机模型并发明了世界上第一台发电机。"现代火箭之父"齐奥尔科夫斯基从奔驰的火车想象出实现航天飞行的"火箭列车"，设计出串接式多级火箭。富尔顿首先通过"想象的眼睛"看见在大洋里航行的不用帆的船，并制造出汽船模型，发明了汽船。莱特兄弟也是用"想象的眼睛"看见了空中飞翔的鸟儿，构建出飞机的结构和布局，从而发明了飞机。马可尼用"想象的眼睛"看见了千万里通信的情景，构想出无线电模型，发明了无线电。爱因斯坦用"想象的眼睛"直觉到一个人"追光"的情景，构想出"追光'思想实验，创立了狭义相对论，等等。

案例 6-2　"一封家信"知银多少——有个商人在外做生意，他的同乡要回家，于是他就托同乡带 100 两银子和一封家书给妻子。同乡在路上打开信一看，原来只是一幅画，上面画着一棵大树，树上有 8 只八哥，4 只斑鸠，同乡大喜：信上没写多少银子，我留下 50

两，她也不知。

同乡将书信和银子交给商人妻子以后，说：“你丈夫捎给你50两银子和一封家书，你收下吧！”商人妻子拆信看过后说：“我丈夫让你捎带100两银子，怎么成了，50两？”那同乡见被识破，忙道：“我是想试试弟媳聪明不聪明。”忙把那50两银子送给了商人的妻子。

商人妻子怎么知道是100两银子的呢？原来那幅画上写的意思是：8只八哥是八八六两四，4只斑鸠是四九三十六，合起来是100，所以商人妻子知道是100两银子。

商人写信不用文字而用图画，商人妻子读信不是认字而是解画，他们两人使用的思维法就是想象思维法。

6.3.1.3 灵感与直觉思维方法

（1）灵感思维方法。灵感思维是指人在长时间思考某个问题得不到解答，而中断对它的思考后，却又会在某个场合突然对问题的解答有所领悟的一种创新思维方法。

根据灵感思维的主要特征，其方法还可细分为具有独创性、具有偶然性、具有机遇性和具有模糊性的四种灵感思维方法。

（2）直觉思维方法。直觉思维是运用有限的经验知识直接得到问题结论的思维方法。直觉思维常常表现为瞬间的领悟，是思维过程的高度简化，越过了许多中间环节一下子将答案呈现在眼前。在创新中，直觉思维能够实现帮助选择创新目标和帮助提出创新假设两方面应用。

根据直觉思维的基本特征，其方法还可细分为具有直接性、具有顿悟性、具有猜测性和具有瞬时性的四种直觉思维方法。

案例6-3　优异弹性橡胶的发明——化学家固特异在实验室中做实验，一不小心将实验用的橡胶掉到桌下的硫黄上。他遗憾地叹道：“花了好大的劲，全费了。”于是一边说，一边尽力清除粘在橡胶上的硫黄。但硫黄已渗入橡胶内部，很难除掉。“干脆扔掉算了。”但又觉得好不容易做出来的弃之可惜，就随手放到桌边，碰巧桌旁的炉火烧得正旺，给沾上硫黄的橡胶继续加温。“今天算白干了。”沮丧的他准备回家。然而，他无意中摸了一下放在桌边的橡胶，这一摸非同小可，橡胶居然有了前所未有的优异弹性。他的直觉告诉他，这件事具有重大意义。于是他冷静了一下，用两手把橡胶拉长，橡胶的异常特性使他更为吃惊，即使用两手拉也拉不断，相形之下，以前的橡胶一用力拉就断裂。结果，一种前所未有的具有优异弹性的橡胶发明出来了。

6.3.1.4 横向与纵向思维方法

（1）横向思维方法。横向思维也叫水平思维，是一种“一”字形的、并将思维轨迹横向延伸的创新思维方法。按照其主要特征，其方法还可细分为具有变通性和具有迁移性的两种横向思维方法。

（2）纵向思维方法。纵向思维方法也叫垂直思维方法，就是一种“1”字形的、能将思维轨迹纵向延伸，从而找到解决问题最佳方案的纵向创新思维方法。即可像层层剥笋，向纵深发展，从哲学角度看这种纵深发展是无穷无尽的。

案例6-4　司马光砸缸——有一次，司马光跟几个小伙伴在后院玩耍。有一个孩子淘气，他爬到一口大水缸上，结果失足掉进去了。水缸深，孩子小，眼看小伙伴就要淹死了，其他的孩子都吓傻了，有的孩子吓得大哭，有的孩子吓得去找大人。就在此时，司马光急中生智，从地上捡起一块大石头，使劲向水缸击去。通过司马光的砸缸行为，水涌出来，小伙伴因此得救了。

6.3.1.5 求同、求异与求同求异思维方法

（1）求同思维方法。求同思维方法是在两个或两个以上的不同事物之间，找到它们的相同、相似之处，即寻求问题的共同点的创新思维方法。

（2）求异思维方法。求异思维方法是在相同或相似的两个或两个以上的事物中，寻找它们的相异之处，即分析问题的差异所在的创新思维方法。

（3）求同求异思维方法。求同求异思维方法是根据客观世界本身就呈现相似性与差异性的统一和同中有异与异中有同的特征来将求同思维与求异思维相结合的创新思维方法。

案例 6-5　生意兴隆的洗车场——伦敦郊外曾有一家洗车场，生意兴隆。它招揽顾客的方法很简单：在洗车场外并排停放两辆同一型号的汽车，右边那辆蒙着厚厚的尘土，车前的牌子上写着“洗车之前”；右边的一辆金光瓦亮，车前的牌子上写着“洗车之后”。这里便采用了求同、求异两种视角的结合：两辆车同一型号，是求同；洗车前后面貌差异便是求异。

案例 6-6　大学宿舍里的“求同存异”——小李和小张是新入学的两位新生，两人被分到了一间宿舍，成了舍友，小李比较爱整洁，东西都喜欢摆放得规规矩矩。可小张呢，东西到处乱放，用他的话说这叫“随性”。一开始，这可把小李给愁坏了，心里总有股无名火，觉得小张怎么这么邋遢呢？干干净净的宿舍，小张回来后就大变样，鞋子到处扔，桌子上也摆满了小零食，瞬间就把宿舍弄得一团糟。小李忍不住就和小张说了她的想法，说宿舍也是她们的“小窝”，要保持点整洁。小张则一脸委屈说回到家就应该轻松自在些。小李才意识到，她俩在这个事情上观念差异太大了，各自都养成了一定的生活习惯，要是硬要求小张按自己的想法来，他俩肯定得吵架。于是就开始求同存异。商量好了公共区域要保持一定的整洁而她床边那块可以小范围随性。达成这个共识后，她俩的关系也好多了，每次大扫除大家都按分工来，平时他也注意不太在公共区域乱堆东西了。这就是求同存异达成的一个小共识，让宿舍生活变得和谐多了。虽然我们每个人的个性不同，但能够找到相同点就万事大吉。

6.3.1.6 换元与还原思维方法

（1）换元思维方法。换元思维方法是通过等价转换元素、发现可以相互代替的事物及其等价关系并寻求解决问题的创新思维方法。

（2）还原思维方法。还原思维方法是根据客观事物本身具有多重层次结构的特征，找到事物最基础层面或最初始层面，并在那个事物的本质和本源层面上认识和把握事物规律的创新思维方法。

案例 6-7　知识的价值——有位农场主的拖拉机出了毛病，他费尽力气也没修好，只好请一位专家来。那位专家仔细地检查了拖拉机，最后，他拿起一把锤子，照着马达某一部位敲了一下。马达立刻转了起来，就像从没出过毛病一样。可是当农场主接过修理费账单时，马上生气地大声叫道：“什么？就你那么一锤子，就想要 50 块钱吗？”“亲爱的朋友，”专家回答道，“敲这么一锤子，我只要 1 块钱；可往哪儿敲这一锤子，我这点儿知识得要 49 块钱。”

敲这么一锤子，只需要一秒钟。可是往哪儿敲，需要长时间知识和经验的积累，把现

象还原为本质，正确判断出问题的本质并对症下药解决问题。

6.3.2 适应变通的创新思维方法

变通是创新思维的重要实现途径，适应变通的创新思维，实际上就是应变思维的现象和规律。因此，从某种意义上说，变通是思维的突破，是创新潜能的激发。创新的过程其实就是变通的过程，它反映了创新思维过程中的及时转换和灵活应变的特征。

6.3.2.1 应势与择势变通思维方法

（1）应势变通思维方法。应势变通思维是时刻分析形势走势、顺应形势变化的变通的创新思维。就是要告诉人们要顺应世界潮流，顺应时代变化，在分析环境变化的前提下，发现自身的优势和劣势，牢牢把握发展的大方向，应势而变，使自己立于不败之地。

根据应势变通思维的不同维度，还可细分为实施冷静、实施随机、实施从变、实施万变、实施不变、实施先变、实施处变和实施虚实的八种变通思维方法。

（2）择势变通思维方法。择势变通思维是一种采取不同气势、巧妙应对变化的创新思维方法。“广大配天地，变通配四时”，就是告诉人们，变通要依势而定、合乎时宜。古语也云：“兵无常势，水无常形。”也告诉人们，变通要随机应变，因势利导。

根据择势变通思维的不同气势，还可细分为洞察大势、深思熟虑、隔岸观火、明辨大局、临机应变、知变善变和深谋远虑的七种变通思维方法。

6.3.2.2 顺势与逆势变通思维方法

（1）顺势变通思维方法。顺势变通思维是顺着事物发展的方向，直接去实现目标，或者善于抓住机会，顺势而变而获得意外成功的创新思维方法。

根据顺势变通思维的发散情况，可细分为删繁就简、添羽成翼、整合配置、歪打正着、弄巧成拙和见微知著的六种变通思维方法。

（2）逆势变通思维方法。逆势变通思维是当你按照常规思路解决不了问题时，颠倒一下进行相反方向思考，从而取得更好效果的创新思维方法。

根据逆势变通思维的走势不同，可细分为颠三倒四、正文反作、背水一战、大智若愚和以毒攻毒的五种逆势变通思维方法。

6.3.2.3 借势与造势变通思维方法

（1）借势变通思维方法。借势变通思维是借用身外条件帮助自己成功的创新思维方法。

根据借势变通思维的不同借法，还可细分为假借迁移、借换功能、借风行船、借题发挥和借实明理的五种借势变通思维方法。

（2）造势变通思维方法。造势变通思维是在面对问题的思维过程中，明白造势在顺势、趁势、借势和造势变通思维方法中的最高层次地位，在“有条件要上，没有条件创造条件也要上”的思想指导下，通过主观能动作用，调动已有的全部信息，设置环环紧扣的各种铺垫，创造有利于解决问题的必要条件，从而迅速改变逆境，将原有的弱势转为强势，将不可能的事情变为可能的变通创新思维方法。

根据造势变通思维的基本形态，其思维方法还可细分为还原造势、换元造势、多元造势、超元造势、心理造势和灵动造势的六种变通思维方法。

案例 6-8 毕加索因先声超元而一夜成名——伟大的印象派画家毕加索，少年闯荡巴黎的时候，默默无闻，非常贫穷。他的画一张也卖不出去，因为画店老板主要是经营一些名家的画，可是，当时毕加索的名字没有任何的光彩。

当毕加索的口袋里只剩下了 15 个银币时，他决定孤注一掷。他雇用了几个大学生，让他们每天都在画店里转悠，每个人在临走的时候都要询店老板："请问，你们这里有毕加索的画吗?""请问，在哪里能买到毕加索的画?""请问，毕加索到巴黎来了吗?"

不到一个月，巴黎大大小小的画店老板的耳朵里都灌满了"毕加索"的名字，他们多么渴望能够见到这个先声夺人的毕加索！直到这时，毕加索才露面，他带着自己的画出现在如饥似渴的画店老板面前，成功地拍卖了自己的作品，一夜成名。

6.3.2.4　逆向与迂回变通思维方法

（1）逆向变通思维方法。逆向变通思维也称反向变通思维、倒转变通思维、反面突破变通思维。其方法是指以反常规性的、反方向性的或者反程序性的思考方式去解决问题的思维方法。逆向思维作为一种方法论，具有明显的现实意义。其实我们生活或工作中处处都潜藏着看似不可能的机变，只要我们学会、习惯和应用逆向变通思维方法，稍微超越哪怕是小小的一步，就会发生变不可能为可能的奇效。

根据逆向变通思维的维度情况，可细分为功能逆向变通、因果逆向变通、结构逆向变通、作用逆向变通、方式逆向变通、位置逆向变通、条件逆向变通、方位逆向变通、属性逆向变通和心理逆向变通等十种逆向变通思维方法。

（2）迂回变通思维方法。迂回变通思维是采取迂回曲折的方法，利用、改变或创造外部条件，间接作用于对手的迂回变通创新思维。

根据迂回变通思维的程度不同，其思维方法还可细分为曲折回旋、以退为进、间接中转、绕道迂回、虚实相间、连环叠加、挟山超海、以舍为取、以迂为直和独辟蹊径的十种迂回变通思维方法。

6.3.3　拓展空间的创新思维方法

空间思维是指人利用空间概念对思维对象作判断、推理、想象、分析、比较和综合，从而获得对创造性活动起着关键作用的深层次认识的创新思维活动。

6.3.3.1　立体与全维思维方法

（1）立体思维方法。立体思维是在对事物进行纵向和横向分析的基础上，把所获得的各层次、各方面认识，整合成一个具有立体特征的整体，形成新的认识，完整揭示事物的立体联系的创新思维方法。

（2）全维思维方法。全维思维是超越了一切物质的、精神的或是技术的一切边界，呈现出全向度、全层次、全领域、全环节观察、认识、组合看似不相干的事物，并体现出"一即全、全即一"智慧和"一体全维、全维一体"核心并实现超越现实性边界和预测事物新可能性的创新思维方法。

根据全维思维的两个维度，其思维方法还可细分为全向度观察、全层次观察、全领域观察和环节观察的四种一体全维思维方法及全向度组合、全层次组合、全领域组合和全环节组合的四种全维一体思维方法。

6.3.3.2　柔性与协同思维方法

（1）柔性思维方法。柔性思维是相对刚性思维而言，能以事物发展的动态性为基础，以处理问题的准确率为追求目标，最终更能收到后发先至、少取多得、执一驭万效果的创新思维方法。

（2）协同思维方法。协同思维是指人们在进行处理问题思维时，利用系统的整体协调去把握客体，从有序到无序，或由低级有序经由无序到高级有序，从而达到有效处理问题目的创新思维方法。

6.3.3.3 信息与模糊思维方法

（1）信息思维方法。信息思维是指人们对信息进行收集、识别、筛选和加工处理等思考过程的创新思维方法。

（2）模糊思维方法。模糊思维是建立在模糊逻辑的基础上，使用模糊概念、模糊判断和模糊推理进行工作并对事物“质”的充分认识的创新思维方法。

案例 6-9 停车问题的解决——要将一辆车停在拥挤的停车场上两辆车之间的一个预留空隙中，这个问题要用控制理论方法来解决是非常困难的，即使用计算机也难以胜任，它没有精确的解法。但对于一个熟练的司机来说，这只不过是最起码的本领。他只要大致观察估计一下位置和距离，执行一些看似不很精确的操作就能把车准确地停在预定位置上。这里，精确控制不但不可行，而且也无多大必要。相反，人可以根据观察，利用一些带有模糊性质的概念，如“向右偏一点”“再往后倒一点”等，而达到准确停车的目的。

6.3.3.4 谋略与组合思维方法

（1）谋略思维方法。谋略思维是人们充分调动自己的优点和一切有利于自己的因素，充分利用各种谋略技术，从而形成一种使自己能够达到某种目的创新思维方法。

根据谋略思维的基本特征，其思维方法还可细分为具有多样性、具有开放性和具有动态性的三种谋略思维方法。

（2）组合思维方法。组合思维是在处理问题的思维过程中，通过对若干要素的重新组合，进而产生新的事物或创意并达到预期效果的创新思维方法。

根据组合思维的形式不同，其思维方法还可细分为添加组合、同物组合、异物组合、分解组合、共享与补代组合、概念组合、综合平衡组合、主体附加组合、二元坐标组合、焦点组合、形态分析组合和信息交互组合等十二种组合思维方法。

案例 6-10 田忌赛马——齐王与大臣田忌赛马，各出上中下三匹马，田忌总是不敌齐王。这时，田忌的手下孙膑教给他一招取胜的策略，那就是用上等马对齐王的中等马，用中等马对齐王的下等马，用下等马对齐王的上等马，这样就可以以 2 比 1 战胜齐王了。我们看到，田忌用的还是先前的三匹马，只不过是改变了出场的组合，其结果便发生了质变。

6.3.4 借助外力的创新思维方法

“他山之石，可以攻玉。”一个人要想取得更大的成功，就应当懂得借力打力、借力发展的原理，就应当学会“借他人之力，解自己之难”，就应当学会站在巨人的肩膀上往前走。

6.3.4.1 明借与暗借思维方法

（1）明借思维方法。明借思维是完全公开地去借，不仅借用人知道，而且出借人也知道，甚至其他人也知道的创新思维方法。

根据其程度不同，其思维方法还可细分为正大光明和光明磊落的两种明借思维方法。

（2）暗借思维方法。暗借思维是不被出借人知晓地去借，借用人就是在出借人没有觉察的情况下向他们借力的创新思维方法。

根据其形式不同，其思维方法还可细分为将计就计和暗度陈仓的两种暗借思维方法。

6.3.4.2 强借与弱借思维方法

（1）强借思维方法。强借思维是一种不顾出借人感受、事先未让出借人知道、只考虑借用人利益的创新思维。

根据强借思维方式的不同，其思维方法还可细分为趾高气扬、以强凌弱、先发制人和狐假虎威的四种强借思维方法。

（2）弱借思维方法。弱借思维是以示弱的方式去借的创新思维方法。这种弱，有可能是事物本身的弱势，也有可能确实是自己弱小，还有可能是一种策略上的弱。这种弱，可能是经济低迷、国力衰弱、军事弱小，可能是人微言轻的、地位低下的、规模较小，也可能是故意装出来的。

根据弱借思维的程度不同，其思维方法还可细分为谨小慎微、虚心求教和甘拜下风的三种弱借思维方法。

6.3.4.3 直借与曲借思维方法

（1）直借思维方法。直借思维是不经过中间环节去借的创新思维方法。这个中间环节，可能是第三人，也可能是其他事物。“直”主要包含借用行为主体是借用人本人、借用过程是直线和借用对象是所要借的对象等三层含义。

根据直借思维的方式不同，其思维方法还可细分为亲力亲为、开门见山、直言不讳和单刀直入的四种直借思维方法。

（2）曲借思维方法。曲借思维是经过中间环节去借的创新思维方法。“曲”是拐弯的意思，主要有三层含义：

1）借用行为的主体不是借用人本人，如叫亲戚朋友去借；

2）借用的过程是曲线的，可能是平滑型的曲线，也可能是折叠式的曲线，折叠式的点，也可能是三点、四点、五点、六点，甚至更多的点，这要看借力的难度，如托朋友帮忙到银行贷款，朋友又托朋友，朋友再托朋友；

3）借用的对象不是所要借的对象，但可以用它借到所要借的对象，如诸葛亮要向曹操借十万支箭，在这之前他向鲁肃借来几十条船和稻草人，诸葛亮利用这些借来的船和稻草人借到了箭。

根据曲借思维的方式不同，其思维方法还可细分为请人代劳、拐弯抹角、互换条件和转移视线的四种曲借思维方法。

案例 6-11　张博士暗借薛博士完成科研任务——张博士主持一项重要的科研项目，前期工作进行得相当顺利，在进行数量分析时，一道需要用高等数学解析的问题难倒了张博士，而同单位的薛博士刚好是学数学的，张博士想请求他帮忙解决，但由于两人性格不合，已很长时间没有说话。张博士的好友汪博士知道了这个情况后，自告奋勇地说，他去找薛博士帮忙。薛博士答应汪博士的请求，很快就计算出来了。张博士拿着汪博士送来的答案，很快就完成了科研项目。

6.3.4.4 正借与反借思维方法

（1）正借思维方法。正借思维方法是从借用对象的作用力去借，换句话说，就是从正面或者是正向去借用他人和事物的应有之力的创新思维方法。

（2）反借思维方法。反借思维方法是从借用对象的反作用力去借，换句话说，就是从反面或者反向去借用他人和事物的应有之力的创新思维方法。

6.3.5 提升速度的创新思维方法

超前思维是人类特有的，以生命现象中普遍存在的“超前反映”为基础的一种前瞻性、创造性思维方法。

6.3.5.1 超前预测思维方法

超前预测思维是通过对已有的历史与现实资料的分析，从中找出事物发展的规律性，然后对未来的发展趋势、发展前景提出合乎逻辑的推断的方法。

根据超前预测思维的类型不同，可细分为以下四种方法。

（1）惯性分析法。所谓惯性，就是事物发展的延续性。未来事物总是过去与今天的延续和发展，总有某种惯性联系。

（2）类推分析法。许多事物相互之间在发展变化上有许多类似之处，利用事物之间在发展变化的时间上有前后不同，但在表现形式上有相似之处的特点，就有可能把先发展事物的表现过程与特性类推到后发展事物上去，从而对后发展事物的未来前景做出超前预测。

（3）因果分析法。因果关系是事物之间相互联系、相互作用的一种重要形式。它的特点是原因在前，结果在后，原因与结果之间常常具有类似函数关系的密切联系。这就可以通过研究事物的形成原因来预测事物未来发展变化的必然结果。

（4）概率分析法。预测的未来事物总是充满着各种可能性与不确定性。要提高预测的可靠性，就要使用概率分析法，推断预测结果能以多大的概率出现，从而为决策提供客观依据。

6.3.5.2 超前应用思维方法

超前应用思维是适度超前的创新思维方法。根据其应用领域，可细分为以下十种方法。

（1）科学发现中的超前思维方法。超前思维在科学研究中是以科学假说的形式出现的。当科学假说预见的事实为实验所证明时，科学假设就变成了科学真理。近代科学是以哥白尼革命为开端的，面对封建教会的迫害，要推翻流行几千年的“地心说”，提出符合天体运行规律的“日心说”，需要足够的胆识勇气。从哥白尼、布鲁诺、伽利略等人的曲折经历中，可以看到，坚持科学的超前思维，变科学假设为科学真理，既要付出很多的心血，又要承受黑暗势力的无情打击，然而真理的燧石也正是在打击中放出了照亮世界的火焰。

（2）文艺创作中的超前思维方法。一首歌诞生后不胫而走，传遍世界，历经百年越唱越响，真可谓艺术史上罕见的奇迹。这个奇迹不是全知全能的上帝创造的，而是出于一位在战斗中掌握了马克思主义的普通工人之手。这就再一次证明了科学的理论指导对于升华艺术超前思维的极端重要性。

(3) 政治较量中的超前思维方法。朱元璋在参加起义，逐渐拥有了一定的政治、军事实力后，保持清醒的头脑，征得夺取天下的韬光养晦之策，并付诸实施。他不急于称王，而是缩小目标，富国强民，巩固根据地，为后来统一全国、建立明朝打下了坚实的基础。这些都说明了朱元璋是个具有超前政治远见的帝王。

(4) 军事抗争中的超前思维方法。毛泽东将战略决战首先指向东北战场，在辽沈战役中首攻锦州，这是从局部的优势开始，进而争取全局更大的优势，这也是运用超前思维，争取全局主动权的一着妙棋。东北战场的全胜，既可以粉碎国民党军队的战略收缩企图，又可以使百万的东北野战军出手来转入关内作战，还可以利用东北的工业支援全国解放战争。这正是超前运筹，一举数得，环环紧扣，大大加速了全国胜利的早日到来。

(5) 经济管理中的超前思维方法。当代国际经济的竞争，说到底是科技的竞争，是人才的竞争。李秉哲的可贵之处，是将超前思维用在了员工的培训工作之中。在抓产品与抓人才上，他首先抓人才，在人才的培养与使用上，他首先抓培养。正是超前一步的员工素质培养，使三星集团拥有一流人才，并由一流人才带来一流的产品开发与营销。

(6) 世风演变中的超前思维方法。温州人高唱《国际歌》，“不靠神仙皇帝，全靠我们自己”。以自主的精神、超前的意识。在市场经井中奋力拼搏，温州人富就富在思维方式超前。

(7) 商贸竞争中的适度超前思维方法。有人比别人快半拍的独创构想，研究社会结构的变化和人民生活水准的变化所带来的购买需要的变化，做别人不做的事和人家不能做的事，才获得了发展的成功。

(8) 广告促销中的适度超前思维方法。法国轩尼诗公司一举打入美国市场的成功案例，体现了该公司决策层高超的决策艺术。该公司让两桶白兰地成功地扮演了友好使者的角色，这既有益于提高白兰地酒的身价，又不动声色地让总统客串了一次高级传播媒介的角色，消除了心理与关税壁垒。

(9) 世风演变中的适度超前思维方法。在市场经井中奋力拼搏，温州人富就富在思维方式超前。如果满脑袋计划经济的思维观念，跟不上社会发展的客观形势，怎么能在市场经济中如鱼得水呢？解放思想、更新观念，是超前思维的重要条件，温州的今天就是多数中国人的明天。

(10) 未来预测中的适度超前思维方法。米都斯的报告所以能振聋发愦，从思维的角度来看，他开创了—种全新的超前思维方法。

6.4 创意概念

罗曼·罗兰曾指出：“创意是历史进化中永远有效的契机”。

第71届联合国大会2017年4月27日协商一致通过关于纪念“世界创新日”的第284号决议，确认创新对于每个国家发挥经济潜力至关重要，呼吁各国支持大众创业、万众创新，认为这将为各国实现经济增长、创造就业凝聚新动力，为包括妇女和青年在内的所有人创造新机遇。

创新的基础是创意，那什么是创意呢？

6.4.1 创意的基本含义

（1）名词：有创造性和新颖性的想法或构思。创意作为名词，是指通过创新思维挖掘和激活资源组合方式提升资源价值的方法，形成的有创造性的想法或构思，如颇具创意。所以作为名词使用的“创意”则是指创造性的意念，新奇的构思本身。

（2）动词：提出有创造性的想法或构思。创意作为动词，是指提出有创造性想法或构思的过程。

（3）概括：“把任何想法转化成效益”称为创意。这是从商业角度提出的创意的内涵，即创意通过有效的商业模式形成效益，实现“创意”到“实践”的跨越。

6.4.2 创意的内在本质

美国广告大师李奥·贝纳指出，创意的本质是运用有关的、可信的、品调高的方式，与以前无关的事物之间建立一种新的有意义的关系的艺术。以发明气垫船的创意为例加以说明。车辆的运动是靠车轮的支托和滚动，建立了车与地面之间的关系。流动的气体有推力，其反作用力会作用于发出流动气体的物体，这时一个创意闪了出来：假如用向下喷吹的强大而稳定的气流代替车轮，就可以建立起新的关系，一种全新概念的运输工具气垫船就诞生了。气流就是“有关的、可信的、品调高的方式”与“以前无关的事物之间建立一种新的有意义的关系”，创意则是建立新关系的“艺术”。另外，创意并不等于创新，它是创新的设想，创意能否成为有社会价值的创新，还有一个艰苦的充满失败可能的创造过程。

6.4.3 创意的主要功能

（1）创意的始动功能。由创意起始进入创新过程。创意产生新构思和设想，创造将创意转化为创新产物，创业则利用创新的产物创立新的企业，创效最终通过事业成功创出新的绩效。创新，始于创意，终于创效。假如没有创意，创新也就不存在了。

（2）创意的启动功能。一个创意可以对自己对他人证明每一个人都具有创造力，并向人们启示创意的价值，我们可以有更多的创意，以此破除创意的神秘感。

（3）创意的延伸功能。一个好的创意具有向创造、创业、创效延伸的功能，形成一条由创意—创造—创业—创效的创新链。

6.4.4 创意的理论来源

创意理论来源于“迁移理论”和“组合理论”。

6.4.4.1 迁移理论的运用

创意产生的“迁移理论”认为，创意在某种程度上就是一种迁移。迁移，其本意是在空间上从原来的位置移动至新的地点。“迁移理论”中的“迁移”，则将其原意中的“空间”转换成了“视野”或“视角”。创意，根据迁移理论，就是用看待原有事物的视角去观察其他的事物，或者是借用观察其他事物的视野来看待现有事物。

6.4.4.2 组合理论的运用

创意产生的“组合理论”认为，创意可以通过不同因素之间的组合而产生，创意产生于现有因素的不同组合，是“组合理论”的核心与关键。因素的组合不是简单的叠加或拼凑，而应基于创造性构思；构思的目的，是形成独具特色的新事物。

6.4.5 创意的主要特点

6.4.5.1 创意的形象性

创意的形象性是指创意在表现形式上具有具体、生动、形象的特点，能够通过视觉元素传达出明确的信息和情感。

6.4.5.2 创意的自由性

创意思维的目标是明确的，但思维方向是多路的、灵活的、发散的、全方位的，具有充分的自由性。在创意的选择上，也是自由开放的，甚至是由着自己的性子去思考自己最愿意做的事，有的甚至是隔行的“业余爱好者”，表现出思维开阔、自由奔放、不受拘束的特点，常能获得好的创意。

6.4.5.3 创意的突发性

创意的突发性不仅指创意不能确切预期、突如其来地降临，还指它的突变性，即创意是一种突变式的思维飞跃，灵感迅速升华为理性认识，也就是想法、意念、故而创意还有突破性。

6.4.5.4 创意的不成熟性

爱因斯坦所说的创意是“具有或多或少明晰程度的表象，而这些表象则是能够自由地再生和组合的。”说明创意的相对模糊性和不成熟性，如果经过明晰化和再生、组合之后，就能成为创新的设计和方案。

创意的特征指明了创意是灵感的创新设计方案之间具有中介性质的思维存在，是创新“永远有效的契机”。

6.4.6 创意的形成阶段

根据我们对创意定义的分析，分为创意思维、创意活动、创意成果产出这三个阶段。

6.4.6.1 创意思维阶段

创意思维又包括四个步骤，即准备、沉思、灵感闪现、验证或者是修改。在准备阶段，人们有意识地研究某些任务，可能会设法采用常规方法按部就班地着手解决。在沉思阶段，也是较为“神秘”的阶段，人的意识和潜意识以某种不可知的方式对问题进行思索。灵感闪现阶段，即人们找到了一个新的综合推理的过程。验证或是修改阶段就是对之前的工作，在进行综合的判断之后，对所有的不合理之处进行修正，剔除错误，补充不足。

6.4.6.2 创意活动阶段

创意活动，即指创意不仅仅只是一个有用的点子，也需要在创意的欲望被激发以及进行了一系列的创意思维之后，寻求让这些想法成为现实的途径。在这个过程中，创意可能不只是一个人单打独斗，而是要团队的协同运作，所以就需要将这些产生在个人脑海中的好想法、好点子清晰地向团队成员阐述出来，在大家经过思想交流、思想碰撞并达成共识之后，共同找到实践方案，分工执行。

6.4.6.3 创意成果阶段

创意成果就是要“把任何想法转化成效益”，创意要有价值。创意成果是对各种数据、观点和材料进行过滤，产生新的有价值的组合，比如生产一个适用的设备、提出一个可用于解决某个问题的理论或者观点，或者创作出一件令人驻足欣赏的艺术品。总而言之，即便是想法再新颖、执行能力再强，最后无法产生符合需求的创意成果，整个创意过程就不能算是成功的。

〖本章小结〗

新思维既出乎意料又合乎情理。世界文明的多样性和人脑进化的高度发达，决定了人的创新思维具有途经的多样性和无限的发散性，孕育于人脑中的创新不是单一的、一维的，而是多维的、发散的。蕴藏在大脑金矿中的第一创新思维是灵感思维，是最具创新活力，最富创新潜力的智慧资源。没有创意就没有创新，没有创新就没有历史的进化和人类的进步。

〖延续思考〗

6-1 什么是创新思维，你能理解创新思维所强调的核心为什么是“思维转化”吗？

6-2 你是怎样理解发散思维和它的层次性特征的？

6-3 两面神思维对你有何启发？

6-4 什么是创意，什么是创意思维的本质，说一说为什么说没有创意就没有创新？

创新方法：大学生创新创业的“银手杖”

第7章数字资源

〖名言金句〗

良好的方法能使我们更好地发挥运用天赋的才能，而拙劣的方法则可能阻拦对能力的发挥。因此，科学中难能可贵的创造性才华，由于方法拙劣可能被削弱，甚至被扼杀；而良好的方法则会增长、促进这种才华。

——贝尔纳

最有价值的知识是方法的知识。

——巴尔扎克

所谓创造就是把以前独立的发明组合起来。

——肖克莱

一个新设想可能由两三个人集中他们的知识或设想而产生。……我相信，讨论最宝贵作用在于帮助人们摆脱那种已经形成了的、事实证明是无成效的思想习惯，也即是说，摆脱受条件限制的思考。

——贝弗里奇

〖温馨提示〗

创新方法是创新的工具，是打开创新大厅的“银手杖”，还是创新创业教育中最实用的内容。首先要了解创新的原理、原则和过程，它们是学习创新方法的基础。其次，了解创新方法是创新活动的总结和归纳。群体激智创造方法和聚合交叉创造方法是两种主要而又常用的创新方法。奥斯本检核法以提问的方式使问题具体化以缩小需要探索和创新的范围，从不同的角度寻找创新途径。逆向反求法以悖逆常规的方式，按照逆向思维创新寻找创新途径。列举分解法通过列举和分解事物进行分析而获得其各方面特征，从而助力选择创新题目和确定创新思路。联想类比法主要是移植、仿生、原型启发、现象探索等。应学习掌握这些创新方法的基本原理和使用方法。尤其应注意学习掌握群体激智法的核心和精髓：自由畅想和推迟评价及聚合交叉法的具体操作。并一边学习一边试着使用这些创新方法解决相应创新问题。

7.1 创新技法

创新技法是科技能力建设的重要组成部分，是给创新铺路、打基础的基本功，是学习思维、科学方法和科学工具的有机结合。如同打开创新之门的钥匙，逻辑、手段本身就是智慧的结晶，还是收集了多少经验之后总结出的基本规律，它既是一种硬实力，又是一种软实力。

俗话说“工欲善其事，必先利其器”，还有一句俗语“磨刀不误砍柴工”，这两句话虽表达不同，但意思相近，并且都说明了方法的重要性。创新技法，就是一种“利器”和“磨刀”的工作，是锻炼基本功的必做之事。正因为创新技法如此重要，因此它受到世界各国的重视，它在美国被称为创造力工程，在日本被称为发明技法，在俄罗斯被称为创造力技术或专家技术。创新技法既包括实现技术创新的方法，也包括实现管理创新的方法。

7.1.1 创新技法的基本含义

创新技法也称创造发明原理，即对有创新作为的人在创新活动中所采取的策略、途径的归纳总结。创新技法是指创造学家收集大量成功的创造和创新的实例后，研究其获得成功的思路和过程，经过归纳、分析、总结，找出规律和方法以供人们学习、借鉴和仿效。简言之，创新技法就是创造学家根据创新思维的发展规律而总结出来的创新的技巧和方法。

7.1.2 创新技法的主要原则

7.1.2.1 科学性原则

科学是反映客观事实和规律的知识体系。科学性原则是指在创造活动中，要遵守科学思想和科学方法。

7.1.2.2 需要性原则

需要性原则是指创造课题选择和构思要从社会需要出发，体现创造的社会价值和社会意义的要求。

7.1.2.3 创新性原则

发明创造成果，必须是新颖的、独特的、前所未有的，而不能是一种模仿和抄袭。技术发明较旧事物应有实质性特点和进步。同时，发明创造设想或成果的技术先进性更有利于推动社会进步。所谓实质性特点，是指发明创造的技术特征同已有技术相比，有本质的差异。这种差异并非技术领域的普通技术人员所能想到的，即具有非显而易见性。所谓进步，是指在技术原理、技术结构、技术效果、使用价值、产品用途等方面的进步。

7.1.2.4 实用性原则

实用性原则是指创造成果能够在产业上制造、使用，也能在生活中应用，并能产生积极效果，即具有实用性。当然，在技术发明的选题和构思中，既要考虑创造成果的实用性，又要具有远大的目光，能看到创造成果的潜在价值。

7.1.2.5 经济性原则

经济性的要求一方面是指采用较低成本来达到创造课题的要求，另一方面是指创作成果本身能产生较好的经济效益。

7.1.3 创新技法的主要应用

信息技术的发展推动了知识社会的形成，科技界日益认识到创新应用在技术创新中扮演的重要作用。从复杂性科学的视角，技术创新活动绝非简单的线性递进关系，也不是一个简单的创新链条，而是一个复杂、全面的系统工程。技术创新是技术进步与应用创新

"双螺旋结构"共同作用催生的产物。在多主体参与、多要素互动的过程中，技术进步与应用创新之间的互动推动了科技创新。二者可以被看作既分立又统一、共同演进的一对"创新双螺旋结构，或者说是并行齐驱的双轮——技术进步为应用创新创造了新的技术，而应用创新往往很快就会触到技术的极限，进而鞭策技术的进一步演进。只有当技术和应用的激烈碰撞达到一定的融合程度时，才会诞生出引人入胜的模式创新和行业发展的新热点。技术创新正是技术进步与应用创新这个"创新双螺旋"共同演进催生的产物。正是这创新双螺旋的互补与互动，带动创新多主体、多要素交互作用，形成了有利于创新涌现的创新生态。在知识社会的条件下，随着草根创新、创新民主化逐步成为常态，通过创新2.0模式的探索，以用户为中心的开放创新、共同创新平台搭建，以技术进步与应用创新制度设计的高度互补与互动，形成有利于创新涌现的创新生态，对于健全和完善科技创新体系具有重大意义。以应用创新为拉动，实现技术进步与应用创新的良性互动，进而全面推动科技创新是知识社会条件下面向未来、以人为本创新2.0模式的重要内容。

7.1.3.1 信息化创新

信息化创新主要结合实际情况，将人力、物力、财力等资源以及信息化创新通过信息系统运行，使信息化得以推进，促进信息化的创新。同时信息化需结合当地具有优势的信息资源，保证其建设能够融入社会环境中，得到政府及社会的认可与支持。另外，也可充分利用现代化手段如网络、电子商务等平台，做好传播工作，带动全民文化素质的提高。

7.1.3.2 合作创新

合作创新主要指将合作作为基本手段，以创新为整体目标，资源互补为主要内容的一种方式。当前，国内的创新资源主要集中在科研机构、高等院校中，创新的无效劳动以及无效投入现象极为严重。因此需采用合作创新的策略，使创新资源得到优化配置。合作创新的优势在于能够将经济与科技实现有效结合，充分发挥科技咨询的优势，而且集合基于市场机制下的创新方法，使创新成本降低，创新周期缩短，进而促进发展。另外，合作方式需将人才、技术以及资源等优势充分发挥出来，并形成创新小组，通过合同的方式将各方权利与义务做出明确规定。若合作方式以区域为基础，社会企业、地方政府以及科研机构等部门应以互惠互利为原则自愿参加，这样才能完善对应工作，进而推动经济的发展与科技的进步。

7.1.3.3 自主创新

自主创新主要是指通过拥有自主知识产权的独特核心技术，并在此基础上实现新产品的价值的过程。它强调在创新过程中不单纯依赖技术引进和模仿，而是通过内部的技术突破来掌握全部或部分核心技术和知识产权，从而打造自主品牌并赢得持续竞争优势。可从以下四个方面理解。

（1）从内容划分上理解：自主创新包括自主科学创新和自主技术创新。前者侧重关注科学发现层面的创新，后者则侧重关注技术层面的创新。

（2）从主体划分上理解：自主创新可以分为个人自主创新、企业自主创新、国家自主创新和民族自主创新四个层面。

（3）从关键要素上理解：自主创新包括三个关键要素：一是属于自己的，即形成自主知识产权；二是创造出来的，即通过创新活动获得的新技术或新产品；三是新的东西，即不同于已有的技术和产品。

（4）从具体实施上理解：自主创新的实施包括原始创新、集成创新和技术引进。原始创新主要强调在各个领域获得科学发现和技术发明；集成创新主要将相关技术成果融合，形成具有市场竞争力的新产品和新产业；技术引进则主要在吸收国外先进技术的基础上进行消化吸收和再创新。

7.1.3.4 人才策略

同样以科技咨询工作为例，科技咨询工作应实现对人才的培养与引进，形成一个聚才、育才、引才的环境，保证科技咨询人才在创新能力方面得到全面提高。培育人才过程中需围绕主导产业进行科技咨询的创新，打造一批高素质的创新团队。同时，在人才策略方面可实行分配与激励机制，对高新技术骨干、管理骨干以及科技人才采取期权等激励政策，在科研机构或高等院校中设置相应的科技咨询创新研究岗位，并适时聘请专业人士担任兼职教授等。另外，在科技人员兼职方面应制定相关规范，为科技咨询工作吸引更多优秀人才。但值得注意的是，无论人才策略发生哪种变化，都应注意必须保证科技创新中的新课题、新项目、新成果能够适应现代社会产业与行业的发展需求，将创新理念引入实践中，并从实践过程中进行检验，使科技咨询工作的创新方法应用获得实际的成效。科技咨询工作中运用创新方法能够促进社会整体的进步与发展。这就要求在观念上不断更新，而且采用信息化创新、合作创新、自主创新以及人才培养方面的策略，促进科技咨询行业健康持续地发展，也为社会发展提供更多的科技动力。

7.1.4 创新技法的应用意义

7.1.4.1 从经济发展角度分析

当前，社会经济局势在发生不断的变化，而且国家也采取了一系列的宏观调控政策，这就要求科技咨询工作人员应立足于实际，坚持以经济建设作为指导思想，为社会发展提供服务。科学技术是第一生产力，然而促进科技进步的关键在于不断进行创新，应促使其转化为生产力，带动国家整体经济的发展。因此，科技咨询工作引入创新方法具有十分重要的意义。

7.1.4.2 从当前现状分析

以科技咨询工作为例，现阶段，很多从事经济建设的行业在生产过程中，往往忽视科技咨询工作，即使在发展中遇到困境，出现亏损等问题，也没有发挥科技咨询的作用。也正因如此，科技咨询服务经费经常出现不足的情况，在人员配置及服务范围方面都有一定的局限性，导致科技咨询服务工作难以顺利展开。因此，为改变当前这种现状，从事科技咨询服务的人员或机构，以及相关的行业必须从思想观念上进行转变，采用科学创新的方法解决工作中遇到的难题。

7.1.4.3 从科学思维角度分析

科学思维指从感性认识上升到理性认识，再转变为科学方法。在当前社会改革创新的大潮中，要求以科学思维方式面对各种机遇与挑战。只有科学方法才能成为认识自然规律，解决社会技术领域难题的手段。因此，科技工作中不断探求创新方法具有很重要的现实意义。

7.1.5 创新技法的基本类型

案例 7-1 充气雨衣——北京一位小学生林恒韬在雨天穿了塑料雨衣去上学还是常常浸湿裤管。原因是只要稍有风吹，雨衣便顺风贴在身上，雨水沿着下摆直浸裤腿，即使没有风，下垂的雨衣下摆也常弄湿裤腿。有何妙计呢？没有现成的答案，于是借助于联想和类比，从生活中找老师，变陌生为熟悉。在一次联欢晚会上，看到跳舞的小朋友急速转圈使裙子张开呈喇叭形，便马上想到要是让雨衣下摆张开就可避免雨水浸湿了。然而用根铅丝来撑开雨衣就不便收藏。到了夏天，又在充气游泳圈的启示下，以充气塑料管作为雨衣下摆的支撑环，如此，终于发明成功了充气雨衣。

创新技法是创新的技巧和方法，概括起来，一是发现问题的方法。发现问题是创新的起点，对培养创新思维是至关重要的。有了发现问题的能力，才能有创新成果。二是形成新概念的方法。如果说历史上的创新有许多是靠经验积累和机遇的话，近现代的创新则依赖于新的概念的诞生，在新概念的理论指引下，创新得以成功，特别是那些较为复杂的创新。三是提出新设想的方法，发现问题是创新的起点，提出新设想则是解决问题的关键。创新是有规律可循，有法可用的，这就是创造方法。

在 100 多种的创造方法中，精选出实用价值较大，使用较多的，并带有方法论意义的创造方法，按它们所具有的特征，归纳为六个类型，即群体激智类创新技法、聚合交叉类创新技法、设问检核类创新技法、逆向反求类创新技法、列举分解类创新技法和联想类比类创新技法进行简要介绍。

7.1.5.1 群体激智类创新技法

群体激智类创新技法主要包括智力激励法、默写传阅法（635 法）和综摄法。

A 智力激励法

智力激励法又名头脑风暴法、脑轰法、畅谈会法、群议法等。此法是 1939 年由奥斯本所发明，最初用在广告的创新上，1953 年总结成书。这是世界上最早付诸实用的创造方法，它适用范围广，易于普及。

智力激励法主要是以一定的会议形式给与会者创造一种能积极思考、启发联想、大胆创新的良好环境，充分激发个人的才智，为解决问题提供大量的新颖设想。掌握本法所规定的原则与实施程序是获得成功的保证。

目前在世界范围内，智力激励法是应用最广泛，最普及的创造方法。这一方法能够在社会、经济、管理、教育、新闻、科技、军事、生活等很多方面提供有效服务。诚如奥斯本所说：“只要遵循智力激励的规则，此法几乎可以解决各方面的问题。”另外经常参加智力激励的人，对自身的创造能力培养也有好处，使之想象力丰富，思维敏捷，善于创新。

B 默写传阅法（635 法）

智力激励法始于美国，其特点也适合美国人开放、个性外向、思维灵活的民族习惯。当这个方式传入联邦德国后，有人根据日耳曼民族长于思考的性格特点，通过改造，产生了适合本国国情的一种派生方式，创造了用书面阐述来激励智力的创造方法——默写式智力激励法，又称为“635”法。

每次会议由 6 人参加，每人用书面提出 3 个设想，要在 5 min 内完成，这就是“635”法的来由。

开“635”法会议时，主持人宣布议题，解释参加人提出的疑问后，发给每人几张空白卡片（最好稍大一点），每张卡片标上相隔距离较大的1、2、3号码，在第1个5 min内，每人按议题在3个号码后面分别填上3个设想，然后把卡片传给右邻。在下一个5 min里，每人从传递到自己手中的别人所填的3个设想中受到启发，再继续填写3个设想，或者补充、完善、丰富、发展别人的设想，反正不能让卡片从自己手中轮空过去。这样多次传递，半小时传了6次，每人的原始卡片轮递一周后，共可产生108个设想。卡片填满则用手中的备用卡片续之。“635”法可以避免许多人争相发言而使设想遗漏的弊病，对于有些不善言谈，怯于诤言的与会者来说，默写也不失一种好办法。再者，由于有卡片上的设想，不须设记录员，也省去整理记录、归纳分类之举，因为卡片上的设想是分好类的书面材料了。

C　综摄法

美国麻省理工学院的威廉·戈顿教授在长期研究和实验的基础上，于1952年提出了一种独特的创造方法——综摄法，或称提喻法、分合法、集思法。

（1）原理与特点。综摄法这个词来自希腊文。原意是指把表面上互不相关的各种不同事物结合在一起。综摄法通过已知的东西为媒介，将毫无关联、不同的知识要素结合起来，以打开“未知世界的门扉”，激起人们的创造欲，使潜在的创造力发挥出来，产生众多的创造性设想。

（2）基本原则。戈顿教授认为，联想与类比是实现从已知到未知的有效办法。因此，前面已介绍过的拟人类比、直接类比、象征类比及幻想类比等方法是实施综摄法时不可或缺的。他主张，为了摆脱旧框框的束缚，开阔思想，在探索新的设想时，必须要有一段时间暂时抛开原来想要解决的问题，通过类比探索得到启发，因为，这是“变陌生为熟悉”和“变熟悉为陌生”所必需的。

综摄法有两个基本原则。

1）异质同化。所谓新发明新创造应该是现在所没有的事物，人们对它是不了解的，然而，人们熟悉现有的各种事物。为此，在创造发明新事物时，可以借助现有的知识来进行分析研究，启发出新的设想来。此乃“变陌生为熟悉”。

2）同质异化。对现有的各种事物，运用新的知识或从新的角度来观察、分析和处理，启迪出新的创造性设想来。此乃“变熟悉为陌生”的方法，它要求人们突破现有框框的约束，以挑剔的目光去寻找可以改进创造的地方。

在实际的创新活动中，常常将同质异化与异质同化两原则交替使用，而且并非限于新产品的研制开发，也可应用于管理。

案例7-2　世界难题——数学家业已证明了用圆规直尺不能三等分已知角，可这一世界难题却被广东韶关市北江中学的一位女中学生刘鸿燕所突破。当刘鸿燕在几何作图时觉得等分任意角方法很繁复时，便产生要找一简便方法的念头。可是不管她怎样苦思冥想，始终无计可施。一天，她从夏天用的折扇得到启示，打开的折扇就像许多等分角，扇子的轴就是这些等分角的公共点。然而扇子的角及等分数是固定的，怎样才能适宜于不同大小的角作任意等分呢？经反复研究实践，她沿着等腰三角形底边上的高开了一条导向槽，用一枚大头针配合，使各个等腰三角形公共点可沿此槽上下移动，这样，便可任意等分角了。1986年6月，刘鸿燕发明的精致实用的任意角等分仪参加了全国第三届青少年创造发明比赛，并荣获联合国世界知识产权组织所赠的唯一金奖——“青年发明奖章”。

7.1.5.2 聚合交叉类创新技法

聚合交叉是宇宙间十分普遍的现象。从浩瀚无垠的到分子、原子，从简单的数字排列到人体结构，从庞大的国家机器到家庭等，到处都存在有聚合交叉的现象。主要包括主体附加法、二元坐标法和形态分析法等三种方法。

案例 7-3 功能聚合交叉——这是将某一物品适当组合，使之集多种功能于一身。例如，有人将一金属片作适当加工后，可以代替八种不同的工具，如图 7-1 所示。

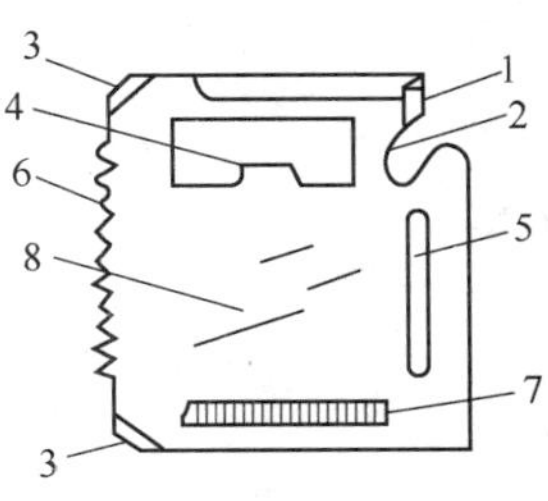

图 7-1 多用工具

1—小刀；2—开罐头刀；3—螺丝刀；4—开瓶器；5—扭转蝶形螺帽工具；6—锯；7—指甲锉；8—镜子

A 主体附加法

（1）基本原理。主体附加（添加）法是指以某一特定的对象为主体，通过置换或插入其他技术或增加新和附件创新的方法。此法常适于对产品作不断完善、改进时使用。

（2）实施步骤：

1）有目的地选定一个主体；

2）运用缺点列举法，全面分析主体的缺点；

3）运用希望点列举法，对主体提出种种希望；

4）考虑能否在不变或略变主体的前提下，通过增加附属物以克服或弥补主体的缺陷；

5）考虑能否通过增加附属物，实现对主体寄托的希望；

6）考虑能否利用或借助主体的某种功能，附加一种别的东西使其发挥作用。

（3）注意事项。运用主体附加法往往可使主体获得多种附加功能而成为多功能用品，然而作为多功能物品的设计应该全面考虑、权衡利弊，否则会事与愿违、费力不讨好。

B 二元坐标法

（1）基本原理。平面直角坐标系由两条数轴正交组成，横轴和纵轴的任一对实数都可以确定平面上的一个点。如果在坐标轴上标上不同的事物，那么由横轴与纵轴交叉确定的点就是两个事物的组合点，这样即可借助坐标系把所列的客观事物相互联系起来。然后对每组联系作创造性想象，从中产生前所未有的新形象、新设想。最后经可行性分析，确定成熟的技术创造课题。

作为二元坐标法的坐标元素所造的事物，可以是具体的人造产品，如衣服、床、灯具、机枪、蛋糕、汽车之类；也可以是非人造物品，如风、雨、云、泉水、老虎、太空等；还可以是一些概念术语，如锥形、旋转、变色、中心、闪光、卧式等。对此，通过“拉郎配”式的组合联想，可以突破习惯观念，克服惰性意识，促使标新立异。

（2）实施步骤。利用二元坐标法选择创新课题的程序如下。

1）列出联想元素。列举联想元素可以随心所欲，无任何限制条件，但联想元素最好取名词、形容词、动词等。例如玻璃、扇、气、梯、滑行、日历、清凉、照明、瓶、手摇、管、车、纸、座、三角、笔筒、杯，共 17 个联想元素。

2）用联想线沟通各个元素绘制联想图，如图 7-2 所示。

3）进行联想和判断。对于每一交叉点的元素作正反两个方面的联想与判断。例如“车”和“手摇”构成“手摇车”和“车手摇”的联想，“车手摇”是无意义的联想，

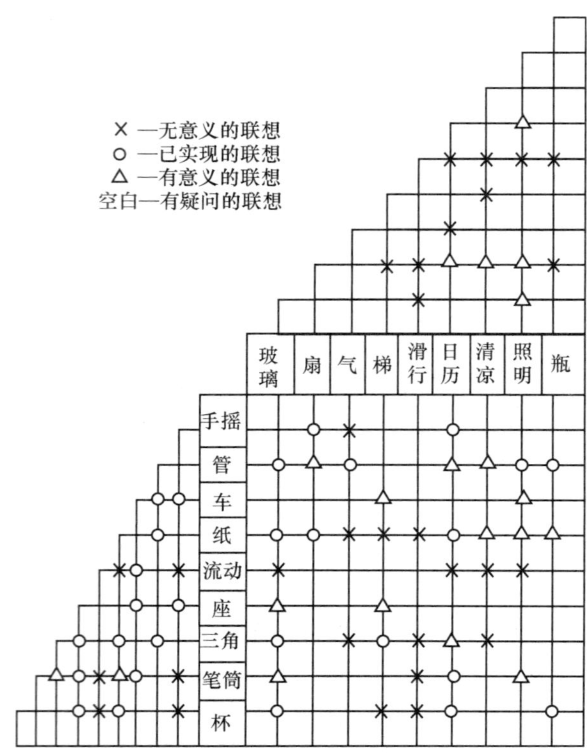

图 7-2 二元坐标联想图

“手摇车”是已有的发明。“梯”和“座”也是如此，“梯座”是有疑问的联想，“座梯”是有创造意义的联想。鉴于每个人职业、经验和知识的差别，尤其是创新意识强弱和预见能力的高低，对同一个联想点会做出迥异的分析和判断，这是创造性活动中的正常现象，并不奇怪。

4）从联想图中摘出有意义的联想。本例中有照明日历（带日历的台灯或夜光日历）、日历扇、清凉扇透明玻璃（能自行发光或受激发光的玻璃），纸笔筒（纸质彩印笔筒）、三角笔筒、管扇、日历管、照明车、梯车、玻璃座、座梯、清凉纸、照明纸（能发光的纸）、纸瓶（纸质瓶）、照明笔筒（带笔筒的台灯）、三角日历、玻璃笔筒、手摇车等。

5）对有意义的联想进行可行性分析。

（3）集体创新时的二元坐标法的实施步骤。

1）参加人员以 10 人左右为宜，大家围坐成一圈，桌上备好统一的纸张。活动过程由指定的主持人负责。

2）各自列举联想元素，编制联想图，分析判断和摘取有意义的联想点。

3）依次互换联想图，用自己的认识和观点分析别人的联想图。将别人认为无意义或有疑问，而自己认为有意义的联想点直接摘取出来，但不要在别人的联想图上标记号。之后，依次轮换，直到循环一圈。

4）各自独立对有意义的联想点进行可行性分析，列出可行的联想点。此时环境应安静，不要喧哗。

5）主持人收集所有的可行联想方案。

6）由主持人逐项公布可行性联想，请原分析者（不一定是联想图编制者）向大家说明分析理由，集体展评议。

C 形态分析法

（1）基本原理。把几个独立存在的东西加以组合，往往可以产生新的设想或发明。那么，怎样才能找到更多的组合要素，形成大量的设想或发明呢？美国加州理工学院兹维基教授创造的形态分析法，为此提供了形式化的科学手段。形态分析法是一种利用系统观念来网罗组合设想的创造发明方法。其思路是先把技术课题分解成为相互独立的基本要素，找出每个要素的可能方案（形态），然后加以组合得到各种解决技术课题的总构想方案。总构想方案的数量就是各要素方案的组合数。

形态分析法可广泛应用于新技术和新产品的开发以及技术预测等许多领域，实施时既可以小组运用，也适于个人使用。

（2）实施步骤

1）明确问题。首先必须要求能十分确切地说明所要解决的问题或所要实现的功能。

2）要素分析。分析需创新的对象，确定它有哪些基本要素（或基本参数），要求各基本要素相对独立并尽量全面考虑。

3）形态分析。寻找每个要素的可能解决方案（即形态）。要求尽量全面，既要列出当时技术条件下可达到的或在允许时间内可达到的方案，也要列出有潜在可能性的各种手段和方法。

4）方案综合和选择。根据上面的分析结果列出形态矩阵，一般为二维结构。“列”代表独立要素，“行”代表各因素的具体形态。每一要素和具体形态用符号 P_{ij} 表示，组合后便得出各种方案设想。当然，这些方案要做进一步分析判断才能取舍。

7.1.5.3 设问检核类创新技法

经验证明，能发现问题并提出问题就等于取得了成功的一半。巧妙的设问可以启发想象，开阔思路，导引创新。

设问检查法是对拟创新的事物进行分析、展开，明确问题的性质、程度、范围、目的、理由、场所、责任等项，从而使问题具体化以缩小需要探索和创新的范围。它有两大特点。

（1）以提问的方式寻找发明的途径。设问检查的首要特点是抓住事物带普遍意义的方面进行提问，所以它的应用范围很广，不仅可以用于技术上的产品开发，还可以用于改善管理等范畴。因而有普遍的适用性。

（2）从不同的角度，多个方面来进行设问检查，思维变换灵活，突破框框，以得到各种不同类型的答案。

案例 7-4 奇特的火箭案——火箭拔地而起直冲云霄，倒过来用怎么样呢？火箭头部装上很坚硬的尖头，向地下发射，就成为探地火箭，这是一种颠倒使用。火箭发动机喷口仍向下，但当发动机喷出火舌后，火箭却不升空，反而一点点向地面“坐”下去了，而一口井也就形成了。这是火箭钻井，特别适用于钻头很难对付的坚硬岩层。火箭钻井是利用高温高压的火箭发动机燃气，烧、吹岩层，使之破碎的原理，这也是一种火箭的盗用。再一种是火箭既不升天也不钻地，火箭喷口向下沿石料水平移动，用高压高温燃气开采石料，速度快，石料切面整齐，又免得用锤、凿开采石料造成资源浪费。

自从检核表法诞生以来，在实际应用中深受欢迎，并相继创造了不同的设问检查创造方法。下面分别介绍奥斯本检核法、5W1H 法、聪明办法 12 条——青少年创造力开发检核表。

A 奥斯本检核法

检核表法，又称为稽核表法、对照表法、分项检查法等。奥斯本创造的检核表原有 75 个问题，可归纳为六类问题的九组提问。

（1）奥斯本的六类问题。

1）由现状到目的——转用。
2）由目的到现状——代替。 } 发明本身无变化

3）质量的变化——改变。

4）组合排列——变位。

5）量的变化——扩增。

6）借助其他模型——启发。

（2）奥斯本的九组提问。

1）现有发明的扩展。现有的发明（包括材料、方法，原理等）还有没有其他的用途，或者稍加改造就可以扩大它们的用途。

2）现有发明的借鉴。现有的发明能否借鉴、移植、模仿，怎么模仿。

3）现有发明的变换。现有的发明能否作适当的变化，如改变颜色、味道、声响、形状、型号等。

4）现有发明的强化。现有的发明能否扩大，增加一些东西，比如延长时间、长度，增加次数、价值、强度、速度、数量等。

5）现有发明的压缩。现有发明能否缩小，取消某些东西，使之变小，变薄、减轻、压缩、分开等，这是与上一条相反的创新途径。

6）现有发明的替代。现有的发明有代用品，以别的原理、能源、材料、元件、工艺、动力、方法、符号、声等来代替。

7）现有发明的重新安排。现有的发明通过改变布局、顺序、速度、日程、型号、调换元件、部件互换、因果等，进行重新安排往往会形成许多创造性设想。

8）现有发明的颠倒应用。二次大战期间，美国的军舰生产任务十分繁重。过去都是从下向上建造舰船的各层甲板，焊接工人需仰头工作，建造速度慢。有人运用“颠倒”设想，从顺序上倒过来，自上而下加工甲板，一改仰头焊接生产效率低的现象，使军舰生产速度显著提高了。

9）现有发明的组合。现有的几种发明是否可以组合在一起，如材料组合、元部件组合、形状组合、功能组合、方法组合、方案组合、目的组合等。

案例 7-5 飞机螺旋桨的多次重新安排——美国莱特兄弟发明的世界上第一架飞机，发动机在飞机中部，螺旋桨在飞机后部，以推力使飞机飞行。现代的喷气发动机又把螺旋桨放在翼后产生推进力。而将螺旋桨置于飞行器的上方则成直升机；搬到飞行器底下便成为气垫船；又有人把螺旋桨做成可转向的，飞机起飞时螺旋桨转至上方，飞机达到空中后螺旋桨又转至前方，由此发明了垂直起落的飞机。据专家分析，苏联米格 25 飞机所用的

零件与技术基本上是米格23的，只是作了不同的安排和组合便使性能大为改观。

B 5W1H法

5W1H法由美国陆军首创，通过连续提6个问题，构成设想方案的制约条件，设法满足这些条件，便可获得创造方案。目前，5W1H法已广泛应用于改进工作、改善管理、技术开发、价值分析等方面。

（1）实施程序。

1）对某种现行的方法或现有的产品，从6个角度作检查提问，即：为什么（Why）、做什么（What）、何人（Who）、何时（When）、何地（Where）、如何（How）。

2）将发现的疑点、难点列出。

3）讨论分析，寻找改进措施。如果现行的方法或产品经此检查基本满意，则认为该方法或产品可取；若其中某些点的答复有问题，则这些方面需要改进；要是某方面有独到的优点，则应借此扩大产品的效用。

（2）5W1H法视问题的性质不同，设问检查的内容也不同。

1）为什么（Why）。为什么发光、为什么要做成这个形状、为什么不用机械代替人力、为什么产品制造的环节这么多、为什么要这么做？

2）做什么（What）。条件是什么、目的是什么、重点是什么、功能是什么、规范是什么、要素是什么？

3）谁（Who）。谁来办合适、谁能做、谁不宜加入、谁是顾客、谁支持、谁来决策、忽略了谁？

4）何时（When）。何时完成、何时安装、何时销售、何时产量最高、何时最切时宜、需要几天为合适？

5）何地（Where）。何地最适宜种植、何处做才最经济、从何处去买、卖到什么地方、安装在哪里最恰当、何地有资源？

6）怎样（How）。怎样做最省力、怎样做最快、怎样效率最高、怎样改进、怎样避免失败、怎样求发展、怎样扩大销路、怎样改善外观、怎样方便使用？

对于最后一问How，有时可扩展为两个问题：怎样（How to）与多少（How much），此即5W2H法。多少（How much）：功能如何？效果如何？利弊如何？安全性如何？销售额如何？成本多少？

案例7-6 小卖部生意从清淡到兴隆——某航空公司在机场候机室二楼设小卖部，生意相当清淡。公司经理用5W1H法检查问题何在，结果发现在Who、Where及When三方面。

谁是顾客？机场小卖部应当把入境的旅客当主顾才对，而这些客人不需要上二楼。在二楼逗留的大部分是送客或接客的人，他们完全可以在市内大市场里挑肥拣瘦，不必到机场来买东西。

小卖部设置在何处？原来旅客出入境的路线，都是经海关检查后，直接从一楼左、右侧走了，根本不需要走二楼。小卖部的位置没有设在旅客的必经之路。

何时购物？出境旅客只有当行李到海关检查交付航空公司后，才有闲情光顾小卖部。而原来机场安排旅客上机前才能将行李交运，这样就从时间限制了旅客。

由此可见，小卖部生意不佳的原因是：未把旅客当主顾；小卖部的位置偏离了旅客的必经之路；旅客没有购物时间。

针对这三点，研究改进措施，以顾客为主顾，调整海关检查路线和行李交付时间。此后，小卖部生意兴隆。

C 聪明创新12条——青少年创造力开发简要检核表

(1) 加一加。可在这件东西上添加什么吗？需要加上更多的时间或次数吗？把它加高一些、加厚一些，行不行？把它与其他东西组合在一起，会有什么结果？

(2) 减一减。可在这件东西上减去些什么吗？可以减少时间或次数吗？把它降低一些、减轻一些，行不行？可省略、取消些什么吗？

(3) 扩一扩。使这件东西放大、扩展，会怎么样？

(4) 缩一缩。使这件东西压缩、缩小，会怎么样？

(5) 变一变。改变一下形状、颜色、音响、气味、味道，会怎么样？改变一下次序又会怎样？

(6) 改一改。这件东西还存在什么缺点？还有什么不足之处需要改进？它在使用时是否给人带来不便和麻烦？有解决这些问题的办法吗？

(7) 联一联。某个事物（某件东西或事情）的结果，跟其他的起因有什么联系？能从中找到解决问题的办法吗？把某些东西或事情联系起来，能帮助我们达到什么目的吗？

(8) 学一学。有什么事情可以让自己模仿、学习一下吗？模仿它的形状、结构，会有什么结果？学习它的原理、技术，又会有什么结果？

(9) 代一代。有什么东西能代替另一样东西？如用别的材料、零件、方法等，代替另一种材料、零件、方法等，行不行？

(10) 搬一搬。把这件东西搬到别的地方，还能有别的用处吗？这个想法、道理、技术，搬到别的地方，也能用得上吗？

(11) 反一反。如果把一件东西、一个事物的正反、上下、左右、前后、横竖、里外，颠倒一下，会有什么结果？

(12) 定一定。为了解决某个问题或改进某件东西，为了提高学习、工作效率和防止可能发生的事故或疏漏，需要规定些什么吗？

7.1.5.4 逆向反求类创新技法

逆向反求创新主要是按照逆向思维的方式来进行创新的方法，它又称乘负法、反面求索支。通俗地讲就是“反过来想一想”的意思。这是指为了达到某一目标。人们将通常考虑问题的思路反转过来，以悖逆常规、常理、常识的方式，出奇制胜地找到解决问题的良策。

逆向创新的几种途径，包含对功能、结构、因果作逆向反转、心理逆反、常规悖逆、重点转移、还原分析、缺点逆用诸法。下面分别介绍逆向反转法、悖逆常规法、逆反心理法、重点转移法和缺点逆用法等五种方法。

A 逆向反转法

(1) 功能性反转。这是指从已有事物的相反功能去设想新的技术发明或寻求解决问题的新途径，它既可以是功能的直接反转，也可以是功能提供方式的反转。

(2) 结构性反转。这是指从已有事物的相反结构形式去设想新的技术发明和解决问题的思路。

（3）因果关系反转。这是指通过改变已有事物的因果关系来引发创意和解决问题的新思路。

案例 7-7　木工刨床和电烤箱——传统的木工刨床是刨刀在固定的位置旋转着，待加工的木料则要用手将其推向刨刀，稍有不慎，便会将手弄伤。国内外一些木工机械专家为防止工伤，提出了包括借助光电技术在内的各种防护措施，然而都不能根本解决。只读了一年半小学的农村木工李林森，运用逆向思维方法，改变刨床结构，让木料固定不动，刨刀来回滚动，这样就无须用手持木料，工伤也随之杜绝。

开始设计的电烤箱受常规做饭炒菜的方式影响，热源在下，被烤食品在上，当鱼、肉加热后析出的油脂就会下滴，掉到电热丝上便产生大量烟雾，且影响寿命，某公司的一位技术人员在多种设想措施无效的情况下，突然想到将加热器与食品位置颠倒一下，无烟电烤箱就此诞生了。

B　悖逆常规法

知识的学习与经验的积累常常在人们头脑中形成各种常识、常规、常理，这对于认识世界、指导实践无疑是必须并有益的，但对于创新思维来讲，却可能是—种枷锁或障碍。实质上，创新就是在对习以为常的质疑、对循规蹈矩的突破、对天经地义的反叛等过程中产生的。

我国青年速算家史丰收创造的速算法也是悖逆常规的创造。传统的算术都是从低位算向高位，他却反其道而行之，从高位算到低位，一次获得答案，运算速度甚至可以超过计算器。

戒烟的方法“快速吸烟法”，不是让戒烟者不吸烟，而是让他多吸快吸，一秒钟吸一口地快速吸烟，连吸多支烟，使之产生令人厌恶的身体反应，从而达到戒烟的目的。

案例 7-8　逆反健身——逆反健身法是指一种反人体正常状态的锻炼方法，如倒立、倒吊、倒走、爬行等。人们日常大都处于直立状态，此时大脑供血受阻，其氧气养分便供应不足，以至于神经系统容易疲劳。同时，长时间直立走、坐、跑跳，血液流集下肢，则容易造成下肢静脉曲张及疝气、痔疮等疾病。于是，有人开始练习倒立倒吊，居然效果显著。倒立使头脑供血增多，新陈代谢加大，疲劳也随之消除，而下肢肌肉则可放松休息。同时，此举还可强化胸腹腔内脏周围，的支撑组织功能，防止胃下垂、肾下垂、下肢静脉曲张、疝气、痔疮等因重力影响形成的疾病。

C　逆反心理法

诸葛亮的空城计是大家熟知的历史故事。诸葛亮机敏过人，知己知彼，在完全洞悉司马懿的心理后，一反谨慎处事常态，空城洞开，悠闲抚琴，以此退敌。这就是逆反心理的利用，以悖逆常规的心理状态来决策处事，在管理及军事上都有特殊意义。

一些科技新闻片中，卫星发射、氢弹引爆等的指挥中心，用的也都是倒数计时。倒数计时清晰、直截了当，它无形中给人以紧迫感，催人奋进。于是，勤奋代替了懒散，务实代替了空谈，高效率代替了扯皮。

类似地，故意把商店广告写得文句不通、白字不少，就使顾客误以为老板绝非精明狡诈之徒而乐意光顾，明明写着是白马商店的牌子却画了匹黑马就能勾起行人好奇而驻足，大好的商品却偏偏冠以“傻子瓜子”“狗不理包子”“傻瓜电脑”等，结果居然招人注目而“丑名远扬”。

D 重点转移法

在创新活动中，常常会有这样的情况，当某一课题或目标从一个主攻方向久攻不克时，人们可试图改变方向，把问题的重点从一个方面转换到另一个方面，这样便有可能开辟新的思路，使问题迎刃而解，其原理犹如草地寻针的窍门：有人并不直接着眼于去找针，而是先放把火把草烧掉，让针自行暴露出来。

案例 7-9 宇航妙招——宇航员穿上了盔甲似的宇航服，其头部活动不便，以至于无法观看自己胸前之物。如何克服这一障碍，现代技术诸如摄影系统等是可以解决的，然而，对宇宙飞船重量的斤斤计较的严格限制，不允许采用复杂的附加设备。专家们致力于改进宇航服的努力毫无希望，有人便抛开现代技术，仅在宇航员手腕上戴块小镜，依靠镜子的反射使之视野开阔，一览无余。

E 缺点逆用法

世界上的事物无不具有两重性。“以毒攻毒”就是我国中医宝库中出奇制胜的方略。技术史上一些别具一格的创新，也不乏采用这种“以毒攻毒”思路。例如，金属的腐蚀本来是件坏事，但有人却利用腐蚀的原理发明了蚀刻和电化学加工工艺。机械的不平衡转动，会产生剧烈的振动，利用它，有人发明了夯实地基的蛤蟆夯等。

在创新中，利用事物的缺点化弊为利的方法，就称为缺点逆用法。巧妙地利用事物的缺点，化腐朽为神奇，寻找新的技术创新。可见，事物的缺点本身具有双重功用：一方面，可以引导研究者通过克服缺点作出发明或革新；另一方面，可以引导研究者去寻找化弊为利的途径，产生新的技术创新。

缺点逆用法实施步骤可分三步走（其中第二步最为关键）：

第一步，探寻事物可以利用的缺点此乃缺点逆用法的前提；

第二步，透过现象，认清缺点的本质，抽象出这种被视为缺点的现象背后所隐藏的可以利用的基本原理或表现为缺点的现象本身的特性、行为、作用过程等；

第三步，根据所揭示的现象背后的基本原理或对现象本身特性等的认识，研究利用或驾驭缺点的方法。

案例 7-10 泰坦尼克号与低温切削新工艺——英国的泰坦尼克号轮船在首航途中遇险沉没，使许多人深感震惊。在航行的过程中，泰坦尼克号遭遇了从北冰洋漂过来的冰块使船底的局部出现低温，船底的焊接部分产生低温脆性而造成。资料表明，含碳高的软钢在-100 ℃ 左右时，其耐冲击强度接近零，此时钢的韧度几乎完全丧失。低温脆性致使这号称不沉之轮惨遭灭顶之灾。但是，这一祸根在今天得到了利用，开创了低温切削新工艺：当软钢在-150～-100 ℃时失去韧性，此时作切削加工，比常温下要容易得多。

7.1.5.5 列举分解类创新技法

列举法通过对事物的分析而列出其各方面特性，从而有助于创新题目的选择和确定，是一种常用的创新方法。主要包括特性列举法、缺点列举法、希望点列举法和专利信息利用法。

列举是人们思维活动的表现形式之一。通过列举事物各方面的属性，可掌握一定数量的信息，便有助于产生新的概念，有助于克服心理障碍，改善思维方式，在创新活动中具有四方面实际作用：

（1）有助于克服感知不敏锐的障碍，把思维从僵化、麻木的状态下解放出来；

（2）促使人们全面感知事物，防止遗漏；

（3）有利于克服感情障碍；

（4）是改进老产品开发新产品的非常实用方法。

A 特性列举法

（1）基本原理。特性列举法是美国尼布拉斯加大学克劳福特教授发明的一种创造方法。克劳福特认为每个事物都是从另外的事物中产生发展而来的。一般的创造都是旧物改造的结果，所改造的主要方面是事物的特性。此法就是通过对须革新改进的对象作观察分析，尽是列举该事物的各种不同的特征或属性，然后确定应改善的方向及如何实施。

一般说来，要解决的问题越小、越简单，特征列举法就容易获得成功。例如，要革新一辆汽车，若从整体着手，往往一时难以得出新的设想，因为它涉及面广，很难一下子把握住。为此可对组成汽车的主要系统进行分解，然后针对各个局部加以改进，汽车分解图如图 7-3 所示。

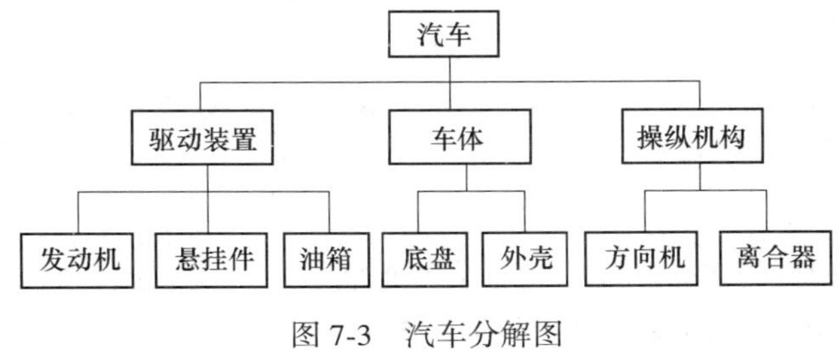

图 7-3 汽车分解图

特性列举法适用于革新或发明具体事物，特别适合于轻工业产品的改革。此法也可适用于行政管理、机构体制及工作方法的改进。特性列举法既可个人使用，也可集体使用。

（2）实施步骤。

1）将对象的特性或属性全部写出来，犹如把一架机器分解成一个个零件，每个零件功能如何、特性怎样，与整体的关系如何都列举出来，列成表。如对象繁杂，则应先将对象分解后选一个目标较为明确的发明或改进课题，课题宜小不宜大。

2）从三个方面进行特性列举：

①名词特性，整体、部分、材料、制造方法；

②形容词特性，颜色、形状、感觉、性质、状态；

③动词特性，功能、作用。

3）在各项目下试用可替代的各种属性加以置换，引出具有独创性的方案。进行这一步的关键是要尽量详尽地分析每一特性，提出问题，找出缺陷，再试从材料、结构、功能等方面加以改进。

4）提出方案并对方案进行评价讨论，使产品能符合人们的需要和目的。

案例 7-11 新颖水壶的构思——烧水的水壶，似乎已经定型习惯了，不易想到可以改进之处。先用特性列举法分析之，便能打开思路。

（1）名词特性：

1）整体，水壶；

2）部分，壶嘴、壶把手、壶盖、壶体、壶底、蒸气孔；

3）材料，铝、铁皮、搪瓷、钢材等；

4）制作方法，冲压、焊接、浇铸。

根据所列特性，可做如下提问：如壶嘴长度是否合适？壶把手可否改成塑料以免烫手？壶体可否一次成型？冒出的蒸气是否烫手，改个位置行否？制作材料有无更适用的，等等。

（2）形容词特性：

1）性质，轻、重；

2）状态，美观、清洁、高低、大小等；

3）颜色，黄色、白色、各种图案；

4）形状，圆形、椭圆形等。

由此，也可找到许多可供改进的地方。如怎么便于清洁，颜色图案作何变化，底部用什么形状才更利于吸热传热，等等。

（3）动词特性：

1）功能，烧水、装水、倒水、保温等；

2）能否在壶体外加保温材料，则可提高热效率并有保温性能；再如在壶嘴上加一汽笛，使水开时就可鸣笛发信号等。

B 缺点列举法

（1）基本原理。任一产品或商品，都不可能是十全十美的，它们或多或少有这样或那样的缺点。然而，由于人有惰性，对于习惯了的事物，人们往往不容易，甚至不愿意去发现它的缺点。相反，如果对产品“吹毛求疵”，有意去找毛病，然后用新的技术加以改革，就会创造出许多新的产品来。

缺点列举法是抓住事物的缺点进行分解，以确定创新目的的创新方法。此法与特性列举法相比，有其独到之处。特性列举法列出的特性很多，逐个分析需要花很多时间。缺点列举法的特点是直接从社会需要的功能、审美、经济等角度出发，研究对象的缺陷，提出改进方案，简便易行。此法主要是围绕着原事物的缺陷加以改进，一般不改变原事物的本质与总体，属于被动型的方法。它一方面可用于老产品的改造，也可用在对不成熟的新设想、新产品作完善工作，另外还可用于企业管理方面等。

（2）实施步骤。使用缺点列举法，并无十分严格的步骤，一般可按如下程序进行：

1）尽量列举一事物的缺点，需要时可事先广泛调查研究征集意见；

2）将缺点加以归类整理；

3）针对所列缺点逐条分析，研究其改进方案或能否缺点逆用、化弊为利。如对现有的雨衣作缺点列举：

①胶布雨衣夏天闷热不透风；

②塑料雨衣冬季变硬变脆容易坏；

③穿雨衣骑自行车上下车不方便；

④风雨大时，脸部淋雨使人睁不开眼，影响安全；

⑤雨衣下摆贴身，雨水顺此易弄湿裤腿与鞋；

⑥胶布色彩太单调，无装饰感等。

针对这些缺点可提出许多改进方案。如采用新材料使塑料雨衣不脆不硬；在雨帽上加一副防雨眼镜或眼罩；增加色彩，分别设计男、女、老、少不同式样的雨衣；以防弄湿裤腿及穿着方便的雨衣等。

（3）实施方式。

1）会议法。召开一次缺点列举会，会议由 5~10 人参加，会前由主管部门针对某项事务，选择一个需要改革的主题，让与会者围绕此主题尽量列举各种缺点，越多越好。另请一人将提出的缺点记录在一卡片上编号，之后从中挑选出主要缺点，并针对这些缺点制定出切实可行的革新方案。一次会议的时间约 1~2 h，会议的主题宜小不宜大。

2）用户调查法。企业中改进新产品时使用缺点列举法可以与征求用户意见结合起来，通过销售、售后服务、意见卡等渠道广泛征集意见。用户提出的意见有时是产品设计人员所不易想到的。

3）对照比较法。将同类新产品集中在一起，从比较中找缺点，甚至对名牌新产品吹毛求疵，找到可以改进之处。用这种方法开发新产品起点高、步子大。

案例 7-12　雨伞的改进——运用缺点列举法，对平时用的普通雨伞作改进创新。先列举其缺点有：伞尖容易刺伤人；拿伞的手不便再拿其他东西；乘公共汽车时雨伞上的水会弄湿别人的衣服；开收不方便；伞骨容易折断；伞布透水；模样单调、不美观、不易区别；晴雨两用时，式样不能兼顾；收藏携带不方便，等等。

为此，便研制出了种类繁多的新品种：可折叠伸缩的雨伞；伞布经防雨处理的雨伞；各种花型色彩的伞；伞顶加装集水器、上车收伞时雨水便不会滴在车内；伞骨不用铁制，避免生锈；能开收自如的自动伞；甚至还有两个人共用的椭圆形情侣伞；可兼作手杖的手杖伞；有照明功能的夜行伞；伞面用透明材料挡不住视线；伞布做成可卸式易于洗涤，等等。其中，日本理想公司抓住雨伞太长不便携带的缺点，制成了三折伞，并加装一道弹簧使伞能自动张合。这一小小改进，给该公司增加年利 50 万美元。

最近，在欧美流行着一种新型雨伞，伞面是十分轻巧的镀铬条。这种伞除了可挡雨外，还是一种新式的太阳灶，只要在阳光下把伞倒放，让伞柄对准太阳，伞面的聚焦点可产生 500 ℃的高温，足以供人烧水、做菜、煮饭。

C　希望点列举法

（1）基本原理。希望点列举法是通过提出的种种希望，经过归纳，确定发明目标的创造方法。希望点列举法是从发明者的意愿提出各种新设想，它可以不受原有物品的束缚，所以是一种积极主动的创造方法。

（2）实施方法。与缺点列举法类似，希望点列举法的实施形式灵活多样，常用的有以下几种。

1）书面搜集法。按事先拟定的目标，设计一种卡片，发动用户和本单位的职工，请他们提供各种想法。

2）会议法。召开 5~10 人的小型会议约 1~2 h，由主持人就革新项目或产品开发征集意见，激励与会者开动脑筋，互相启发，畅所欲言。

3）访问谈话法。派人直接走访用户或商店等，倾听各类希望性的建议与设想。

由以上方法收集到的各种意见和希望，再进行分析研究，制定可行方案。具体程序如下。

1）对现有的某个事物提出希望。希望一般来自两个方面：或是事物本身存在不足，希望改进；或是人们的需求变更，有新的要求。

2）评价所产生的希望，找出可行的设想。

3）对可行性希望作具体研究，以制定方案、实施创造出。

案例 7-13 理想服装——什么样的服装才更受顾客欢迎？用希望点列举法可提出如下新样式：如希望有一种使用尼龙反搭扣的服装，穿着时不用扣、解纽扣，方便至极；有人希望有一种不论胖瘦都能穿的衣服，于是生产出了膨体衫；有人希望有一种花色会变的服装，闪光衣服便有此效果，从不同角度看去，会呈现不同的色泽。

在意大利召开过一个未来衣着的研讨会，许多专家预测，到 21 世纪，纺织行业将有许多令人惊叹的突破，多功能的服装将会成为人们的日常用品。

（1）真正的“的确凉”。这种衣服穿在身上，夏季会特别清凉爽快。它利用水和乙二醇的混合物制成的冷却剂在服装衬里循环，使人体降温。

（2）太阳能御寒衣。此衣有特殊的电热丝、蓄电池，在太阳照射时，不断蓄电，直流电通过电热丝使人体得到温暖，穿衣者即便在寒冬腊月也暖和如阳春。

（3）服装“医生”。这种电疗服装是特殊的氯纶化学纤维，当它紧靠人体时，能产生微弱的静电场，促进血液循环，有对人体的按摩作用，对疏导气血、活络关节和防治风湿性关节炎均有明显的治疗效果。

D 专利信息利用法

专利文献记录了大量科技发明的成果，相当于列举了大量创新信息，善于有效地利用科技专利文献，是新的创造发明诞生的重要源泉。

由于专利制度在世界范围内已被 160 多个国家和地区所采用，具有新颖性、创造性和实用性的发明，实用新型的外观设计都通过专利文献向全世界各地传播。专利文献以其国际化，信息化的特点，反映了创造发明的发展水平，也反映了现代化科学技术的发展面貌。因此，专利文献是创造发明的一个宝库。

a 利用专利文献的作用

（1）构思新产品。许多人想创新，但往往感到无从下手，一方面他们觉得周围熟悉的东西已经比较完善，无法进行创新；另一方面觉得周围事物缺乏创新的价值，无须创新。这是由于他们还缺乏积极的创新意识和创新手段的缘故，而阅读专利文献，往往是启迪我们创新构思的一种有效的办法。

专利文献是人类的知识宝库，现在人们的发明创造有 90%以上申请专利，可以说专利是满足人们各种需要的技术的集成。但很明显，专利并不是各种需要的全部技术或最好的方案，也有可能这一技术没有全部揭示出其能够满足的全部需要。基于这种情况，通过阅读专利文献：一方面根据专利所满足的需要启发我们的创新思路，寻找更好的方法；另一方面根据专利未曾涉及的需要和权利要求，可拓展专利的新用途。

（2）端正思考方向。当确定了创新课题时，检索专利文献是完全有必要的。因为你的创造工作可能已被其他发明者解决。如果在不知情的情况下盲目地投入人力、物力和财力，最终却无法获得预期的成果，岂不是非常遗憾吗？

当通过检索，未发现自己的课题有任何专利文献资料记载，这说明该课题可能是一个未开发的领域，从而可以增强你从事创新的信心。同时在检索过程中，由于已有了既定的目标，因而很容易从其他发明中找到与自己课题相关联的技术和发明，由此触发灵感，引起想象，更进一步深化自己的课题。

（3）引申已有专利，导致新的发明。专利都是为了满足某种需要的新的独创技术，既然是独创和首创，因此往往缺乏多人的审查以及长期实际的考验，这样就使专利技术一般都具有不完备性，所以都可以进一步引申，使其臻于完善，创新者可以以此为思路较容易地取得创新成果。

（4）了解技术动态，增进创造才能。检索专利文献，使自己能迅速了解目前先进技术的发展现状，能引导自己将所学知识有意识地朝这些领域发展。在阅读专利文献的过程中，一方面我们可以了解技术结构知识，另一方面还能从别人的发明中发现思维的方式和发明的诀窍，增强自己的创造才能。

b 注意事项

（1）应尊重别人的知识产权。运用专利信息利用创造方法，应尊重别人的知识产权，切忌照抄照搬或变相剽窃，为此，应仔细阅读他人的专利文件，特别是其中的独立权利要求和从属权利要求，以免发生侵权行为。通常，一项专利的原理往往是公知的，而其产品的构造、技术方案或制造方法却是一种专有的、排他的权利。从中只能受其启发，走自己的创新道路，而不能照猫画虎，侵犯他人权利。是否侵权，其中一个重要的判定标准是看现有发明较原专利是否有创造性，如果有，则是一种新创造。

（2）吸取别人的失败教训。有许多专利文献未涉及的领域，既可能是待开垦的处女地，也可能是前人失败的雷区，对此我们应注意认真分析，并根据自己的实际情况量力而行。对于一些违反科学原理的误区，如隐身衣、水变油、电脑算命、长生药、聪明药等，我们则坚决避开。

（3）注意阅读的方式。阅读专利文献，并不需整天埋头阅读详细的专利说明书，较好的方法是阅读专利公报或专利摘抄文献，这样往往能给自己的创新思路起到很好的启发作用，使得思路开阔，联想丰富，而详细阅读专利说明书，则会不自觉地受现有技术的束缚。

7.1.5.6 联想类比类创新技法

事物间的联系是普遍存在的。正是这种联系，思维得以从已知引向未知，变陌生的为熟悉的。这时，脑内发生的联想和类比过程可以看作是事物间的普遍联系在思维中的一种体现。联想和类比法则是这类思维形式在人的创造活动中经验的总结，主要包括联想法、类比法、移植法、仿生学方法、原型启发法和现象探索法等六种方法。

A 联想法

（1）魅力的由来。文艺创作的魅力多是借助于联想而形成的。联想在文学作品中亦是常用的手法。李商隐的“春蚕到死丝方尽，蜡炬成灰泪始干”及李白的“床前明月光，疑是地上霜”皆乃联想的佳句。

（2）引人入胜的广告。联想用之于广告，不仅有艺术性，还富有人情味。

（3）创新的连锁反应

B 类比法

（1）科学研究。法国物理学家欧姆把关于电的研究与法国数学家傅立叶关于热的研究加以类比：傅里叶假设热流量与温度梯度成正比，用数学方法建立了热传导定律；欧姆则用电流量对应热流量，用电位对应于温度，并用实验证明两者有着相似的关系，终于发现了电流与电压成正比的欧姆定律。

（2）创造新学科、新理论。控制论的创始人维纳等人，通过类比，把人的行为、目的等引入机器，又把通信工程的信息和自动控制工程的反馈引进了活的有机体，从而产生了控制论的理论与方法。1678年荷兰物理学家惠更斯将光和声进行比较，发现光和声有一系列的共同属性，如直线传播、反射、折射、干涉等。而声是由于物质振动而产生的波，于是类推光也是一种波，从而提出了光的波动说理论。

（3）小发明。石家庄市中学生王某感到地球仪不如地图取拿方便，但地球仪有立体感，容易看懂，怎样才能使地球仪便于携带呢？最好是使用时成球状，不用时可压扁。针对这一想法，王学青绞尽了脑汁，终于从儿童的气塑玩具那里得到启发（直接类比），制成充气地球仪，十分方便实用。

C　移植法

（1）基本原理。所谓移植法是将某个领域的原理、技术、方法，引用或渗透到其他领域，用以改造和创造新的事物。

从思维角度看，移植法可说是一种侧向思维方法。它通过相似联想、相似类比，力求从表面上看来仿佛是毫不相关的两个事物或现象之间，发现它们的联系。

英国剑桥大学教授贝弗里奇说：“移植是科学发展的一种主要方法。大多数的发现都可应用于所在领域以外的领域，而应用于新领域时，往往有助于促成进一步的发现。重大的科学成果有时来自移植。”

（2）主要途径。

1）原理移植。无论是理论还是技术，尽管领域不同，但常可发现一些共同的基本原理。因此，可根据不同的要求和目的做移植创新。如红外辐射是一种很普通的物理过程，将这一原理移植到其他领域，可产生新奇的成果：红外线探测、遥感、诊断、治疗、夜视、测距等。

2）方法移植。17世纪的笛卡尔是科学方法移植的先驱。他以高度的想象力，借助曲线上“点的运动”的想象，把代数方法移植于几何领域，使代数、几何融为一体而创立解析几何；美国阿波罗11号所使用的“月球轨道指令舱”与“登月舱”分离方法，移植于巨轮不能泊岸时用驳船靠岸的办法；现代管理方法中的行为学派是将心理学原理移植到企业管理方法中而形成的，在科学研究中常用的一些方法如观察法、归纳法、直接法等可以移植到技术创新中去。

3）回采移植。历史表明，许多被弃置不用的“陈旧”技术，只要赋予现代技术加以改造，往往会导致新的创造。如帆船是古代船舶的标志，但又出现在20世纪80年代。现代风帆是以计算机设计，具有最佳采风性能和推进性能。其制作材料已从尼龙发展到铝合金，帆的操作控制也是自动化的。所以现代帆船并非“扁舟孤帆”，而是万吨巨轮。有些帆船速度可与快艇媲美，加上节能、安全、无噪声、无污染等独特优点而深受器重。

4）功能移植。指把诸如激光技术、超声波技术、超导技术、光纤技术、生物工程技术以及其他信息、控制、材料、动力等一系列通用技术所具有的技术功能，以某种形式应用于其他领域。如采用液压技术便可较好地解决远距离传动的问题，且简化机构并操作方便；电子计算机的应用则使机械加工程序化、自动化；在自然界，河川中夹杂的有机物质的净化细菌，有机物经它消化后变成水和一氧化碳。环保专家将此功能移植于废水处理——引进净化细菌让它大量繁殖，以达到去污变清的目的。这就是目前污水处理的活性污泥处理法。

D 仿生学方法

（1）基本原理。通过模拟生物的结构或功能原理而导致发明创造的途径称为仿生学方法。仿生学已成为现代技术发明的重要途径之一。生物原型成为现代发明的源泉。

（2）主要途径。向生物索取技术原理，不仅具有令人陶醉和神往的光辉前景，而且所涉猎的内容也相当广泛，事实上，人类从仿生学的角度所作发明的例子有很多。例如从鸟类想到飞机、从蝙蝠想到雷达、从犰狳想到坦克、从石龙子想到伪装色、从飞鼠想到降落伞等。根据仿生学的研究成果，向生物索取技术原理大致有如下几个方面。

1）信息仿生。主要是通过研究、模拟生物的感觉（包括视觉、听觉、嗅觉、触觉）、智能以及信息贮存、提取、传输等方面的机理，构思和研制新的信息系统。

2）控制仿生。主要通过研究模拟生物的体内稳态（反馈调节）、运动控制、动物的定向与导航、生态系统的涨落及人机系统的功能原理，来构思和研制新的控制系统。例如，人们根据蜜蜂的复眼能够利用偏振光的原理导航，发明了用于航空和航海的非磁性“偏光天文罗盘”。这种罗盘对于不能使用磁罗盘的高纬度地区，显示出极大的优越性。

3）力学仿生。主要通过研究模拟生物的机械原理以及结构力学和流体力学的原理，构思和研究新的系统。例如，人们根据鱼类、鸟类的身体形状的流体力学特性，研制了各种各样的船舶和空间飞行物；根据蛋壳、乌龟壳、贝壳等弯曲表面，发明了建筑物上薄壳结构。

4）化学仿生。主要是通过研究模拟生物酶的催化作用、生物的化学合成，能量转换等，来构思高效催化剂等化学产品、化学工艺以及新材料、新能源等。例如，人们为宇宙飞船设计的所谓“宇宙绿洲”——生态循环系统，就是通过模拟生物“电池”、光合作用转换的原理以及自然生态系统所创造出的。

5）技术仿生。隧道工程中曾广泛使用的“构盾施工法”也是以生物为师作出的发明。

6）原理仿生。苏联科学院动物研究所研制了各种地球上许多动物的运动后，模仿其运动原理设计研制了各种新颖的交通工具：按蜘蛛的爬行原理设计成军用越野车；根据蛇的爬行原理设计并改善了履带车的噪声；利用企鹅奔跑的原理设计了雪地汽车；甚至还准备参照袋鼠的运动方式来设计一种可以超越障碍的越野车。

E 原型启发法

（1）基本原理。有启发作用的事物，称为原型。很多原型都可能有启发作用，如自然现象、日常用品、机器、示意图、文字描述、口头描述等都是常见的原型。由原型启发而得的创造发明甚多。

（2）启发的条件。启发带有偶然性、机遇性、它需要有一定的主客观条件。

1）有强烈的创新欲望，这样才能大大提高接受启发的敏感性。

2）明确问题的实质，以鉴别把握可能得到的启发。

3）增加信息量，扩大接触面，为启发创造更多机会。跨学科的研究者常能作出突破性贡献，因为独创性常常在于发现两个截然不同的事物之间的联系或共同点。

4）大胆猜测事物之间可能的联系，寻找启发的原型。

（3）原型的启发。

1）资料的启发。美国发明家威斯汀豪斯发明的能控制整列火车的制动装置是从一本杂志上得到的启示。文章介绍挖隧道时，驱动风钻的压缩空气是用橡皮管从900 m以外的空压缩机送来的，于是创造了气动刹车的装置。

2）技术的启发。在修补沥青路面时，常需将原有的沥青烤软，但用红外线加热或烘烤方法均只对表面有效，难以使内部软化。有人想到微波炉可将食品内部迅速加热，于是将此技术应用于筑路机上，取得了好的效果。

3）生物的启发。“伟格罗”是一种不生锈、重量轻、可以洗的尼龙扣，可广泛用于衣服、窗帘、椅套、医疗器材、飞机及汽车上，太空人还借此把食品包“挂”在墙上，或使他们的靴子能附着在地板上。启发这一奇妙创造的原型是：1948年某天，瑞士发明家桥治·德梅斯特拉尔带着他的狗去打猎时，沾在人和狗身上的牛蒡子草刺果。

4）常识的启发。症结是马、骡常见病，死亡率很大，是兽医的一大难题。为此煞费苦心的兽医李留栓等人注意到了一个简单常识：鸡蛋很难握破但极易击碎。由此创造了一种奇特的“撞击术”——一只手深入肠道按住结粪，另一只手在腹腔外对准突然一击，使粪破碎。几年中，他们用这种方法治疗了两千多匹病马，无一死亡。

5）生活的启发。美国工程师杜里埃认为，为保证内燃机有效地工作，必须使汽油和空气均匀地混合。然而如何混合却不得要领。1891年某日，他看到妻子喷洒香水，突然灵光一闪，终于创造出了发动机的汽化器。

6）现象的启发。哈格里沃斯经常在想怎样才能提高只能拉出一根线的纺车的效率。有次在与珍妮谈话时，把纺车碰翻了，轮子带动那根绽子飞快地转动。受此启发，想到几个竖起的锭子的效率肯定要比一个横锭要高。于是，发明了效率高8倍，有7个竖锭的纺车。

7）原理的启发。有人研究了西瓜皮能滑倒人的原理，发现这是西瓜皮受脚踩后压出了水分，减小摩擦而致，由此弄清了冰刀式滑冰鞋只能在冰上滑而不能在光滑的玻璃上滑的道理；又有人分析了香蕉皮滑倒人的原理，发现香蕉皮由几百个薄层构成，层与层之间可相对滑动，由此找到与香蕉皮有类似结构的二硫化钼，它具有良好的耐热性，为机械转动、滑动的润滑开创了一个新天地。

F　现象探索法

所谓现象，是指事物在发生、发展和变化过程中显露出来的外部形式和表面特征。世界充满着各种各样的现象，其中既有自然现象，也有社会现象，还有思维现象。它们共同反映出自然界和人类社会的发展趋势、运动规律和演变本质。

现象探索法，是指人们运用一定的理论和方法，通过观察实验和调查研究，主要通过联想和类比，探索由各种各样的现象所提示的、人们还不曾知晓或知之甚少的东西，以便从中了解和掌握事物发生、发展和变化的趋势、规律或本质，从而促进创新活动的开展和创新成果的取得。

有志于发明创造的大学生应当了解，世界每天都是新的，因为世界上的任何事物和现象每时每刻都处在不停地运动、变化和发展之中，面对错综复杂的事物及其瞬息万变的现象，大学生如何才能真正了解现象、透视现象，利用现象呢？实际上，绝大多数对人们开展发明创造活动有借鉴、启发意义的现象通常可分为“新奇性现象”“重复性现象”和

“密集性现象”三种，它们对引导人们进行创造性思维的作用可通过下述事例生动反映出来。

案例 7-14 发现外星人——现在人们要查证外星球有无生物存在，可以用 ATP 检测法来一显身手。它的工作机理又是怎样的呢？科学研究表明，萤火虫之所以能发光，是因为其体内存在着三磷酸腺苷（ATP）的缘故。ATP 在与荧光素、荧光酶、水、氧等物质进行化学反应后，能将其具有的化学能转化为光能。这种化学反应的过程在萤火虫体内自然而然地进行，科学家们在弄清萤火虫的发光原理以后，再接再厉，展开更深入的研究。他们发现 ATP 不仅存在于萤火虫体内，所有生物体内都有这种化学物质。由于现有科学技术还无法做到人工合成 ATP，由此 ATP 的合成只能在生物体内完成。这给科学家极大的启发，使他们联想到：只要判明哪里有 ATP 存在，就可断定哪里有生物存在。按照这一思路，美国科学家们计划将荧光素、荧光酶、水、氧等物质装在特殊容器里，送入外星球并与那里的土壤混合。根据类比原理，如果那里有生物存在，就有 ATP，这样就必然会发生化学反应发出光来。根据这一原理人们还可判定宇宙漂浮物上是否有生物存在。地球之外的星体究竟有无生物，这个困扰人类千百年的难题，现在终于有了检验的方法。

7.2 TRIZ 方法简介

7.2.1 TRIZ 的基本含义

7.2.1.1 什么是 TRIZ

TRIZ，直译是“发明问题解决理论”，国内形象翻译为“萃智”或者“萃思”，取其“萃取智慧”或“萃取思考”之义。TRIZ 一词来源于俄文“发明家式的解决任务理论”，用英语标音可读为 Teoriya Resheniya Izobreatatelskikh Zadatch，缩写为 TRIZ，它既不是俄文也不是英文，只是一个特殊的缩略语。而英文的同义语为：Theory of Inventive Problem Solving，因此也有人缩写为 TIPS。

“发明问题解决理论”有两个基本的含义，表面的意思是强调解决实际问题，特别是发明问题；隐含的意思是有解决发明问题而最终实现创新。

相对于传统的创新方法（比如试错法、头脑风暴法等），TRIZ 理论具有鲜明的特点和优势，它成功地揭示了创造发明的内在规律和原理，着力于澄清和强调系统中存在的矛盾，而不是回避矛盾，其目的是解决矛盾，从而获得最终理想解，而不是采用折中或者妥协的做法，并且，TRIZ 理论是基于技术的发展演化规律来研究整个设计与开发过程的，不再是随机行为，因此大大加快了创造发明的进程。

TRIZ 理论能够帮助人们系统地分析问题情境，快速发现问题本质或者矛盾，能够准确确定问题探索方向，不会错过各种可能，而且它能够帮助人们突破思维障碍，打破思维定式，以新的视角分析问题，进行逻辑和非逻辑的系统思维，根据技术的进化规律预测未来发展趋势，大大加快人们创造发明的进程，并生产出高质量的创新产品。

7.2.1.2 TRIZ 的起源和发展

TRIZ 理论是根里奇·阿奇舒勒在 1946 年创立的，他也被尊称为 TRIZ 之父。根里奇·阿奇舒勒于1926年出生在乌兹别克斯坦，14岁时就获得了首个专利证书，专利作品是水下呼吸器，在15岁时他制造了一条船，船上装有使用碳化物作燃料的喷气发动机。1946年，根里奇·阿奇舒勒开始了发明问题解决理论的研究工作，当时他在苏联里海海军的专利局工作，在处理世界各国著名的发明专利过程中，他总是考虑这样一个问题：当人们进行发明创造、解决技术难题时，是否有可遵循的科学方法和法则，从而能迅速地实现新的发明创造或解决技术难题呢？通过研究成千上万的专利，他发现任何领域的产品改进、技术的变革、创新和生物系统一样，都存在产生、生长、成熟、衰老、灭亡，是有规律可循的。人们如果掌握了这些规律，就能能动地进行产品设计并能预测产品的未来趋势。以后数十年中，根里奇·阿奇舒勒穷其毕生的精力致力于TRIZ理论的研究和完善。在他的领导下，苏联的研究机构、大学、企业组成了TRIZ的研究团体，分析了世界近250万份高水平的发明专利，总结出各种技术发展进化遵循的规律模式，以及解决各种技术矛盾和物理矛盾的创新原理和法则，建立一个由解决技术，实现创新开发的各种方法、算法组成的综合理论体系，并综合多学科领域的原理和法则，建立起TRIZ理论体系。

20世纪80年代中期前，该理论对其他国家保密，80年代中期，随一批科学家移居美国等西方国家，逐渐把该理论介绍给世界产品开发领域，对该领域已产生了重要的影响。目前，TRIZ理论已经在自动控制、电气电子、航空航天、机械仪器、医疗卫生、动力、汽车、化工、食品等技术领域中发挥作用，并延伸到了非科技领域。

7.2.1.3　阿奇舒勒的发现

TRIZ理论来源于对专利的研究。为了发现隐藏在专利背后的发明规律，阿奇舒勒每年组织1500人研究各种专利。在专利研究过程中，他发现任何领域的产品改进、技术革新等都存在诞生、成长、成熟、衰老和灭亡的“生命轨迹”，因此，通过对大量专利的研究，阿奇舒勒总结出了以下五个重要发现。

A　原理（方法）被反复利用

以往不同领域的发明中用到的原理（方法）并不多，不同时代的发明，不同领域的发明，应用的原理（方法）被反复利用。

例如：20世纪80年代中期，某钻石生产公司发现可以利用加压减压爆裂方法实现了大钻石的裂纹处破碎或分开，如图7-4所示。

图7-4　钻石分割

尽管解决了问题，但他们并没有发现类似的问题在几十年前的其他领域早已解决，并且申请了专利。如 20 世纪 40 年代，农业上就利用该方法分离辣椒的果肉与果核，来生产辣椒肉罐头。容器内压力从 1 个大气压逐渐增加到 8 个大气压，然后突然降压到 1 个大气压，压力骤变引起爆裂，使果肉与果核顺利分开，如图 7-5 所示。

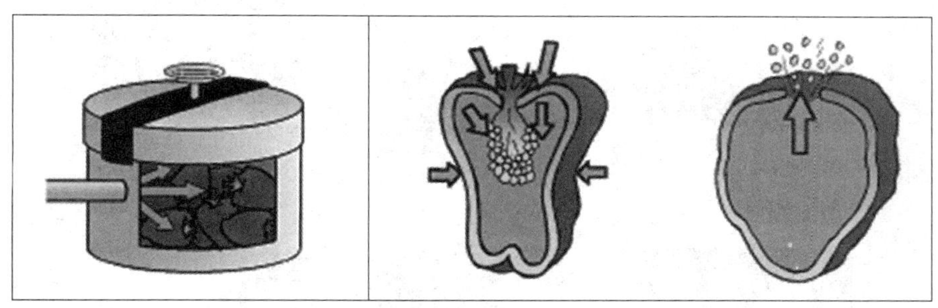

图 7-5 辣椒果肉与果核的分离方法

因此，同钻石的切割一样，糖晶体也可用这个方法碎成粉末；还可以为松子、葵花籽，板栗等坚果去壳；或是给小海虾去壳等。当然，在运用该方法的时候，要针对不同的领域改变相关的参数。

B 发明原理（方法）的适应性强

每条发明原理（方法）并不限定应用于某一特殊领域，而是融合了物理的、化学的和各工程领域的原理，且这些原理适用于不同领域的发明创造和创新。

例如：为了减小运行阻力和增加隐身性，美国利用一维变多维原理，设计了小水线双体船“海影”。同样，为增加有效打击面积和打击强度，有目的的增加了大炮的发射管数。

C 类似的矛盾或问题与该问题的解决原理在不同的工业及科学领域交替出现

例如：为了提高刀的使用特性，会产生一个矛盾，既要锋利耐用，又要轻质方便。因此可根据局部质量改变原理进行处理，即“好钢用到刀刃上”，如图 7-6 所示。同理，继电器作为频繁启动部件，触电经常因为反复开合而产生烧蚀，为了增加继电器触点的耐用性，会产生一个矛盾：既要耐用，又要质轻，同理，可选用熔点高的金属作为触点，如图 7-7 所示。

图 7-6 “好钢用到刀刃上”

图 7-7 继电器

D 技术系统进化的模式（规律）在不同的工程及科学领域交替出现

例如：各个系统的进化模式在不同的工程和科学技术领域都会遵从于从婴儿期、成长期、成熟期到衰退期的进化历程，如图7-8所示。

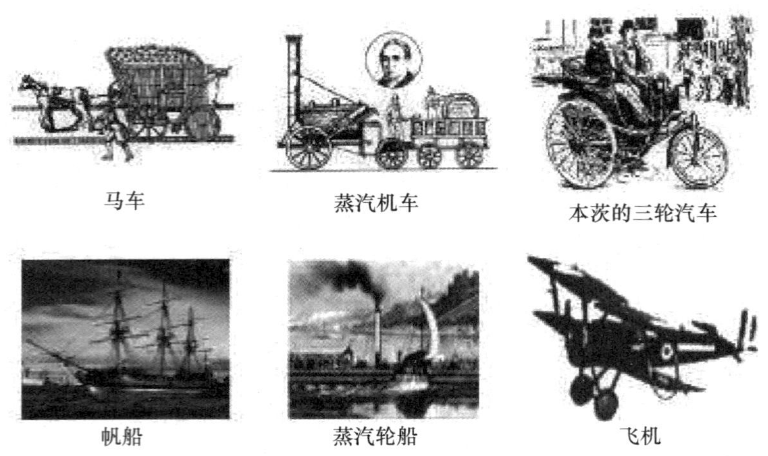

图7-8 交通工具的进化

E 创新设计所依据的科学原理往往属于其他领域

例如：为了减小飞机重量，减少雷达探测效果，歼-20隐形战斗机和俄罗斯T50隐身战斗机均采用了一定的复合材料，多棱面机身外形加涂刷吸波隐身材料。而复合材料、隐身材料的制作均利用了其他领域的技术。

7.2.1.4 发明等级的划分

TRIZ通过分析专利发现，各国家不同的发明专利内部蕴含的科学知识、技术水平都有很大的区别和差异。以往，在没有分清这些发明专利的具体内容时，很难区分出不同发明专利的知识含量、技术水平、应用范围、重要性和对人类的贡献大小等问题。因此，把发明专利依据其对科学的贡献、技术的应用范围及为社会带来的经济效益等情况划分一定的等级加以区别，以便更好地推广应用。TRIZ理论将发明专利或发明创造分为以下五个等级。

（1）第1级，多数为参数优化类的小型发明。一般为通常的设计或对已有系统的简单改进。这一类发明并不需要任何相邻领域的专门技术或知识，问题的解决主要凭借设计人员自身掌握的知识和经验，不需要创新，只是知识和经验的应用。

例如：为更好地保温，将塑钢窗加厚，如图7-9所示；用承载量更大的重型卡车替代轻型卡车，以实现运输成本的降低，如图7-10所示。该类发明创造或发明专利占所有发明创造或发明专利总数的32%。

（2）第2级，通过解决一个技术矛盾对已有系统进行少量改进。这一类问题的解决主要采用行业内已有的理论、知识和经验。解决这类问题的传统方法是折中法。

例如，在焊接装置上增加了一个灭火器（见图7-11）、多功能斧头（见图7-12）等，该类发明创造或发明专利占所有发明创造或发明专利总数的45%。

图 7-9 加厚塑钢窗

图 7-10 重型卡车

图 7-11 灭火双枪环缝焊接机

图 7-12 多功能斧头

(3) 第 3 级，对已有系统的根本性进行改进。这一类问题的解决主要采用本行业以外的已有方法和知识，设计过程中要解决矛盾。

例如：汽车上用自动传动系统代替机械传动系统、计算机使用鼠标等。该类发明创造或发明专利占所有发明创造或发明专利总数的 18%。

(4) 第 4 级，采用全新原理完成对已有系统基本功能的创新。这一类问题的解决主要是从科学角度而不是从工程的角度出发，充分控制和利用科学知识、科学原理实现新的发明创造。

例如：第一台内燃机的出现（见图 7-13）、集成电路的发明、充气轮胎（见图 7-14）、记忆合金管接头等。该类发明创造或发明专利占所有发明创造或发明专利总数的 4%。

(5) 第 5 级，罕见的科学原理导致一种新系统的发明、发现。这一类问题的解决主要是依据自然规律的新发现或科学的新发现。

例如：计算机、形状记忆合金（见图 7-15）、蒸汽机（见图 7-16）、激光、灯泡的首次发明等。该类发明创造或发明专利占所有发明创造或发明专利总数的 1%。

实际上，发明创造的级别越高，获得该发明专利时所需的知识就越多，这些知识所处的领域就越宽，搜索有用知识的时间就越长。同时，随着社会的发展、科技水平的提高，

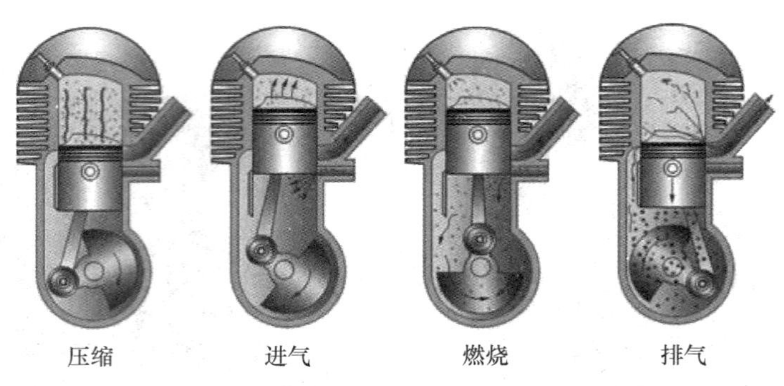

图 7-13 内燃机的发明

图 7-14 充气轮胎的发明

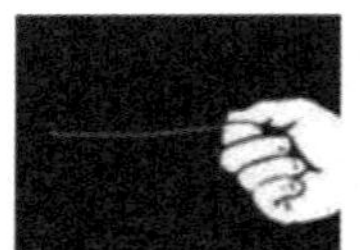

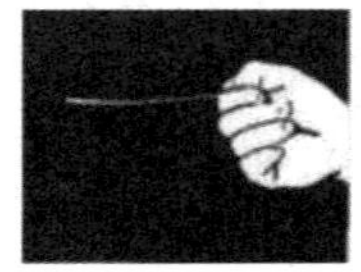

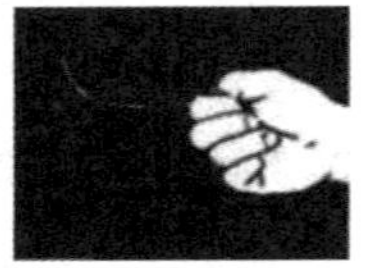

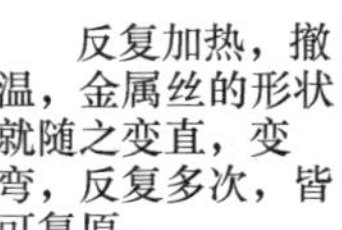

图 7-15 形状记忆合金

图 7-16 蒸汽机

发明创造的等级随时间的变化而不断降低，最初的最高级别的发明创造逐渐成为人们熟悉和了解的知识。

发明创造的等级划分及知识领域见表 7-1。

表 7-1 发明等级

发明级别	创新的程序	问题复杂程度	比例	知识来源	参考解数量
1	明确的解	无矛盾问题	32%	个人的知识	10
2	少量地改进	标准问题	45%	公司内的知识	100

续表 7-1

发明级别	创新的程序	问题复杂程度	比例	知识来源	参考解数量
3	根本性改进	非标准问题	18%	行业内的知识	1000
4	全新的概念	极端问题	4%	行业外的知识	10000
5	发现	独一无二问题	<1%	所有的知识	100000

由表 7-1 可以有如下发现：

（1）95%的发明专利利用了行业内的知识；

（2）只有少于 5%的发明专利利用了行业外的及整个社会的知识。

因此，如果企业遇到技术矛盾或问题，可以先在行业内寻找答案；若不可能，再向行业外拓展，寻找解决方法。若想实现创新，尤其是重大的发明创造，就要充分挖掘和利用行业外的知识。

平时人们遇到的绝大多数发明都属于第 1、2 和 3 级。虽然高等级发明对于推动技术文明进步具有重大意义，但这一级的发明数量相当稀少，而较低等级的发明则起到不断完善技术的作用。

对于第 1 级发明，阿奇舒勒认为不算是创新。而对于第 5 级发明，他认为如果一个人在旧的系统还没有完全失去发展希望时就选择一个完全新的技术系统，则成功之路和被社会接受的道路是艰难和漫长的。因此发明几种在原来基础上的改进系统是更好的策略。他建议将这两个等级排除在外，TRIZ 理论工具对于其他 3 个等级的发明作用更大。一般来说，等级 2、3 称为“革新（Innovative）”，等级 4 称为“创新（Inventive）”。

7.2.1.5 TRIZ 的主要内容

TRIZ 理论包含着许多系统、科学而又富有可操作性的创造性思维方法和发明问题的分析方法。经过一段时间的发展，TRIZ 理论已经成为一套解决新产品开发实际问题的成熟的九大经典理论体系。

A TRIZ 的技术系统八大进化法则

根里奇·阿奇舒勒的技术系统进化论可以与自然科学中的达尔文生物进化论和斯宾塞的社会达尔文主义齐肩，被称为“三大进化论”。TRIZ 的技术系统八大进化法则分别是提高理想度法则、完备性法则、能量传递法则、协调性法则、子系统的不均衡进化法则、向超系统进化法则、向微观级进化法则、动态性和可控性进化法则。技术系统的这八大进化法则可以应用于产生市场需求，定性技术预测，产生新技术，专利布局和选择企业战略制定的时机等。它们可以用来解决难题，预测技术系统，产生并加强创造性问题的解决工具。

B 最终理想解

TRIZ 理论在解决问题之初，首先抛开各种客观限制条件，通过理想化来定义问题的最终理想解（Ideal Final Result，IFR），以明确理想解所在的方向和位置，保证在问题解决过程中沿着此目标前进并获得最终理想解，从而避免了传统创新设计方法中缺乏目标的弊端，提升了创新设计的效率。如果将创造性解决问题的方法比作通向胜利的桥梁，那么最终理想解就是这座桥梁的桥墩。最终理想解有四个特点：

（1）保持了原系统的优点；

（2）消除了原系统的不足；

（3）没有使系统变得更复杂；

（4）没有引入新的缺陷。

C 40个发明原理

阿奇舒勒对大量的专利进行了研究、分析和总结，提炼出了TRIZ中最重要的、具有普遍用途的40个发明原理，分别是分割、抽取、局部质量、非对称、组合、多用性、嵌套、质量补偿、预先反作用、预先作用、预先防范、等势、反向作用、曲面化、动态化、部分超越、维数变化、机械振动、周期性作用、有效作用的连续性、快速、变害为利、反馈、中介物、自服务、复制、廉价替代品、机械系统的替代、气压与液压结构、柔性壳体或薄膜、多孔材料、改变颜色、同质性、抛弃与再生、物理/化学参数变化、相变、热膨胀、加速氧化、惰性环境、复合材料。

D 39个工程参数及阿奇舒勒矛盾矩阵

在对专利研究过程中，阿奇舒勒发现，仅有39项工程参数在彼此相对改善和恶化，而这些专利都是在不同的领域上解决这些工程参数的冲突与矛盾。这些矛盾不断地出现，又不断地被解决。由此他总结出了解决冲突和矛盾的40个创新原理。之后，将这些冲突与矛盾解决原理组成一个由39个改善参数与39个恶化参数构成的矩阵，矩阵的横轴表示希望得到改善的参数，纵轴表示某技术特性改善引起恶化的参数，横纵轴各参数交叉处的数字表示用来解决系统矛盾时所使用创新原理的编号，这就是著名的技术矛盾矩阵。阿奇舒勒矛盾矩阵为问题解决者提供了一个可以根据系统中产生矛盾的两个工程参数从矩阵表中直接查找化解该矛盾的发明原理。

E 物理矛盾和四大分离原理

当一个技术系统的工程参数具有相反的需求，就出现了物理矛盾。比如说，要求系统的某个参数既要出现又不存在，或既要高又要低，或既要大又要小等。相对于技术矛盾，物理矛盾是一种更尖锐的矛盾，创新中需要加以解决。物理矛盾所存在的子系统就是系统的关键子系统，系统或关键子系统应该具有为满足某个需求的参数特性，但另一个需求要求系统或关键子系统又不能具有这样的参数特性。分离原理是阿奇舒勒针对物理矛盾的解决而提出的，分离方法共有11种，归纳概括为四大分离原理，分别是空间分离、时间分离、条件分离和整体与部分的分离。

F 物-场模型分析

阿奇舒勒认为每一个技术系统都可由许多功能不同的子系统组成，因此，每一个系统都有它的子系统，而每个子系统都可以再进一步地细分，直到分子、原子、质子与电子等微观层次。无论大系统、子系统、还是微观层次都具有功能，所有的功能都可分解为2种物质和1种场（即二元素组成）。在物-场模型的定义中，物质是指某种物体或过程，可以是整个系统，也可以是系统内的子系统或单个的物体，甚至可以是环境，取决于实际情况。场是指完成某种功能所需的方法或手段，通常是一些能量形式，如磁场、重力场、电能、热能、化学能、机械能、声能、光能等。物-场分析是TRIZ理论中的一种分析工具，用于建立与已存在的系统或新技术系统的问题相联系的功能模型。

G 发明问题的标准解法

标准解法是阿奇舒勒于1985年创立的，共有76个，分成5级，各级中解法的先后顺序也反映了技术系统必然的进化过程和进化方向。标准解法可以将标准问题在一两步中快速进行解决，它是阿奇舒勒后期进行 TRIZ 理论研究的最重要的课题，同时也是 TRIZ 高级理论的精华。标准解法也是解决非标准问题的基础，非标准问题主要应用 ARIZ 来进行解决，而 ARIZ 的主要思路是将非标准问题通过各种方法进行变化，转化为标准问题，然后应用标准解法来获得解决方案。

H　发明问题解决算法

ARIZ（Algorithm for inventive problem solving）称为发明问题解决算法，是 TRIZ 的一种主要工具，是解决发明问题的完整算法，该算法采用一套逻辑过程逐步将初始问题程式化。该算法特别强调矛盾与理想解的程式化，一方面技术系统向理想解的方向进化，另一方面如果一个技术问题存在矛盾需要克服，该问题就变成一个创新问题。ARIZ 的理论基础由以下 3 条原则构成：

（1）ARIZ 是通过确定和解决引起问题的技术矛盾；

（2）问题解决者一旦采用了 ARIZ 来解决问题，其惯性思维因素必须被加以控制；

（3）ARIZ 也不断地获得广泛的、最新的知识基础的支持。

ARIZ 最初由阿奇舒勒于 1977 年提出，随后经过多次完善才形成比较完善的理论体系，ARIZ-85 包括九大步骤，即分析问题、分析问题模型、陈述 IFR 和物理矛盾、用物-场资源、应用知识库、转化或替代问题、分析解决物理矛盾的方法、利用解法概念、分析问题解决的过程。

I　科学效应和现象知识库

科学原理尤其是科学效应和现象的应用对发明问题的解决具有超乎想象的、强有力的帮助。应用科学效应和现象应遵循五个步骤，解决发明问题时会经常遇到需要实现的 30 种功能，这些功能的实现经常要用到 100 个科学有趣现象。

TRIZ 理论的核心思想主要体现在 3 个方面。首先，无论是一个简单产品还是复杂的技术系统，其核心技术都是遵循着客观的规律发展演变的，即具有客观的进化规律和模式。其次，各种技术难题、矛盾和矛盾的不断解决是推动这种进化过程的动力。再就是技术系统发展的理想状态是用尽量少的资源实现尽量多的功能。以下列出了 TRIZ 的理论体系，如图 7-17 所示。

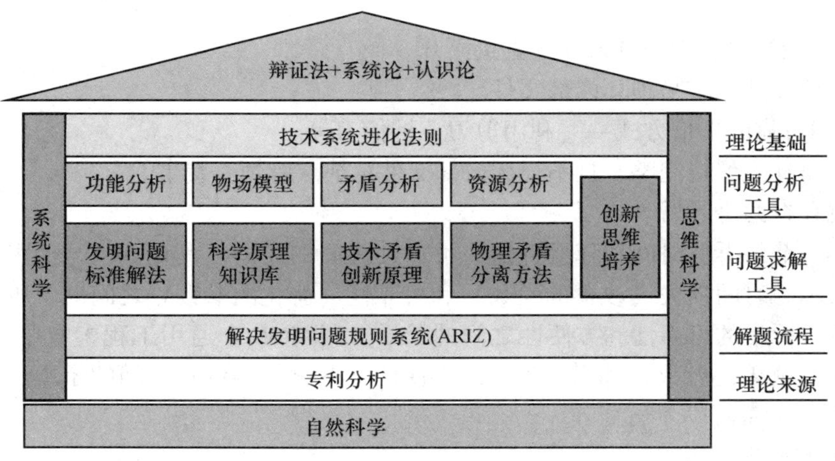

图 7-17　TRIZ 理论体系

7.2.2　TRIZ 的应用案例

TRIZ 理论广泛应用于工程技术领域，并已逐步向其他领域渗透和扩展。应用范围越来越广，由原来擅长的工程技术领域分别是向自然科学、社会科学、管理科学、生物科学等领域发展。已总结出的 40 条发明创造原理在工业、建筑、微电子、化学、生物学、社会学、医疗、食品、商业、教育的应用案例，用于指导各领域遇到问题的解决。TRIZ 是专门研究创新设计的理论，已建立一系列的普适性工具帮助设计者尽快获得满意的领域解。TRIZ 作为技术问题或发明问题解决的一种强有力方法，并不是针对某个具体的机构、机械或过程，而是要建立解决问题的模型及指明问题解决对策的探索方向。TRIZ 的原理、算法也不局限于任何特定的应用领域。它是指导人们创造性解决问题并提供科学的方法、法则。因此，TRIZ 可以广泛应用于各个领域创造性地解决问题。不仅在苏联得到广泛应用，在美国的很多企业特别是大企业，如波音、通用、克莱斯勒、摩托罗拉等的新产品开发得到了应用，创造了可观的经济效益。

通过案例，对 TRIZ 几个简单工具的应用进行简单介绍：例如安全便捷的信封设计，人们往往认为撕开胶粘的信封是快捷方便的，但这种方法往往会把信封内的文件撕坏或使信封开口变粗糙，不能再装文件。如果借助某种辅助工具，或是在剪开前抖动信封，虽然可以避免撕坏文件，但也给用户带来了不便。因此，想设计一种能又快又可靠地拆开的信封。

（1）问题分析。分析后发现，问题的关键在于信封的设计，即寻求一种快捷、方便、安全的信封设计，如图 7-18 所示。先对主要的拆信方式做一个分析。

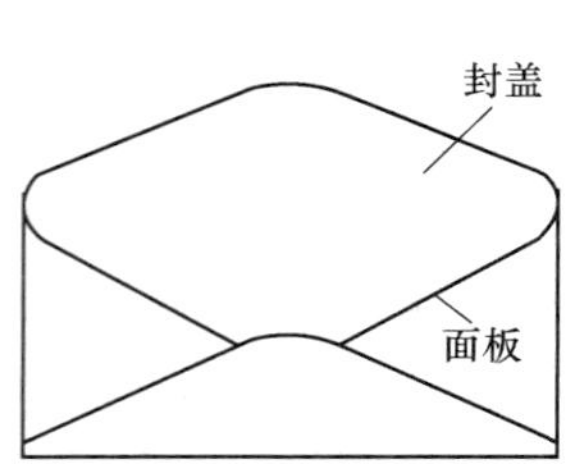

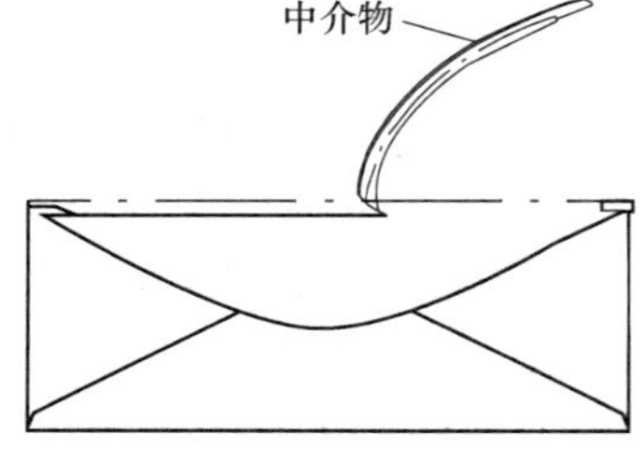

图 7-18　安全便捷的信封设计

1）采用最快捷的拆信方式——直接撕开。

优点快捷；缺点容易损坏内部文件。

2）采用可靠的拆信方式——利用剪刀、拆信刀等。

优点信封外观保持完整，且不损坏内部文件；缺点麻烦、费事。

现在就存在两个矛盾。

矛盾一，节约拆信时间和降低拆信的可靠性之间的矛盾。利用 39 个通用工程参数中的两个可表示为时间损失（改善的参数）和可靠性（恶化的参数）之间的矛盾。

矛盾二，拆信的可靠性和方便性之间的矛盾。利用 39 个通用工程参数中的两个可表示为可靠性（改善的参数）和操作流程的方便性（恶化的参数）之间的矛盾。

（2）查找阿奇舒勒矛盾矩阵。

（3）发明原理分析。

（4）发明原理应用。根据发明原理建议的信封设计是通过封装前于封盖下放置拆封线或拆封条来实现，拆信时只要轻轻一拉就能很轻松地拆开信封，同时不损坏内部文件资料，也能保持信封的整洁。该方案已申报美国专利。

7.3 六顶思考帽简介

7.3.1 六顶思考帽的概念

六顶思考帽是英国学者德·博诺开发的一种思维训练模式，或者说是一个全面思考问题的模型。它提供了“平行思维”的工具，避免将时间浪费在互相争执上。强调的是“能够成为什么”，而非“本身是什么”，是寻求一条向前发展的路，而不是争论谁对谁错。运用德·博诺的六顶思考帽，将会使混乱的思考变得更清晰，使团体中无意义的争论变成集思广益的创造，使每个人变得富有创造性。

六顶思考帽是指使用六种不同颜色的帽子代表六种不同的思维模式。

（1）白色思考帽。白色代表中立与客观，戴上白色思考帽，思考客观的事实和数据。

（2）黄色思考帽。黄色代表价值与肯定，戴上黄色思考帽，会从正面考虑问题，思考乐观的、有希望的、建设性的观点。

（3）黑色思考帽。黑色代表否定与怀疑，戴上黑色思考帽，可以否定、怀疑和批判，发表负面的意见，找出逻辑上的错误。

（4）蓝色思考帽。蓝色代表控制与调节，戴上蓝色思考帽，负责规划和管理思维过程，同时控制各种思考帽的使用顺序，并做出结论。

（5）红色思考帽。红色代表情感和情绪，戴上红色思考帽，可以表达自己的感受、直觉、预感等方面的看法。

（6）绿色思考帽。绿色代表茵茵芳草，象征勃勃生机，寓意创造力和想象力。戴上绿色思考帽具有创造性思考、头脑风暴、求异思维等功能。

六顶思考帽是平行思维工具，是创新思维工具，也是人际沟通的操作框架，更是提高团队智商的有效方法。

7.3.2 六顶思考帽的特点

7.3.2.1 白色思考帽的特点

生活工作中经常遇到一些人说：“说话要有依据。”其实，就是使用的“白色帽子”，他们戴的这顶白色帽子，思考的是客观的事实和数据。

白色思考帽是中立的，它客观地展示整个世界。它不是用于归纳某种观点的，其直接目的就在于搜寻和展示信息。

白色帽子思考法是一种训练和方向。思考者在提出信息时，要努力使自己更加中立和客观。别人会要求你戴上白色思考帽，你也可以要求他们这么做。你还可以自行选择戴上或者摘下。

7.3.2.2 黄色思考帽的特点

黄色是一种很明亮的颜色，是活跃向上的象征。黄色帽子思考法就是在思考一个问题的时候，把正面的、乐观的、喜悦的、积极的情况集中在一起，也就是找出最理想的情况，寻求最好的可能。

黄色帽子思考的特点表现为积极、乐观、建设性、启发性和超前性。

这非常重要，例如，企业在经营过程中经常会遇到短期利益与长期利益相矛盾的情况，在用黄色帽子思考法思考问题的时候，注重的是最美好的愿景，而不是眼前的短期利益。

7.3.2.3 黑色思考帽的特点

黑色，令人联想到负面的、悲观的东西，黑色帽子思考法运用否定、怀疑、悲观的看法，合乎逻辑地进行批判，尽情发表负面的意见，找出逻辑上的错误。

通俗地讲，黑色帽子思考法就是挑刺，主要是怎么样充分考虑最坏的情况。对于自己来说，通常发现优点比较容易；而看别人则比较容易发现缺点，这是一般人的通病。其实黑色帽子思考法跟看别人的缺点是一样的道理——利用这种对别人的敏感心理，找出工作中的缺陷，最终促进工作的不断完善。

黑色帽子的特点：一方面是进行否定的、悲观的、怀疑的、负面的，但又是合乎逻辑的批评、批判、反驳；另一方面，要尽情地、尽可能深入地，甚至允许有一定想象力地提出负面意见，找出白色帽子思维过程中和结论上的逻辑错误及不够严密的地方。

7.3.2.4 蓝色思考帽的特点

蓝色代表理性，所以蓝色帽子思考法是思考中的思考，是对思维的指挥、控制，安排思考的程序、方法并不时地进行总结。

蓝色帽子的主要责任是集中思考者的思考范围，而不是发散。因为这一个思考法是一个集体思考法，所以要把所有人的心智集中在某一个点上，尽可能地深入思考，尽可能地拓宽思路。经常要做摘要、概括、总结，这种概括、摘要和总结是集体朝着一个方向思考的标志，是对已经想到的东西进行固化，也是继续前进的一个台阶。

7.3.2.5 红色思考帽的特点

红色帽子思考法就是在情绪、感觉和非理性层面上的思考。虽然思考是理性的过程，但是情感自始至终都在起作用。红色帽子思考法是把在暗中起作用的情绪化的、感觉上的、非理性层面上的思考用合理的方式表达出来的思考方式。

所以，红色帽子思考法的要点是给情感、直觉、品位、审美观、世界观、个性和其他无法预测的感觉一个合理的地位。

7.3.2.6 绿色思考帽的特点

绿色帽子思考法是对常规的改变，是一种创新的认知，是一种看似疯狂的、没有道理的想法。它不拘泥于原来的情况，不拘泥于以前的现实，是对原来实际情况进行了根本性改变的一种观察。运用绿色帽子思考法可以设计出数量众多的新产品。

绿色帽子思考法的行为要点是新和变。它不是在原有基础上的逻辑的前进，而是一种非常疯狂的突破，是新的，是变的。疯狂的主意在绿色帽子思考法中值得提倡。

绿色帽子思考法就像脑力体操一样，使大脑处于一种激活状态，让我们在某种思路上产生种种联想，这是一种很好的脑力锻炼方法。很多产品就是通过绿色帽子思考法形成雏形，然后逐渐把可能变成现实的，这是绿色帽子思考法最大的好处。

7.3.3 六顶思考帽的应用

1996年，欧洲最大的某牛肉生产公司由于“疯牛病”引起的恐慌一夜之间丧失了80%的收入。借助六顶思考帽，12个人用60 min想出了30个降低成本的方法和35个营销创意，将它们用黄色帽子和黑色帽子归类，筛选掉无用的后还剩下25个创意。靠着这25个创意，ABM公司度过6星期没有收入的艰苦卓绝的日子。

全球最大的某保险公司长期运用“六顶思考帽”，其总部的地毯就是用彩色的“六顶思考帽”图案编织而成。该保险公司运用德博诺的思维方法把传统的人寿保险投保人死亡后支付保险金改革为投保人被确诊为绝症时即可拿到保险金。这种方法目前已经被许多国家的保险公司效仿，被认为是人寿保险业120年来最重要的发明。

六顶思考帽还曾经拯救了奥运会的命运，1984年洛杉矶奥运会的主办者就是运用了“六顶思考帽”的创新思维，使奥运会从烫手山芋变成了今天的炙手可热，并且获得了1.5亿美元的盈利，2002年5月，爱德华·德·博诺曾应邀来华为北京奥运组委会官员做“六顶思考帽”培训，当时中国媒体曾为“六顶思考帽”的神奇惊呼，并尊爱德华·德·博诺为“创新思维之父”。

把六帽思想定性为一种思维工具，就是一种思维运用与训练。同样，今天把六帽思维定性为一种强有力的沟通术，也就希望借六顶思考帽来解决工作、生活中的沟通问题。

7.3.3.1 六顶思考帽沟通术的五大步骤

（1）明确你要沟通的目的。在这个过程中你要了解沟通的对象，以及沟通对象的问题；是要帮助他解决一个问题；还是想建议他采取一个行动；或者是要在销售中完成成交的动作；也就是说，有一个问题界定的过程。

（2）建立六帽序列。根据你的目的，最终你要达到的结果来设计你的六帽序列。换句话说，一切以结果为导向，六帽设计好坏的前提是对六帽中的每一帽有一个深刻的认知。

（3）六帽序列之问题转化。将对六帽的认知，通过问题很自然地流露出来，而且，最好是能让对方感觉不到你在使用技巧。六帽只是告诉了你一个思维方向，提什么样的问题，如何提全看你个人的转化能力。

（4）开始使用，有效倾听。当熟悉了以上步骤之后，就可以使用了，使用范围很广，因为六帽是一种沟通术，要知道当今社会，可谓沟通无处不在。在这里你还可以采用一些沟通中建立信赖感的技巧，比如有效倾听、适度地赞美和肯定；通过使用，你将获得极大的信息量，同样地你会感到无限的乐趣和成就感。

（5）纠偏，深度沟通。在发问的过程中，你要的答案他未必能完整地给出来，所以，我们沟通要以结果为导向，通过重复发问来达到纠偏的目的；只有通过不断地提问与纠偏，你的沟通目的才越容易达成。

7.3.3.2 六帽沟通术的使用原则

（1）问题就是思维的转换器。人的思维是通过提问来引导的，一个人是积极还是消极，取决于他给自己提的问题。同样的下雨天，消极的人在告诉自己，今天因为雨不能做这，不能做那，在统计因为下雨，给自己带来哪些损失，积极的人在问自己下雨我可以做哪些有意义的事情，我将收获些什么？

（2）人不能同时戴两顶帽子。别把自己的脑子弄大了，要知道在整个沟通中你自始至终都是一个引导者别指望同时给对方戴两顶帽子，那是不可能的，因为人不可能同时朝两个不同的方向思考问题。

(3) 发问要讲究灵活性。你的发问很关键，如果你的问题让别人有压力，或者不耐烦，那对不起，你永远达不到沟通的目的，建议你先去学习沟通的基本知识和技巧，再来学习这五大步骤。但记住，千万别在一棵树上吊死，可能换一种问话方式，或者只需要你换一两个词，这个问题就过了，你要的答案就从对方的嘴里蹦出来了。

7.3.3.3 案例解析

一次《超级领导力训练》培训结束，主持人小杨过来和我沟通，希望我给他指出主持中的不足，加以改进。我采用六帽沟通术，整个过程不断发问，深度解决了他的问题，现将整个过程简单介绍如下。

(1) 第一步，明确沟通的目的。帮助小杨自我分析找出主持中的不足，不断完善主持能力。我归结一句话就是：认识不足，寻求改进方法。

(2) 第二步，建立六帽序列。在这里采用的是名为教练式序列或者咨询式序列，即红白黄黑绿蓝。该序列在某种意义上可以称之为一种教练术，更讲究章法和技巧。

(3) 第三步，六帽序列之问题转换。整个过程沟通对话如下。

1) 你能做一个简单的自我评价吗？你这次主持自我感觉如何？(红帽思维)

答：感觉还可以，感觉大家还是比较满意，比较认可的。

2) 你能举些例子，或数据来证明你的感觉是对的吗？试举出 3 个出来好吗？(白帽思维)

答：第一，有两个同事表扬了我比以前好；第二，我有好几次把学员逗笑了，我看得出来是自然的；第三，结束时，还有 6~7 名学员主动和我握手呢，有的还主动和我交换了名片。

3) 你觉得这次主持，对你个人来说产生了什么样积极的因素（好处），对你有哪些帮助？(黄帽思维)

答：好处很多了，比如锻炼了我的语言组织能力，即兴演讲能力、控场能力，还有情绪控制能力。

问：你觉得表现好的地方在哪里，换句话说，哪些地方是可传承和发扬的？(黄帽思维)

答：我设计的主持活动流程很有系统性，可以拷贝；其次，我采用的热场活动和破冰游戏，很快让学员放松，拉近了距离，效果超出了我的意料之外；还有，我精心设计的开场白，起到了很好地塑造老师价值，挖掘学员需求，调动了他们的积极性和参与性。

4) 同样的，你觉得还有哪些地方是欠妥的，或者说是需要改进的？你不妨好好回忆一下！(黑帽思维)

答：(思考了大概 5 分钟) 我觉得自己不足的地方主要是，激情度还不够，不足够兴奋，没有达到巅峰状态；还有休息的时候，没有有意识地主动和学员接触（其实，这是一个很好和学员建立亲和力的机会）还有……还有……

——小王看他大概说不出来了，就把我看到的缺点指出了给他，就又问了一句：你知道老师为什么会拖堂半个小时吗？

答：哦，我知道了，下午的时候，我主持的时间太长了，连续做了两个破冰游戏，占了老师的时间。

问：这样会给学员造成什么感觉吗？如果你是学员，你有什么感觉？（黑帽思维）

答：我可能感觉这个主持有点喧宾夺主，还有就是时间管理不善。

5）那以上问题如何来改进呢？你有什么好的方法吗？（绿帽思维）

答：激情方面，我要学习一下自我激励的方法，再找一个学习的榜样（小王给他介绍了一些方法，同时希望他以陈安之机构的主持为榜样，他欣然接受），第二个很好解决，下次主动出击，积极沟通；时间管理方面，我不能自以为是，主持前演练一遍，在流程上把时间分配好。

6）如果时光可以倒流，这个培训可以重来的话，你认为如何做才能够做得更好？（蓝帽思维）

答：我会建议培训经理，在我们开课之前开个会，把分工再明细一点，尤其要注意细节。我把我主持的流程告诉大家，希望大家多给我提一些宝贵意见，我想我们培训的整体服务品质就会更好！

以上1)~6）个问题，就是按红白黄黑绿蓝的顺序提问，这样思路清晰，有利于解决问题；这中间大家要掌握一种能力，就是六帽思维如何通过问题进行有效转化的。

7.4 水平思考法简介

水平思考法是由英国心理学家爱德华·德·博诺博士提出的，它旨在推动人们进行创造性思维。水平思考法是与垂直思考法相对应的创新思维模式。

7.4.1 水平思考法的基本概念

水平思考法（Lateral thinking），又称为德博诺理论、发散式思维法或横向思维法，是由英国心理学家爱德华·德博诺博士提出的创造性思维方法。它与垂直思维（逻辑思维）相对，强调跳出传统框架，从多角度、多维度审视问题，勇于探索未知领域，通过捕捉偶然发生的构想，产生意料之外的创意。

7.4.2 水平思考法的主要特点

（1）不拘泥于既定的思维规则。强调跳出传统框架，鼓励突破常规，勇于尝试新方法新思路。

（2）多角度多维度地审视问题。追求思考的丰富性和新颖性，强调思维的发散性和创造性。

（3）敢于捕捉偶然发生的构想。由此产生富有创造性的见解、观点和方案，产生意料之外的创意，甚至收到出奇制胜的效果。

7.4.3 水平思考法的产生缘由

水平思考法原则上针对垂直思考无法化解的难题而产生，但如果只在垂直思考行不通时才动用水平思考，则往往会因为懒得多动脑筋而使水平式的解决之道被忽略。

7.4.4 水平思考法的基本原则

（1）不断挑战自己的思考能力。这意味着要突破自己的舒适区，尝试以不同的方式看待问题，挑战既有的思维模式和偏见。

（2）基于事实和证据进行思考。这意味着要收集和分析足够的信息，以便做出准确的判断和决策。

（3）批判性思考和创新思考相结合。这意味着要对现有的思考方式进行批判性反思，并尝试新的、创新的思考方式。

（4）尝试多元化的思考方式。这意味着要尝试不同的思考技巧和方法，如模拟、比喻、类比等，以便从不同的角度看待问题和找到不同的解决方案。

7.4.5 水平思考法的应用场景

（1）广告创意。在广告创意中，此法可以帮助打破常规，创造出独特的广告概念。

（2）问题解决。面对复杂问题时，此法可提供多种解决方案，避免单一思维的局限性。

（3）产品设计。在产品设计中，此法可助设计师从不同角度思考，创造出新颖的产品。

7.4.6 与垂直思考法的差异性

水平思考法与垂直思考法（逻辑思维）形成鲜明对比。

（1）垂直思考法强调逻辑推导和逐步验证，而水平思考法则更注重思维的广度和多样性，追求思想的丰富性和新颖性。

（2）水平思考法鼓励跳出传统框架，而垂直思考法则是在既有框架内进行逻辑推导。

案例 7-15 运用水平思考法实现大逆转——甲向乙借了一笔高利贷，无力偿还，得去坐牢；而乙借机想娶甲的女儿做老婆抵债，但甲的女儿至死不从。乙便提出了一个解决办法，乙对甲的女儿说：“现在我从地上捡起一块白石子、一块黑石子，装进口袋里由你来摸。如果你摸出白石子，你父亲的债就一笔勾销；如果你摸出的是黑石子，那你就得和我成亲。”说完，乙就从地上捡起两块黑石子放进了口袋。乙的这个动作却被姑娘发现了。

当姑娘的眼光从口袋移到地面（也就是说她转移了思维方向），想到乙的两块石子是从地上捡起来的。于是她伸手到口袋里抓起一块石子，在她拿出口袋的一刹那故意将其失落在地上。这时她对乙说：“呀！我真不小心，把石子掉在地上了。我抓出的那一块石子是黑是白已经无法知道了，但这也无关紧要，看看你口袋里剩下的那一块，肯定与掉在地上的那一块不一样……”口袋里无疑是一块黑石子。乙不能承认自己的欺骗行为，只好无可奈何地承认姑娘取出的是一块白石子。就这样，姑娘巧妙地实现了大逆转。

如果你就是甲的女儿，你会怎么办？通常的办法有以下几种：

（1）拒绝摸石子，然而问题得不到解决，甲还得去坐牢；

（2）揭穿乙捡起两块黑石子的诡计，问题仍然得不到解决；

（3）不得已，随便抓出一块黑石子，违心地同乙结婚。

看来以上办法都不尽如人意。

现在，以水平思维来考虑。就是将思考的焦点移向水平方向：由口袋中的石子移到地上的石子。转机就来了。

垂直思维与水平思维显然有区别：垂直思维集中考虑的是必须取出一块石子；而水平思维却把注意力集中在口袋里剩下的那块石子。垂直思维对事物进行“最合理”的分析观察，然后利用逻辑推理予以解决，但你看到了在上面这个例子中运用逻辑推理无法求得理想的解答；而水平思维则用不同的方法去观察事物，然后用最有希望的方法去处理、化险为夷。

这个例子对我们工作很有借鉴意义：甲的女儿相对于乙是处于弱势地位，正像我们相对于业主是处于弱势地位一样，乙开出的条件也与我们经常见到的合同条件一样，是“霸王条款”，在这种情况下，水平思维对我们也有启发。

7.5 思维导图简介

7.5.1 思维导图的基本含义

思维导图又称为心智图，是表达发射性思维的有效的图形思维工具。它简单却又极其有效，实现了思维可视化。思维导图运用图文并重的技巧，把各级主题的关系用相互隶属与相关的层级图表现出来，把主题关键词与图像、颜色等建立记忆链接。思维导图充分运用左右脑的机能，利用记忆、阅读、思维的规律，协助人们在科学与艺术、逻辑与想象之间平衡发展，从而开启人类大脑的无限潜能。

7.5.2 思维导图的思维形式

思维导图是一种将放射性思考具体化的方法。当大脑确定一个思考中心，并由此中心向外发散出成千上万的关节点，每一个关节点代表与中心主题的一个联结，而每一个联结又可以成为另一个中心主题，再向外发散出成千上万的关节点，呈现出放射性思维立体结构。

同时，思维导图是最能善用左右脑的功能，由于有颜色、图像的使用，不但可以协助我们记忆、增进我们的创造力，也让思维导图更轻松有趣，且具有个人特色及多面性。

7.5.3 思维导图的作用优势

7.5.3.1 思维导图的作用

思维导图以放射性思考模式为基础的收放自如方式，除了提供一个正确而快速的学习方法与工具外，运用在创意的联想、问题解决与分析等方面，往往产生令人惊喜的效果。它是一种展现个人智力潜能极致的方法，可提升思考技巧，大幅增强创造力。

思维导图为人类提供一个有效思维图形工具，运用图文并重的技巧，开启人类大脑的无限潜能，特别是充分运用左右脑的机能，协助人们在科学与艺术、逻辑与想象之间平衡发展。

思维导图完整的逻辑架构及全脑思考的方法，被广泛应用在学习及工作方面，降低了所需耗费的时间以及物质资源，大幅提升绩效。

自20世纪80年代思维导图传入内地，最初是用来帮助“学习困难学生”克服学习障碍的，但后来主要被用来提升创新思维能力。

发散性思维是创新思维的核心。画思维导图的方法恰恰是发散思维的具体化、形象化，有利于培养提高创造性思维和创新能力。

随着人们对思维导图的认识和掌握，思维导图可以应用于生活和工作的各个方面，包括学习、写作、沟通、演讲、管理、会议等，运用思维导图带来的学习能力和清晰的思维方式会改善人的诸多行为表现。

（1）能够成倍提高学习速度和效率，更快地学习新知识与复习整合旧知识。

（2）能够激发人的联想与创意，将各种零散的智慧、资源等融会贯通成为一个系统。

（3）能够使学习者形成系统地学习和思维的习惯，并使您将能够达到众多您想达到的目标，包括：快速地记笔记，顺利通过考试，轻松地表达沟通、演讲、写作、管理等。

7.5.3.2 思维导图的优势

（1）传统的笔记方法存在着非常致命的弱点。自人们接受学校教育以来，在阅读或学习过程中，为记住学习内容，养成了按顺序做常规笔记的习惯。然而我们很少意识到：此种传统的笔记方法存在着非常致命的弱点。东尼·巴赞在经过长期的研究和实践后，明确而深刻地对传统笔记的弊端作出了简明而精辟的阐述。

1）埋没了关键词：重要的内容要由关键词来表达，然而常规标准笔记中，这些关键词却埋没在一大堆相对不重要的词汇之中，阻碍了大脑对各关键概念之间作出合适的联想。

2）不易记忆：单调的笔记看起来很枯燥，要点也很相似，会使大脑处于一种催眠状态，让大脑拒绝和抵触吸收信息。

3）浪费时间：要求记些不必要的内容；读些不需要的材料；复习不需要的材料。

4）不能有效刺激大脑：标准笔记的线性表达阻碍大脑作出联想，因此对创造性和记忆造成消解效果，抑制思维过程。

（2）思维导图与和传统的学习记忆方法相比有较大的优势。

1）使用思维导图进行学习，可以成倍提高学习效率，增进了理解和记忆能力。如通过使用关键字强迫我们在做笔记的时候就要思考句子的要点到底是什么，而且思维导图还极大地激发我们的右脑，因为我们在创作导图的时候还使用颜色、形状和想象力。根据科学研究发现人的大脑是由两部分组成的。左大脑负责逻辑、词汇、数字，而右大脑负责抽象思维、直觉、创造力和想象力。所以，图像的使用加深了我们的记忆，因为使用者可以把关键字和颜色、图案联系起来，这样就使用了我们的视觉感官。

2）把学习者的主要精力集中在关键的知识点上。不需要浪费时间在那些无关紧要的内容上。节省了宝贵的学习时间。关键知识点之间的连接线会引导您进行积极主动思考，快速系统地整合知识，为知识融会贯通创造了有利的条件。

3）思维导图具有可伸缩性，它顺应了我们大脑的自然思维模式。从而，可以使我们的主观意图自然地在图上表达出来。它能够将新旧知识结合起来。学习的过程是一个由浅入深的过程，在这个过程中，将新旧知识结合起来是一件很重要的事情，因为人总是在已有知识的基础上学习新的知识，在学习新知识时，要把新知识与原有认知结构相结合，改变原有认知结构，把新知识同化到自己的知识结构中，能否具有建立新旧知识之间的联系是学习的关键。

（3）思维导图的优势。思维导图，它能同时运用大脑皮层的所有智能，包括词汇、图像、数字、逻辑、韵律、颜色和空间感知；它可以运用于生活的各个层面，帮助人更有效地学习，更清晰的思维，让大脑有最佳表现。与传统笔记相比，思维导图对我们的记忆和学习产生的作用有：

1）只记忆相关的词可以节省时间 50%~95%；

2）只读相关的词可节省时间超过 90%；

3）复习思维导图笔记可节省时间超过 90%；

4）不必在不需要的词汇中寻找关键词可省时间 90%；

5）集中精力于真正的问题；

6）重要的关键词更为显眼；

7）关键词并列在时空之中，可灵活组合，提高创造力和记忆力；

8）易于在关键词之间产生清晰合适的联想；

9）做思维导图的时候，人会处在不断有新发现和新关系的边缘，鼓励思想不间断和无穷尽地流动；

10）思维导图能够清晰地体现一个问题的多个层面，以及每一个层面的不同表达形式，以丰富多彩的表达方式，体现线性、面型、立体式各元素之间的关系，重点突出，内容全面，很有特色。

7.5.4 思维导图的实际运用

例如，在国内高校创新创业课堂教学中的运用情况如下：

（1）组建创新创业团队，如破冰之旅（成员的自我介绍）；

（2）确定创业项目，如绘制商业画布。

〖本章小结〗

创新方法无所不在，创新方法教人聪明，创新方法是创新的“银手杖”。

本章内容从原则上说，只要清楚它们的原理和方法，任何人都可使用。但是，如果只是掌握创新方法的原理和技巧，不去勇于创新、不去大胆实践，创新方法也难以发挥很好的作用。这就希望大学生掌握创新方法后要付诸行动。只有边学边用，才能取得创新的成功。

〖延续思考〗

7-1 你能否理解智力激励法的基本原理，如何利用这些原理于创新实践和改进工作？

7-2 如何理解诺贝尔奖得主肖克莱的话：“所谓创造就是把以前独立的发明组合起来”？

7-3 结合创新活动，选择六大类创造方法中的一种或几种，通过训练达到熟练应用程度。

7-4 运用创新技法提出：关于开发“学生宿舍房间布置”的新设想。

8 创业天地：大学生创新创业的“大熔炉”

第 8 章数字资源

〖名言金句〗

高等学校，必须将创业技能和创业精神作为高等教育的基本目标。

——联合国教科文组织《21 世纪的高等教育：展望与行动世界宣言》

最有希望的成功者，并不是才干出众的人，而是那些最善于利用每一时机去发掘开拓的人。

——苏格拉底

倘若一定要问我青年应当向怎样的目标，那么，我只可以说出我为别人设计的话，就是，一要生存，二要温饱，三要发展。有敢来阻碍这三事者，无论是谁，我们都反抗他，扑灭它！

——鲁迅

在创业时期中必须靠自己打出一条生路来，艰苦困难即此一条生路上必经之途径，一旦相遇，除迎头搏击外无他法，若畏缩退避，即等于自绝其前进。

——邹韬奋

〖温馨提示〗

广义创业就是岗位创业，狭义创业就是自主创业。大学生创业既可先了解创业、再体验创业、最后尝试创业；又可先择业、再就业（先岗位创业）、最后创业（真正自主创业）；也可先当打工仔、再做合伙人、最后当老板。

创业本质是创新，创业始于创新。创新是创业的基础，创业是创新的成果。没有创新，哪来创业。务必把创新和创业融为一体，共生共荣。所谓创新创业就是在创新基础上的创业。

创业本来不容易，无限风光在险峰。创业路上多艰辛，心里务必早准备。创业有风险，投资需谨慎。在艰难的创业路上，只有冷静识别创业陷阱、注意规避创业风险和坦然面对创业失败，才能过关斩将、终获成功！

8.1 尽快熟悉创业基础

8.1.1 创业概念与特点

8.1.1.1 创业概念

创业是指承担风险的创业者，通过寻找和把握商业机会，投入已有的技能知识，配置相关资源，创建新企业，为消费者提供产品和服务，为个人和社会创造价值和财富的过程。

这个概念还包括以下几层含义：

（1）创业是一个创造的过程，即创业者要付出努力和代价首先去创新创造；

（2）创业的本质在于商业机会的价值发掘与利用，即要创造或认识到事物的商业用途；

（3）创业的潜在价值需要通过市场来体现，即市场是实现财富的渠道；

（4）创业以追求回报为目的，包括个人价值的满足与实现、知识与财富的积累等。

8.1.1.2 创业特点

创业具备四个基本特点。

（1）创业具有目的性。有的人创业是为了生存，有的人创业是为了致富，有的人创业是为了实现当老板的梦想等。这种明确的目的性是创业者最大的特点。

（2）创业具有广阔性。广阔性主要是指创业的主体、类型、行业等。例如：从创业主体讲，创业不受性别、文化、民族、学历等限制，不同职业，不同阶层的人都可以做创业者。从行业来说，可以从事物流、生产加工、零售销售等。

（3）创业具有主动性。创业者既有选择自己合适的行业和项目进行创业的权利，也可以选择适合的合伙人进行创业。创业是一份自主性很强的工作，创业者可以最大限度地做自己喜欢做的事情。

（4）创业具有风险性。创业与就业不同，就业没有太大的风险性，但从创业的过程和结果看，对创业者来说是艰辛和有风险的。市场竞争越激烈，风险也就越大，但创业存在着风险的同时也充满了诱惑力。

8.1.2 创业内涵与形式

8.1.2.1 创业的内涵

分为广义与狭义定义两个方面。

广义的创业内涵：是指创造一番事业，不限于企业。

狭义的创业内涵：是特指创办企业，整合资源以创造经济或社会价值的过程。

综上，创业的内涵就是“创造并销售产品或服务”。

8.1.2.2 创业的形式

主要包括复制型创业、模仿型创业、安定型创业和冒险型创业四种主要形式。

创业的形式就是“创建一家企业”。

8.1.3 创业真谛与规律

8.1.3.1 创业的真谛

创业的真谛是创新。创业在本质上是一种创新活动，创业过程本质上是创新过程。创新是从无到有、从小到大、由旧变新、由弱变强、由差变好。因此，新价值、新事物、新内容、新功能、新领域、新对象等都是创业的真谛。

8.1.3.2 创业的规律

创业基本问题规律、创业基本过程规律和创业基本矛盾规律就构成三大创业规律。

（1）创业基本问题规律。

1）创业的两大基本要素，即创业者和创业项目。

2）创业基本问题规律就是研究创业两大基本要素及其相互关系并探索创业本质的规律。因为，创业者的本质是“魂”，而创业项目的本质是“根”，而研究“魂”和“根”的问题，是对创业起主导作用的问题，是贯穿创业全过程的最稳定和最一贯的问题，是决定创业其他一切问题的根本，因而是创业基本问题。

（2）创业基本过程规律。

1）创业基本过程。创业就是以项目选择为起点、以企业诞生为终点的自然过程。

2）创业三个阶段，即立项、模拟和运转。

第一阶段：选项阶段——项目选择。就是要回答创业创的什么业的问题。

第二阶段：模拟阶段——以探索的方式完成对项目本质特征的理解，以实验的方式完成对项目可行性的确认，以建立小规模系统模型的方式完成对动态项目要素综合的把握（这是创业不可逾越的阶段，是创业过程中必然产生的创业能力与创业实践的矛盾、功能创造与功能决定的矛盾、理想与实践的矛盾等三对矛盾所决定的）。

第三阶段：运转阶段——是创造新企业生存的运作过程，是创业实现目标的第一阶段。

3）创业的九个步骤（也可称为创业九步）。

第一步：明白自己具备创办企业的基本素质——必须清楚什么是企业，创办企业所需的基本素质和要求是什么？

第二步：明白自己具有创办企业的强烈愿望——必须清楚你想创办什么企业，有何具体想法，是否真的具有强烈愿望？

第三步：明白创办企业前需要进行市场评估——必须清楚在有了自己创办什么企业的想法后，在哪里寻找顾客，创办的企业有没有市场，有哪些竞争对手，这些竞争对手的情况如何？确定市场营销计划并预测销售量。

第四步：明白自己创办的企业必须遵纪守法——必须清楚选择合适的法律形态并进行登记注册后，才能受到国家法律的保护；创办企业需要承担哪些法律责任。

第五步：明白创办企业需要组织人员去生产——必须清楚在预测了产品销售量以后，怎样组织相关人员去生产、销售和管理。

第六步：明白创办的企业需要准备启动资金——必须清楚启动资金包括投资资金和流动资金两部分；并能根据企业规模和销售预测情况算出需要的启动资金数量。

第七步：明白创办的企业需要制订利润计划——必须清楚创办企业必须赢利，这是企业成败的关键，清楚什么是成本？怎样定价才能赢利？清楚现金流量对维持企业正常运转与赢利的重要性并能制订企业赢利计划与现金流量计划。

第八步：明白创办企业需要制订创业计划——必须清楚通过前七步的模拟练习，把在各步中对企业的各项考虑列入创业计划书中，形成自己创办企业的创业计划。同时，根据这个创业计划衡量自己的企业是否能够创办下去。

第九步：明白创办企业需要尽快行动起来——必须清楚心动不如行动。有了可行的创业计划后，就需尽快把企业办起来，并做好诸多相应管理的准备工作。

4）创业基本过程规律。创业基本过程规律就是研究上述三个问题及其相互关系的规律。

（3）创业基本矛盾规律。创业基本矛盾规律就是贯穿创业过程始终的七大基本矛盾。一是资金矛盾；二是关系创业中的人际关系矛盾；三是立项不清带来骑虎难下的矛盾；四是只有愿望点而没有利益点的矛盾；五是法规不清导致运行不畅的矛盾；六是合作者股东之间的矛盾；七是社会风气浮躁容易滋生创业投机行为的矛盾。如果解决不好以上提出的矛盾，创业很难成功。

8.1.4　创业模式与方向

8.1.4.1　创业的模式

综合国内情况，主要有十一种创业模式：

（1）模式一，白手起家；
（2）模式二，收购现有企业；
（3）模式三，代理；
（4）模式四，加盟（特许经营）；
（5）模式五，在家创业；
（6）模式六，兼职创业；
（7）模式七，团队创业；
（8）模式八，大赛创业；
（9）模式九，概念创业；
（10）模式十，网络创业；
（11）模式十一，内部创业。

8.1.4.2　创业的方向

创业的资金投入哪个项目、哪种商品，是最重要的投资决策。通过各种途径和方法艰难筹到的资金只有投向最能赢利的地方，才能达到运用资金的利润最大化。有关业内人士就创业方向给出了八大建议。

（1）大型不如小型。大型项目投入运行后的优势是单位成本低、技术基础强、容易形成支柱产业，但存在资金需求量大和管理经营难度大、相应的风险也大的三大难题。而一般人创业，特别是大学生创业，只要是做民间性质的投资，就宜选择投资小见效快、技术难度系数低的投资方向。

（2）重工不如轻工。重工业是国民经济发展的基石，但投资周期长，回收慢，一般不是民间资本角逐的领域，而是国有企业的天下。无论是生产加工，还是流通贸易和经营，开发轻工产品尤其是消费品，风险小、投资力度小，容易在短期内见效，特别适合于民间资本。

（3）用品不如食品。民以食为天，中国人有闻名世界的饮食文化，千家万户的一日三餐，加上逢年过节、婚丧嫁娶、亲朋聚会、迎来送往、庆典欢宴等，还有各地小吃、休闲食品、名优特食品、儿童食品等，食品市场庞大而经久不衰，而且政府除了技术监督、卫生管理和财税管理外，对食品行业经营的规模、品种、布局、结构等一般不予干涉。食品业投资可大可小，切入容易，选择余地大。

（4）“做”男不如“做”女。社会学家研究认为，全社会购买力70%以上是掌握在女性手中，大部分女性执掌着家庭的“财政大权”，而且相当多的商品是由女性直接消费的，时装、鞋帽、首饰、化妆品无不是女性的“主阵地”。所以，如果在消费品领域创业，无论是生产还是销售，定向于女性会发现更多的机会。

（5）“做”大不如“做”小。中国的儿童消费品和用品市场是很有特色的，它弹性大，随机购买力强，容易受广告、流行、情感、环境的影响，人们购买儿童用品都买贵的不买便宜的，买好的不买差的，大人舍得在孩子身上花钱。向这种市场投资创业，是一种富有生命力的选择。

（6）综合不如专业。大而全、小而全的经营，是计划经济上下认同的模式。市场经济是综合化发展的，许多成功的企业家像海尔的张瑞敏也是从洗衣机起家向综合发展，不过这更多的是一种宏观的态势和整体格局，微观领域往往要靠专业化取胜。专业化生产和流通容易形成技术和批量经营的市场特色。

（7）新建不如租赁。购买设备，招聘员工，这是投资者的项目上马后要做的事，但投资不一定都要从头开始。经济发展到一定阶段，许多创业可以利用现有的人才、设备、厂房、门面甚至机构，从而节省资金。有统计表明，对原有项目进行技术经济改造，比完全的新建项目资金消耗要少1/3，原材料和时间要节约1/2。实现这种效果的有效投资方式就是租赁，以向所有者交付租金的方式取得经营管理权。

（8）个人不如加盟。作为一种全新的现代营销模式，特许加盟经营已成为个人创业的重要途径之一。调查显示，在相同的经营领域，个人创业的成功率低于20%，而加盟创业的成功率则高达80%~90%。这是因为利用知名品牌创业风险较小，所以成功率较高。目前连锁加盟项目多达近百种，涉及服务业、零售业、教育培训业等诸多领域。专家分析，像零售业、餐饮、制水、美容美发、保洁等领域“门槛”低但竞争激烈；而教育培训、图书经营、旅游服务、教育服务、心理咨询等新兴领域虽然对创业者要求要高些，但发展的空间相对较大，特别适合大学生创业。

8.1.5　创业要素与类型

8.1.5.1　创业的要素

（1）创业的基本要素，即创业者和创业项目两大要素。

（2）创业的重点要素，主要包括创业者、商业机会、技术、资金、人力资本、组织、产品服务等七个方面。

1）创业者是创业过程中处于核心地位的个人或团队，是创业的主体。创业者在创业过程中起着关键的领导和推动作用，包括识别商业机会、创建企业组织、融资、开发新产品、获取和有效配置资源、开拓新市场等。因而创业者的素质和能力是创业成功的第一要素。

2）商业机会是创业过程中的核心，创业者从发现和识别商业机会开始创业。商业机会指没有被满足的市场需求，它是市场中现有企业留下的市场空缺。商业机会就是创业机会，它意味着顾客能得到比当前更好的产品和服务的潜力。

3）技术是形成产品或服务的重要基础。产品与服务当中的技术含量及其所占比例，是企业满足社会和市场需求的支撑和保障，是企业的核心竞争力。

4）资金对于处在不同发展阶段的企业来说都是非常重要的。在企业快速发展时期，资金的缺口将直接限制企业的发展壮大，而在创业之初，主要是靠自筹资金，对于符合一定条件的创业者，将有可能获得一定的政府扶持资金。

5）人力资本是创业的重要资源投入。资源的投入和运作是创业成功的重要保障。资源是创业所需的各种人、财、物，包括厂房、机器设备等有形资源和专利、品牌等无形资源；包括个人技能、经营才能等个人资源和信息、权力影响、情感支持、金融资本等社会资源。人力资源是创业的重要资源投入，创业者的识人、留人、用人，构建创业的核心团队是成功的关键。

6）组织是协调创业活动的系统，是创业的载体，是资源整合的平台。创业型组织的显著特征是创业者的强有力领导和正式结构和制度的缺乏。从广义来说，创业型组织是以创业者为核心形成的关系网络，不仅包括新设组织内的人，还包括这个组织之外的人或组织，如顾客、供应商和投资人。

7）产品服务是创业者为社会创造的价值，它既是创业者成功的必要条件，也是创业者对社会的贡献。正是通过为社会提供更多更好的产品服务，人类社会的财富才日益增多，人们的生活也变得丰富多彩。

综上所述，创业就是具有创业精神的创业者利用商业机会，组织技术、资金、人力等资源相互作用、合理配置，创造产品和服务的动态过程。

8.1.5.2　创业类型

创业类型可从创业主题的性质、创业的起点、创建企业过程中制度创新的差异来分类。

（1）按创业主体的性质分类。

1）个人独立创业。个人独立创业指创业者个人或几个人所组成的创业团队，白手起家完全独立地创建企业的活动。

2）公司附属创业。公司附属创业是指由一家已经相对成熟的公司创建一家新的附属企业。这种创业类型有三个好处：一是通过创建一家具有更高效率的附属新企业，构建新的经营和销售模式，促进新产品的商业化；二是通过创建新的企业建立起能够对市场需求做出快速反应的窗口，保持公司的总体创新活力；三是通过创建新企业吸引社会投资。

3）公司内部创业。内部创业是由一个企业内的、具有创业愿望和理想的员工发起，在组织支持下由员工与企业共担风险、共享创业成果的创业形式。内部创业能够通过满足优秀员工的成就感而留住人才，使企业运作趋于安定，更可以凭制度的授权来减轻公司主要负责人的工作负担，是一种可以让老板和员工双赢的管理制度。还能因此使内部创业企业看到公司的毛病和不足，反思自己，探索切实可行的变革之路。目前，国内已有越来越多的知名企业开始把内部创业体系纳入公司发展规划之中。

（2）按创业起点的不同分类。

1）创建新企业。创建新企业是从无到有地创建全新的企业组织。

2）公司再创业。公司再创业是指一个已存在的公司，由于产品、市场营销或企业组织管理体系等方面的原因而陷入困境，因而需要进行重新创建的过程，在我国习惯地称为“二次创业”。

（3）按创新层次的不同分类。

企业是由产品、营销模式和组织管理体系等三个不同的层次所组成的经济实体，而其中任何一个层次的创新活动如果涉及管理体系的建设，就构成了创建企业意义上的创业活动。

1）基于产品创新的创业。通过产品创新产生新的消费者群体，必然导致市场营销模式的创新，继而涉及企业管理体系建设，构成创建企业意义上的创业。

2）基于市场营销模式创新的创业。产品仍然是老产品，创新市场营销模式，采取一种有别于其他厂商的市场营销模式，给消费者带来新的和高效的满足。

3）基于企业组织管理创新的创业。企业的产品及营销模式都没有重大创新，但由于采取了一种有别于其他企业的组织管理模式体系，能够更高效地实现产品的商业化和产业化而成功创业。

综上所述，从创业分类上看，大学生创业属于个人独立创业和创新企业类型。对于先就业、后创业的大学生，往往通过先就业取得实践经验和积累创业资金，可以选择脱离就业单位个人独立创业，也可选择公司内部创业。

8.1.6 创业本质与现实

8.1.6.1 创业的本质

（1）创业的本质：创业者能力的自我再造过程。

（2）创业的过程：创业者的主导作用体现在创业者的能力。而创业这个特殊能力只能来自创业实践的历练。因此，创业者增长能力的实践是一个过程，就是创业者蛹化为企业家的过程，也是创业者在从小做起艰苦磨炼中铸造灵魂资本的过程。

8.1.6.2 创业的现实

创业的现实就是新办企业与运作多年企业比较，存在的“十个没有”：

（1）没有品牌及其知名度；

（2）没有清晰的市场目标；

（3）没有自己的销售渠道；

（4）没有自己的销售队伍；

（5）没有销售管理的经验；

（6）没有稳定的价格体系；

（7）没有独特的产品概念；

（8）没有很好的产品包装；

（9）没有足够的产品系列；

（10）没有足够的宣传资金。

8.1.7 创业项目及计划

8.1.7.1 创业的项目

（1）创业项目的地位。创业项目是创业两大基本要素之一，处于创业“根”的重要地位。

（2）创业项目的来源。创业项目主要有以下三个来源：

1）从市场中来；

2）从自身中来；

3）从创新中来。

8.1.7.2 创业计划书

（1）创业计划书的概念。创业计划书，是创业者自己在创业前需要准备的一份书面计划，是创业者创业的蓝图，也是筹措创业资金的重要依据。

（2）创业计划书的意义作用如下。

1）帮助创业者理清思路，准确定位；

2）帮助创业者获得创业融资。

（3）创业计划书的构成。创业计划书主要包括以下内容。

1）摘要，是为了吸引战略合伙人与风险投资人，一般要在后面所有内容编制完成后，再把主要结论性内容摘录于此，以求一目了然，在短时间内给使用者留下深刻的印象。

在摘要中，企业必须回答下列问题：

①企业所处的行业，企业经营的性质和范围；

②企业主要产品的内容；

③企业的市场在哪里，谁是企业的顾客，他们有哪些需求；

④企业的合伙人、投资人是谁；

⑤企业的竞争对手是谁，竞争对手对企业的发展有何影响；

⑥如何投资、投资数量和方式；

⑦投资回报及安全保障。

摘要如同推销产品的广告，编制人要反复推敲，力求精益求精，形式完美，语句清晰流畅而富有感染力，突出企业的优势和特色以及企业获取成功的市场因素，以引起投资人阅读创业计划书全文的兴趣。

2）企业介绍。这一部分是向战略合伙人或者风险投资人介绍融资企业或项目的基本情况。具体而言，如果企业处于种子期或创建期，现在也只有一个美妙的商业创意，那么，应重点介绍创业者的成长经历、求学过程，并突出其性格、兴趣爱好与特长，创业者的追求，独立创业的原因以及创意如何产生。

如果企业处于成长期，应简明扼要介绍公司过去的发展历史、现在的状况以及未来的规划。包括公司概述、公司名称、地址、联系方式；公司的业务状况；公司的发展经历；对公司未来发展的详尽规划；本公司与众不同的竞争优势；公司的法律地位、公共关系、知识产权、财务管理、纳税情况、涉诉情况等。在描述公司发展历史时，正反的经验都要写，特别是对以往的失误，不要回避，反而能够赢得投资者的信任。

3）管理团队介绍。管理团队是投资者非常看重的，这部分主要是向投资者展现企业管理团队的结构、管理水平和能力，职业道德与素养，使投资者充分了解管理团队的能力，增强投资信心。在编写过程中需要注意两点。

①必须对公司管理的主要情况做一个全面介绍，包括公司的主要股东及他们的股权结构、董事和其他一些高级职员、关键的雇员以及公司管理人员的职权分配和薪金情况，必要时，还要详细介绍他们的个人经历和背景。企业的管理人员应该是互补型的，而且要具有团队精神。一个企业必须具备负责产品设计与开发、市场营销、生产作业管理、企业理财等方面的专门人才。

②在这部分创业计划书中，还应对公司组织结构做一简要介绍，包括公司的组织机构

图、各部门的功能与责任、各部门的负责人及主要成员、公司的报酬体系等。

4）产品（服务）介绍。在进行投资项目评估时，投资人最关心的问题之一就是，企业的产品、技术或服务能否在多大程度上解决现实生活中的问题，或者，企业的产品（服务）能否帮助顾客节约开支、增加收入，这是市场销售业绩的基础。

其介绍内容主要包括：产品的名称、特性及性能用途；产品处于生命周期的哪一阶段，市场竞争力如何；产品的研究和开发过程；产品的技术改进、更新换代及新产品研发计划及相应的成本；产品的市场前景预测；产品的品牌和专利。

5）行业、市场分析预测。主要介绍行业发展趋势，行业发展中存在的问题，国家有关政策，行业主要盈利模式，市场容量，市场竞争情况，市场策略等。

6）市场营销策略。营销策略的内容应包括营销机构和营销队伍的建立、营销渠道的选择和营销网络的构建、广告策略和促销策略、价格策略、市场渗透与开拓计划、市场营销中意外情况的应急对策等。在介绍市场营销策略时，创业者要讨论不同营销渠道的利弊，要明确哪些企业主管专门负责销售：主要使用哪些促销工具，以及促销目标的实现和具体经费支出等。

7）生产计划。生产制造计划旨在使投资者了解产品的生产经营状况。这一部分应尽可能把新产品的生产制造及经营过程展示给投资者。其主要内容包括：

①公司现有的生产技术能力，企业生产制造所需的厂房、设备情况；

②质量控制和改进能力；

③新产品的生产经营计划，改进或将要购置的生产设备及其成本；

④现有的生产工艺流程，生产周期标准的制订及生产作业计划的编制；

⑤物资需求计划及其保证措施，供货者的前置期和资源的需求量；

⑥劳动力和雇员的有关情况。

同时，为了提升企业的评估价值，企业家应尽量使生产制造计划更加详细、可靠。

8）财务分析与预测。这部分包括公司过去若干年的财务状况分析，今后三年的发展预测，以及详细的投资计划。旨在使投资者据此判断企业未来经营的财务状况，进而判断其投资能否获得理想的回报，因此它是决定投资决策的关键因素之一。

9）融资计划。其主要内容如下。

①融资数额是多少？已经获得了哪些投资？希望向战略合伙人或风险投资人融资多少？计划采取哪种融资工具？

②公司未来的资本结构如何安排？公司的全部债务情况如何？

③公司融资所提供的抵押、担保文件，包括以什么物品进行抵押或者质押，什么人或者机构提供担保？

④投资收益和未来再投资的安排如何？

⑤如果以股权形式投资，双方对公司股权、控制权、所有权比例如何安排？

⑥投资者介入公司后，公司的经营管理体制如何设定？

⑦投资资金如何运作？投资的预期回报？投资者如何监督、控制企业运作等？

⑧对于吸引风险投资的，风险投资的退出途径和方式是什么，是企业回购、股份转让还是企业上市？

由于与资金供给方合作的模式可能有多种，因此还需设计几种备选方案，给出不同盈利模式下的资金需求量及资金投向。

10）风险分析。这部分内容主要是向投资者分析企业可能面临的各种风险隐患，风险的大小以及融资者将采取何种措施来降低或防范风险、增加收益等。

对于企业可能面临的各种风险，融资者最好采取客观、实事求是的态度，不能因为其发生的可能性小而忽略不计，也不能为了增大获得投资的机会而故意缩小、隐瞒风险因素，而应该对企业所面临的各种风险都认真地加以分析，并针对每一种可能发生的风险做出相应的防范措施，这样才能取得投资者的信任，也有利于引入投资后双方的合作。

11）附件和备查资料。附件主要是对创业计划书中涉及的一些问题细节和相关证书、图表进行描述或证明，如企业的营业执照、公司章程、验资审计报告、税务登记证、高新技术企业（项目）证书、专利证书、鉴定报告、市场调查数据、主要供货商及经销商名单、主要客户名单、场地租用证明、公司及其产品的介绍、宣传等资料、工艺流程图、各种财务报表及财务预估表、专业术语说明等。它与创业计划书主体部分一起装订成册。

备查资料只需列出清单，待资金供给方有投资意向时查询。

8.1.8 创业教学与研究

8.1.8.1 创业的教学

（1）明确教学目的。在增强创新精神、创业意识和创新创业能力的基础上，如何让已经确定的创业项目站住脚、活起来。

（2）明确教学内容。揭示创业规律，解决实践问题。

（3）明确教学方法。就是“推动一个激发、实现三个转化”。

1）“推动一个激发”就是激励和引发创业想法或热情。

2）“实现三个转化”：

①实现从创业想法向选择项目转化；

②实现从选择项目向运作项目转化；

③实现从运作项目向项目成功转化。

8.1.8.2 创业研究

（1）明确研究对象-创业项目选择与创业运转实现之间的相关问题。

（2）研究探索创业规律。

8.2 敏锐寻找创业商机

8.2.1 懂得寻找创业商机之法

案例 8-1 海岛卖鞋——曾经有一家美国的制鞋公司寻找国外市场，公司总裁派了一名推销员到非洲某个海岛上的国家，让他了解一下能否向该国卖鞋。这个推销员到非洲后给总部发回一封电报说：“这里的人都习惯赤脚，不穿鞋，这里没有市场。”随即这名推销员就离开了那里。总裁随后又派去另一名推销员。第二个推销员到非洲后也给总部发回一封电报，电报中说：“在这里的发现让我异常兴奋，因为这里的人都是赤脚，还没有一人穿鞋，这里市场巨大。”于是他开始在岛上卖鞋……

该公司觉得情况有些蹊跷，于是总裁派出了第三个业务员。他到非洲待了三个星期，发回一封电报：这里的人不穿鞋，但有脚疾，需要鞋。不过不需要我们生产的鞋，因为我们的鞋太窄，我们必须生产宽一些的鞋。这里的部落首领不让我们做买卖，我们只有向他进贡，才能获准在这里经营。我们需要投入大约1.5万美元，他才能开放市场……”因此，我建议公司应开辟这个小岛市场。该公司董事会采纳了这位业务员的建议，并通过适宜的营销组合，最终成功地开拓了这个小岛市场。

创业要从商业机会中产生，那么，哪些情况又代表着机会呢？机会无时不在，无处不在。寻求机会的简便方法，可以关注以下六个方面。

8.2.1.1 从问题中寻找机会

创业的根本目的是满足顾客需求。而顾客需求在没有满足前就是问题。寻找创业机会的一个重要途径是善于去发现和体会自己和他人在需求方面的问题或生活中的难处。比如，上海有一位大学毕业生发现远在郊区的本校师生往返市区交通十分不便，于是创办了一家客运公司；双职工家庭，没有时间照顾小孩，于是有了家庭托儿所；没有时间买菜，于是产生了送菜公司等，这些都是把问题转化为创业机会的成功案例。

8.2.1.2 从变化中寻找机会

创业的机会大都产生于不断变化的市场环境。著名管理大师彼得·德鲁克将创业者定义为那些能“寻找变化，并积极反应，把它当作机会充分利用起来的人”。这种变化可以包括产业结构的变动、消费结构升级、城市化加速、人口结构变化、价值观与生活形态的变化、政府政策的变化、人口结构的变化、居民收入水平提高、全球化趋势等诸多方面。比如居民收入水平提高，私人轿车的拥有量将不断增加，这就会派生出汽车销售、修理、配件、清洁、装饰、二手车交易、陪驾等诸多创业机会；人口结构变化可以创造以下一些机会：为老年人提供的健康保障用品、为幼儿服务的业务项目、为年轻女性和上班女性提供的用品、为家庭提供的文化娱乐用品等。

8.2.1.3 从创造发明中寻找机会

创造发明提供了新产品、新服务，更好地满足顾客需求，同时也带来了创业机会。比如随着电脑的诞生，电脑维修、软件开发、电脑操作的培训、图文制作、信息服务、网上开店等创业机会随之而来，即使你不发明新的东西，你也能成为销售和推广新产品的人，从而给你带来商机。

8.2.1.4 从新知识、新技术的产生中寻找机会

随着科技的发展，开发高科技领域是时下热门的课题，例如，当人类基因图像获得完全解决，可以预期必然在生物科技与医疗服务等领域带来极多的新事业机会；又如随着健康知识的普及和技术的进步，围绕“水”就带来了许多创业机会，上海就有不少创业者加盟“都市清泉”而走上了创业之路。

8.2.1.5 从竞争中寻找机会

机会并不只属于“高科技领域”，在“低科技领域”也有机会，如果你能弥补竞争对手的缺陷和不足，这也将成为你的创业机会。

8.2.1.6 从顾客的差异中寻找机会

机会不能从全部顾客身上去找，由于共同的需求容易被识别，基本上很难再找到新的

突破口。而实际上每个人的需求都是存在差异的，如果我们时常关注某些人的日常生活和工作，就会从中发现某些机会。因此，在寻找机会时，应习惯把顾客分类，如政府职员、农民、大学教师、杂志编辑、小学生、单身女性、退休职工等，认真研究各类人员的需求特点，则机会自见。

8.2.2 培养发现创业商机之能

发现创业机会不是一件容易的事情，对于创业者来说，发现创业机会的能力也是当老板必备的素质之一，创业者在日常生活中需有意识地加强实践，培养和提高发现创业商机的能力。

8.2.2.1 要培养市场调研的习惯

发现创业机会的关键点是深入市场进行调研，要了解市场供求状况、变化趋势，考察顾客需求是否得到满足，注意观察竞争对手的长处与不足等。

8.2.2.2 要多看、多听、多想

每个人的知识、经验、思维以及对市场的了解不可能做到面面俱到，多看、多听、多想能广泛获取信息，见多识广、识多路广，及时从别人的知识、经验和想法中汲取有益的东西，从而增加发现机会的可能性。

8.2.2.3 要有独特的思维

要克服从众心理和传统的习惯思维模式，要发扬敢闯敢试、敢为天下先的精神，只有这样才能及时认识和把握国内外市场为我们提供的良机。

8.2.2.4 要有积极的心态

著名成功学大师拿破仑·希尔说，“一切成功，一切财富，始于意念。”一个想创业的朋友，如果你暂时还没发现机会或抓住机会，你不要怨天怨地怨别人，先想一想自己的态度是否积极？思想观念、思维方式是否正确？

8.2.3 厘清选择创业商机之策

《21世纪创业》的作者杰夫里·A·第莫斯教授提出，好的商业机会有以下四个特征。

(1) 它很能吸引顾客。

(2) 它能在你的商业环境中行得通。

(3) 它必须在机会之窗存在的期间被实施。机会之窗是指商业想法推广到市场上去所花的时间，若竞争者已经有了同样的思想，并把产品已推向市场，那么机会之窗也就关闭了。

(4) 它必须有资源（人、财、物、信息、时间）和技能才能创立业务。

可以根据这些特征来选择创业商机的策略。

8.3 及时做好创业准备

8.3.1 具备创新创业思维

创业在于将梦想通过创新创业的思维思考，化作行动、变为现实。创新创业思维就是

对创业的科学思考，是大学生创业准备的内容之一。由于创新创业思维有很多，不可能都掌握，只要注意去熟悉它并且勤于思考，对创业准备就很有益处。

8.3.2 具备创新创业精神

按照国发〔2015〕32号文件《国务院关于大力推进大众创业万众创新若干政策措施的意见》中关于“推进大众创业、万众创新，就是要通过加强全社会以创新为核心的创业教育，弘扬‘敢为人先、追求创新、百折不挠’的创业精神”去不断实践。

创新创业精神是创业的核心与灵魂。创新创业精神最初来自新建企业，但不限于新建企业。

8.3.3 具备创新创业意识

创新创业意识就是根据客观需要而产生的强烈、不安于现状的、执意于创建新事业的要求和动力。创新创业意识中还有致富的渴望，成功学大师拿破仑·希尔说：“每一个人到了某一年龄，都会开始明白金钱的重要和意义，因而对它产生‘渴望’，但仅如此是不会导致财富的出现；相反，对金钱有着强烈的‘愿望’，并执着于自己的理想，按照既定的路线去创造财富，用坚忍不拔的精神来支撑自己，永不言败，不胜不归，你将会创造出惊人的财富。”

在培养创新创业意识中，要逐步树立“只要肯于创业、善于创业、乐于创业，人人都可以成为创业者”的信念。为什么说人人都可以成为创业者？这是因为创业有国家法律和政策的支持，创业不受资金财力的限制，创业不受学历、年龄的限制，创业不需要特殊性格和能力。但是，创业只有渴望成功的心愿还不够，还需将心愿催生为行动，创新创业意识才能培养起来。

8.3.4 具备创新创业能力

创新创业能力是一种特殊的能力，这种特殊能力往往影响创业活动的效率，决定成功与否。创新创业能力一般包括组织领导能力（战略管理能力、决策学习能力）、业务能力（经营管理能力、专业技术能力与交往协调能力）和创新能力。

创业需要具有与完成创业活动和获得创业成功相匹配的能力。为创业做准备的大学生，需要对创业者所需要具备的能力有所了解，再认真地分析、认识自己。假如自己尚具备这些能力，应该通过学习提高认真地培养一下自己，使自己尽量达到或接近创业者的能力要求。其实，任何人都不可能是与生俱来就具备创新创业能力的，即使是创业成功的人，也不可能没有能力上的弱项。为提升大学生的创新创业能力，应有目的地在创业学习和创业尝试中培养自己具备创新创业能力，并在创业学习和创业尝试中培养以下三个方面能力。

8.3.4.1 普遍的创新创业能力

详见本书2.1.1.8节叙述的创新创业能力。

8.3.4.2 基本的创新创业能力

（1）诚实守信，取之有道的能力。诚实守信就是诚信，取之有道。来自古人提倡的“君子爱财，取之有道”。这个“道”就是指符合规范的正当途径和规律。社会主义市场经济是建立在诚信基础之上的，没有诚信就没有秩序，市场就会陷入杂乱无章的混乱状态，创业、经商化为泡影。现实生活中的许多著名创业者，在创业中以信誉为本，以注重诚信来发展自己的事业，最终走向成功，甚至书写了创业史上的奇迹。

案例 8-2 诚信带来机会和成功——“为商先为人，信用是银行”杜诗武这样说。杜诗武个人创业 7 年，没有用一分钱贷款，却以每年 216%的速度发展，从 16 m^2 的小门脸到经营两个分公司、3 个精品专卖城、10 多个商场专柜、20 个市县网点。当人们问杜诗武有什么致富秘诀时，他总是说上边的这句话。7 年前杜诗武被他工作的商场解聘下岗，却意外地被他所经销商品的生产厂家上海飞翔电器厂聘为办事处主任，不要他一分钱，反而一次性给他 10 万元货物铺底，这岂不是天上掉馅饼！其实厂家看中的是杜诗武的为人和诚信。那个冬天，上海飞翔电器厂生产的电热毯由杜诗武所在的商场销售，最后剩下有问题的 8 条，仓储部嫌麻烦，把退货的事推给了杜诗武。杜诗武抱着对厂家负责讲信用的态度，把这 8 条电热毯的问题部位清楚地写在纸上，贴在包装袋上，又自己缝了邮包把这几条电热毯给厂家寄了过去。也就是这件小事，让厂长感动了。从此，杜诗武一直恪守一个信念，对顾客讲诚信，对厂家诚信。

没有诚实的劳动，就没有实在的收获，这是一个创业者在开始创业前就应该牢牢记住的信条。

（2）突破常规，大胆创新的能力。人们往往喜欢“随大流”，喜欢按照常规办事。然而，成功的创业者有突破常规、大胆创新的能力，他们在处理问题时能选择新的思路，遇到再棘手的问题也能出其不意且迅速、高效地解决。

（3）运筹帷幄，善于领导的能力。创业从决策开始，到创业计划书的编写、获得投资、企业创建、企业管理、市场营销等等，都要花费很大的精力去一一完成，必须有运筹帷幄善于领导的能力，才能成为一个创业者。

（4）坚韧不拔，克难竞争的能力。成功的创业者必须具备坚忍不拔、直面困难，克服困难并勇于竞争的能力，才能在激烈甚至残酷的市场竞争中成为赢家。

8.3.4.3 特定的创业能力

（1）增强设计感。优秀的设计能够改变世界，充满创意的设计在塑造和改善着我们的工作生活环境，使它们呈现别样的风采。

（2）增强娱乐感，在创业中增加娱乐化。帮助企业找到创新的机会点，用游戏、幽默和快乐等形式提高创业的认知、行动和价值。

（3）增强意义感，探寻人生终极幸福。人类最关心的不是获得快乐或避免痛苦，而是要探寻生命的意义。人类根本动力就是对人生意义的追求和人生终极幸福的探寻。

（4）提升故事力。通过构建和传达具有吸引力和情感共鸣的故事来增强企业的文化感，通过故事来传达企业的思想、理念和价值，并和客户建立情感连接。

（5）提升交响力。将各种独立、看似不相关的要素组合起来，创造出新的成果。交响力是一种综合能力，它能够将不同的元素、概念或信息整合在一起，为企业创办寻求更好的发展前景。

（6）提升共情力。共情力是创办企业的增值能力，通过深入了解用户的需求和情感，与之共情，使企业的创办能更好地满足用户的期望和需求，从而增强用户对产品的认同感和满意度。

8.3.5 具备创新创业素质

8.3.5.1 大学生创业应当具备的九个行为特征

众多学者对大量成功创业者进行了多方面的持续研究，发现成功的创业者在心理与行为上具有许多共同的特征。可归纳为下述九条：

（1）欲望强烈，心态积极；

（2）充分自信，敢于冒险；

（3）毅力坚韧，耐心十足；

（4）眼界开阔、反应敏锐；

（5）把握趋势，明确方向；

（6）善借资源，懂得分享；

（7）坚持学习，经常反省；

（8）勇于创新，出奇制胜；

（9）体魄健康，心理健全。

8.3.5.2 大学生创业应当具备的十项素质

大学生创业首要素质是创业意识，冒险精神也很重要，因为创业就意味着风险。成功创业者具有多种共同的特征，最为重要的为以下十项素质。

（1）欲望：有欲有梦有动力，有闯有创有未来。成功源于欲望。欲望，能让人产生前进的方向；欲望，能让人有动力去实现理想；欲望，还能让人在困难的状态下突破自己。

案例 8-3 马丁·路德·金的《我有一个梦想》演讲——1963 年 8 月 28 日，马丁·路德·金在美国华盛顿林肯纪念堂发表了著名的演讲《我有一个梦想》，目的是追求黑人的平等权利与自由。“只要黑人仍然遭受警察难以形容的野蛮迫害，我们就绝不会满足。只要我们在外奔波而疲乏的身躯不能在公路旁的汽车旅馆和城里的旅馆找到住宿之所，我们就绝不会满足。只要黑人的基本活动范围只是从少数民族聚居的小贫民区转移到大贫民区，我们就绝不会满足。只要我们的孩子被‘仅限白人’的标语剥夺自我和尊严，我们就绝不会满足。只要密西西比州仍然有一个黑人不能参加选举，只要纽约有一个黑人认为他投票无济于事，我们就绝不会满足。”这是其中的一段话，其充分展现了马丁·路德·金追求黑人平等自由的欲望，正是因为这种强烈的欲望驱使着他不畏艰险地去实现这个伟大又漫长的梦想。

（2）忍耐：艰难困苦，玉汝于成。“吃得苦中苦，方为人上人”，要想成大器，就必须经受住各种艰难困苦的考验。

案例 8-4 吴敬梓穷写《儒林外史》——吴敬梓写《儒林外史》时，当时生活异常贫穷，他依靠卖文、典当衣物和友人周济维持生活，冬日天寒，家里无火取暖，夜间写书时寒冷难耐，他就邀请一些朋友，绕城跑步取暖。吴敬梓在这样困苦的三年里，完成了约 40 万字的巨著——《儒林外史》。贫苦并不可怕，可怕的是无所事事，只要能够挺过困难，光明就在前方。

（3）眼界：眼界决定境界，境界决定成败。眼界，指目力所及的范围。引申指见识的广度。

案例 8-5 任正非带领华为走出国门——20 世纪 90 年代，正逢国内电信市场刚刚开放，当时诺基亚、摩托罗拉等国际电信巨头入驻中国，极大地冲击了国内一些传统企业。为了与之抗衡，大多企业采取了“引进国外技术”这条路来进行“抗衡”。然而，任正非并没有随大流，而是提出华为应该放弃一部分国内市场份额，走出国门，通过华为自身产品的价格优势在发展中国家中占领市场先机，从而赢得生存空间。这也为华为成为电信巨头打下了基础。由此可见，眼界开阔能够跳出狭隘的利益观，通过局部牺牲来换取全局的获胜。

（4）明势：顺势而为，蓄势待发。创业，不但要顺应形势的发展，还要积蓄力量借势而进。

（5）敏感：一叶知秋，抢占先机。对市场的敏感程度直接决定了你是否能抢占先机。比尔·盖茨在大三的时候就从哈佛辍学开始创立自己的公司。他自己深知放弃这样一所名校的学历非常令人费解，然而想赶在 IT 业起初阶段创业的“执念”成就了现在的微软“帝国”。同样，李彦宏为了在中国互联网兴起初期占领先机，放弃了他之前非常想去完成的博士学业，创办了百度。如果他当年选择读完博士再来创业，也许现在百度的影响力会比现在小很多。马云如果当年没有看到互联网的巨大商机，“万能的淘宝”这个称号可能也要易主了。

（6）人脉：事在人为，知人善任。创业成功很重要的一个基础就是人脉的积累。因此培养正确的人脉积累方式是极其重要的。在积累人脉的过程中就应注意做到慷慨大气、放低姿态、坚持原则、没有鄙视心态、活用网络等。

（7）谋略：兵不在多在于精，将不在勇在于谋。

（8）胆量：无限风光在险峰，人生难得几回搏。

（9）分享：合作共赢，同舟共济。合作才能发展，合作才能共赢，合作才能提高。在这个竞争日益加剧的时代，合作不仅是合作双方的选择，更是这个时代的选择。有效的合作能够产生 1+1>2 的效果，使双方共克时艰，共赢商机，提振信心，共同发展。

案例 8-6　传统制造业与互联网产业的合作——曾经，人们只能在实体店买家电，而在实体店获得的价格总是因人而异，会砍价的可以得到一个不错的优惠，而不会砍价就只能被“宰”；在实体店顾客能享受到的服务同样不一样，不少消费者有“买前是大爷，买后变孙子”的感受，经常吃一肚子哑巴亏。而随着互联网电商的日渐成熟，消费者不但可以通过网络购买到低价高质的商品，还能享受到优质的服务，人人都是“亲”的感觉是如此的亲切和温暖。因此，去商场购物的人越来越少，导致家电销量急剧下降。面对这种局面，格力、美的等传统制造业巨头深知单纯的价格战已经不能吸引消费者了，于是纷纷与淘宝、京东等进行了战略合作，结果取得了不错的效果，互联网金融与传统制造业取得了双赢。

（10）反省：逆水行舟，不进则退。失败是成功之母，那么从失败通往成功必定会经过反省这个阶段，没有反省就不会有进步。在创业过程中不可能一帆风顺，需要不断地反省总结才能取得进步。李嘉诚、马云、任正非等大企业家无一例外地都是从无数次的失败教训中反省总结后才取得了今天这样辉煌的成就。

8.3.6　具备专业创新技能

具备与专业相关的各种技能。专业知识从广义上讲，除了专业学科知识，还包括基础知识、现代管理知识、人文社会科学知识及一定的综合学科、边缘学科的知识。

8.3.7 具备创新创业方法

8.3.7.1 大学生创业应当领会的处世之道

大学生在创业过程中不可避免地和形形色色的人打交道，学会领会和培养站高、望远、广闻、慎言、心宽、神定、意坚和气足等处世之道是必修课。

（1）站高：定位决定地位，高度决定眼界。创业项目的定位对企业的发展有决定性的作用，通过学习提高自己，高瞻远瞩，让眼界变得宽阔，对企业的定位就会更准确，创业成功的概率也就越大。

（2）望远：你能看多远，才能走多远。站得高决定创业的高度，看得远则决定着创业的持久性，维持着一个企业的生命力。知识的更新能让目光变得长远，故步自封只能让创业的发展之路停滞不前。

（3）广闻：兼听则明，偏听则暗。在创业过程中谦虚地全方位听取别人的意见是非常重要的处世之道。单一的信息来源，偏听偏信往往导致决策的武断性，汇集多方信息，合理采纳各方意见才能帮助我们明辨是非，做出正确的判断和决定。

（4）慎言：讲实话不如讲对话，讲对话不如讲好话。在这个高速发展的社会中，要学会谨言慎行，不该说的话不说，该说的话选正确的方式说，这对创业中维系良好的团队关系和客户伙伴关系至关重要。

（5）心宽：心地无私天地宽，天生我材必有用。创业之路充满艰难险阻，在创业中不仅要不畏险阻，更要学会取舍、待人宽容，乐观积极状态更有助于创业的成功。

（6）神定：泰然处之，从容应对。在创业路上应对棘手的问题在所难免，神定是创业者应该练就的本领，不因事态紧急而慌乱，更不要因为遇上地位显赫的人物而畏首畏尾，泰然处之，从容应对才是解决问题的上策。

（7）意坚：内心强大，神鬼难近。意志坚定在创业中也是极为重要的。意志坚定与否不仅会影响自己，更重要的是会影响一起创业的同事。保持一颗坚定的内心，不被利益熏昏头脑，专心创业，感染身边的人投身到创业队伍之中。

（8）气足：胸有成竹，一鼓作气。在创业过程中，最忌讳的就是“三天打鱼，两天晒网”。高效才能在创业道路上立足，时间不等人，机会也不等人，抓住机遇、争取时间是创业应有的行事风格。

8.3.7.2 大学生创业应当紧握的成功钥匙

（1）选择大于努力，梦想永不止步。应该选择自己感兴趣的方向，选择适合自己的事业。

（2）做事不如做市，做市不如乘势。宇宙万物、春夏秋冬都有其规律，掌握规律，事半功倍。做事情要有市场的概念，做市场要有趋势的意识。顺势而为，乘势而上。

（3）选择靠自己，成功靠团队。与他人一起思考、合作、协同工作时，可以互补，可以互相提供很多帮助，从而提高工作效率。团队的头脑风暴会对创新思维有一定帮助。

（4）想成为什么样的人，就和什么样的人在一起。永远和积极上进有思想的人靠近、合作、做朋友，让良好的人和事带动自己的进步。

（5）做好销售，展示自己。任何东西要变成价值，都必须被人了解、认同、接受、喜欢，这个过程就是销售。

（6）成功前做你该做的，成功后做你想做的。失败者一开口：我不喜欢。成功者一开口：我要尝试。思路决定出路，想法决定活法。

（7）学习使你进步，创新成就未来。所有封闭衰退的人都是因为不学习，学习使创业者进步，创业成就未来。

（8）管好情绪，改变命运。让人接受你、喜欢你、离不开你，你的命运自然改变。不要动不动就说你就这个脾气、这个性格。每个人一辈子要修的功课就是管理好情绪和脾气。

（9）积极主动，大胆行动。所有成功的人都是积极主动的人。积极的思维，积极的态度，不去等待而是变被动为主动。因为他们明白，谁主动谁掌控，成功者都是主动行动的人。

8.3.7.3 大学生创业应当掌握的做事步骤

（1）首先明确做事的目的与目标。如果你能够在开始做事情之前多花些时间去思考，明确目标，然后以终为始，一步步向目标前进，以后就不会偏离航向。换言之，就是先有经过深思熟虑的预想的终极目标，然后向着目标努力前进。

（2）然后有针对性地采取做事的方法与措施。做事要根据不同情况，采取适宜的办法。创业者在创业活动过程中的每一项举措，都会对创业结果产生不同程度的影响。

（3）最后检查做事的结果与落实。

8.3.7.4 大学生创业应当掌握的工作规范

（1）汇报工作说结果。结果导向思维是第一思维。

（2）请示工作说方案。请示工作做好两套及以上方案给领导选择。

（3）总结工作说流程。做工作总结描述流程，不仅是先后顺序逻辑清楚，更重要的是找出流程中的关键点、失误点、反思点。

（4）布置工作说标准。布置工作就有考核，考核就有标准。标准既确立了规范，又划定了工作边界。

（5）检查工作说要害。一语中的，让人豁然开朗。

（6）交接工作说重点。把工作中形成的经验教训毫不保留地交接给继任者，把完成的与未完成的工作分类逐一交接，不要设置障碍，使其迅速进入工作角色。

（7）回忆工作说感受。交流多说自己工作中的感悟，哪些是学到的，哪些是悟到的，哪些是反思的，哪些是努力的。

8.3.8 具备创新创业优势

创业优势包括：

（1）具备了专业优势；

（2）具备了行业优势；

（3）具备了地域优势；

（4）具备了政策优势；

（5）具备了项目优势；

（6）具备了团队优势；

（7）具备了人脉优势；
（8）具备了平台优势；
（9）具备了年龄优势；
（10）具备了综合优势。

8.3.9 具备创业起步条件

8.3.9.1 掌握创业先后观点

创业起步务必做到“四要四不要”：

要从小做起干起来，不要纸上谈兵；
要花力气选好项目，不要先去注册；
要寻找项目的命根，不要先找资金；
要培育项目的优势，不要先搞形式。

8.3.9.2 掌握创业先后要义

重点把握四句话：

从小做起“动”起来；
找到命根“干”起来；
创造条件“活”下来；
稳定模式“转”起来。

8.3.9.3 掌握创业起步要领

注意把握“十八个先后”：

一是先资格，后资本；二是先打工，后老板；三是先探索；后真干；
四是先育根，后长叶；五是先配角，后主角；六是先不败，后求胜；
七是先务实，后务虚；八是先困难，后容易；九是先市场，后工厂；
十是先样品，后批量；十一是先实验，后规模；十二是先做小，后做大；
十三是先做专，后做宽；十四是先做近，后做远；十五是先集中，后分散；
十六是先运转，后盈利；十七是先生存，进发展；十八是先利他，后利己。

8.3.9.4 拥有创业起步环境

主要审视拟创办企业的整体战略和环境条件。

A 创业战略目标的内容

创业战略目标是创业者根据创立企业的使命，结合内外部环境条件通过 SWOT 分析制定的。一般包括以下几个方面。

（1）市场目标。

1）市场份额。明确企业在目标市场中所占的份额，例如：计划在一年内获取所在城市 10%的相关产品市场份额，这有助于企业衡量自身在市场中的地位。

2）市场拓展。包括进入新的地理区域、开拓新的客户群体等。例如：从本地市场拓展到周边城市市场，或者从面向个人消费者拓展到面向企业客户。

（2）财务目标。

1）盈利目标。确定预期的利润水平，例如：计划在三年内实现净利润达到 100 万元，这是企业生存和发展的重要基础。

2）投资回报率。规定资金投入后的预期回报比率，能够帮助衡量企业的盈利能力和资产利用效率。

（3）产品或服务目标。

1）产品创新。设定产品更新换代或者推出新产品的目标，例如：每年推出一款新的功能升级产品，以此保持企业的竞争力。

2）质量提升。规划产品或服务质量提升的目标，例如：将产品的次品率降低到1%以下，有助于提高客户满意度。

（4）品牌目标。

1）品牌知名度。期望品牌在市场中的知晓程度，例如：计划让品牌在行业内的知名度达到60%，可以通过广告投放、公关活动等来实现。

2）品牌形象塑造。明确品牌在消费者心目中的形象定位，例如：打造一个高端、环保的品牌形象，有利于吸引目标客户群体。

B　创业企业战略的构成

（1）市场营销战略。主要内容包括：使创业企业的产品或服务与顾客需求相适应；将产品或服务信息传递给客户；在适当的时间和地点提供产品和服务；为产品和服务确定价格。

（2）组织战略。为使新企业能有效运作，创业者要设计企业组织结构。包括：组织结构，计划、衡量和评价制度，激励机制，培训制度等。

（3）生产战略。主要明确系统设计和作业计划及控制。其中，系统设计包括生产过程设计、工作方法设计、能力计划、工作场地布置等；作业计划及控制包括需求预测来计划生产水平、作业系统中的工作安排、系统中的人员安排等。

（4）财务战略。主要包括筹集资金和对企业的经营成员实行记录、监督和控制。主要内容：从事经营活动所需要的资金数量和特征；最有效的资本结构、最理想的融资渠道；最有效的资金使用方式；最有效的方式分配资源。

（5）成长战略。主要是指企业抓住机会，充分发挥自身在产品、市场和技术等方面的优势和潜力，以求得企业快速成长的一种战略。这种成长既实现短期的，也追求长期的成长；既是销售收入的增长，也是利润的增长；既是企业成长对股东的回报，也是企业满意度、亲密度和忠诚度的增加。

（6）竞争战略。主要是在企业总体经营战略导向下，为创建相对于竞争对手的战略优势而开展活动的规律体系。它涉及企业在竞争中带有全局性和长远性的问题，是企业把握竞争方向的指南。竞争战略一般包括低成本战略、产品差异战略、目标集中战略等。

C　制定出目标市场定位与竞争战略

目标市场定位与竞争战略是创业前战略思考的重中之重，创业者首先要弄清我的创业企业的市场在哪里？如何在市场上与已有的或潜在的竞争者进行竞争？这是创业企业能否立足市场的根本。

（1）是否进行了充分的市场调查？为避免盲目创业，创业者必须对创业方向以及创业项目进行深入、细致、认真的市场调查。做得有的放矢。

（2）是否进行了市场细分？创业者要通过市场细分来定位目标客户群。

（3）是否明确了目标市场？根据自己的实力和优劣势，选择一个或几个最有利于发挥创业者优势、最具吸引力和能达到经济效益的细分市场作为目标市场。

（4）是否已确定了要提供的产品和服务？项目的选择一定要有发展前景。

（5）如何进行市场营销？创业者应将营销战略作为创业前重点考虑的内容之一。根据目标市场的现状和未来发展变化趋势，制定相应的市场营销战略。

D 考虑创办企业的相关资源与条件

在创办企业前，创业者还要对下述几方面进行战略思考。

（1）产业优惠政策。创业者首先要对现阶段国家政策进行认真地学习，以自身优势和资源确定产业，确定企业发展战略，明确企业产品和服务定位，并把各项政策用足用好。例如企业孵化器的利用、免费服务、资金扶持的享用等。

（2）周边环境条件。根据创业性质，了解周边环境对创业有哪些有利和不利因素。

（3）创业资金来源与筹集渠道、方法。如通过自筹、申请政府或其他机构的无偿资助，或申请银行商业贷款、创业贷款，或引进创业风险投资，也可以通过借贷或引进股权等。

（4）外部可利用其他资源条件。如政策咨询、融资顾问、产品服务专家、营销顾问等。

8.3.9.5 拥有创业起步资金

对于创业融资的困境，创业者必须广泛搜集信息，多渠道解决资金问题。主要思路有以下几个方面。

（1）寻求政策性扶持资金或其他机构的创业资助。作为调节产业导向的有效手段，中央和地方政府设有各种政策性资金。对于拥有高科技成果的创业者，争取这种政策性的支持是一条有效途径。

案例 8-7 章教授争取创业资金——章教授是某大学计算机专业的教师，她一直希望办个软件公司以发挥自己的才能，怎奈没有资金。2007 年，她获悉本地为扶持高科技企业的发展壮大，将创办高科技企业孵化基地，对通过资格审查的企业将提供减免三年租费的办公场所，并给予一定的创业扶持资金。于是她立即带领几个成绩优秀的学生创办了一家软件开发公司，不仅成功地进驻了孵化基地，不花一分钱就获得了一百多平方米的办公场所，而且还得到了 10 万元的扶持基金。

（2）寻找银行各类创业贷款。资金不足时，人们首先想到的就是向银行求援。银行贷款大致可分为信用贷款、抵押（质押）贷款和保证贷款三大类，每一类都有许多创新产品和业务，分别适合于不同的创业企业。

1）小额信用贷款。信用贷款是指银行仅凭对借款人资信的信任而发放的贷款，借款人无须向银行提供抵押物。其中最简单的就是个人信用卡透支（贷款），虽然期限较短，但只要安排妥当，即可解决临时性的资金周转，还可无息使用。

2）抵押贷款。抵押贷款是指按照担保法规定的抵押方式，以借款人或第三人的财产作为抵押物而发放的贷款。办理抵押贷款时应由银行保管抵押物的有关产权证明，其金额一般不超过抵押物评估价的 70%。

3）个人创业贷款。创业贷款实际上是抵押贷款的一种特殊类型，具有一定的政策性。它是指具有一定生产经营能力或已经从事生产经营活动的个人，因创业或再创业提出资金需求申请，经银行认可有效担保后而发放的一种专项贷款。符合条件的借款人，最高可获得单笔50万元的贷款支持，贷款期限一般为1年，最长不超过3年。

4）担保贷款。担保贷款是指以担保人的信用为保证而发放的贷款。随着国内中小企业信用担保体系的建立完善，各地现均有专业化的信用担保机构，如果创业者缺乏合格的抵押物品，就可向担保公司申请。与银行相比，担保公司的“门槛”要低许多。除了房子以外，车子、公司股权、机器设备、存货、特许经营权甚至个人无限责任等，都可作为反担保品。万一贷款到期无力偿还，担保公司还可以通过更灵活的方式处置这些反担保品。

5）质押贷款。质押贷款是以借款人或第三人的动产或权利作为质物而取得的贷款。创业者可用自己甚至亲朋（需要本人书面同意）未到期的存单、国债、国库券、人寿保险单等作为质物，从银行获取有价证券面值80%~90%的贷款。

（3）寻求社会、企业、个人资金。随着经济发展，很多大公司大集团甚至个人手中都掌握着大笔的闲置资金，他们也都在四处寻求好的投资项目。因此，对于手握好项目的创业者，不妨寻找这些投资者。其中，高科技创业企业可向风险投资机构申请，一般性项目也可寻找民间借贷。具体可通过亲朋好友介绍、委托专门中介机构代理，还可以适当发布寻资广告或者上网发布寻资信息。

（4）大公司提供的加盟设备资金支持。当前，有许多大公司为了扩大市场份额，纷纷选择连锁经营的方式来扩充自身规模，他们广泛吸收个体业主加盟经营，还常推出一系列优惠待遇给加盟者。

（5）融资租赁、经营租赁。对于资金有限的创业企业，通过经营租赁，租入所需要的设备、机器等，既可以减少资金占用，还可以获取最新的设备、机器。而融资租赁则是由需要机器设备的企业选购设备，由融资租赁公司根据承租人要求购买设备，并直接提供给使用人，承租人分期偿还租金的一种以融资为目的的信用方式，表面上看是借物，而实质上是融资。这种方式比较适合需要购买大件设备的初创企业。

8.3.9.6 拥有创新创业团队

创新创业团队需要具备五个重要的团队组成要素，简称为5P。

（1）目标（Purpose）。创业团队应该有一个既定的共同目标，目标在创业企业的管理中以创业企业的远景、战略的形式体现。

（2）人（People）。人是构成创业团队最核心的力量。三个及三个以上的人就形成一个群体，当群体有共同奋斗的目标就形成了团队。在一个创业团队中，人力资源是所有创业资源中最活跃、最重要的资源。应充分调动创业者的各种资源和能力，将人力资源进一步转化为人力资本。

（3）创业团队的定位（Place）。创业团队的定位包含两层意思：一是创业团队的定位，即创业团队在企业中处于什么位置，由谁选择和决定团队成员，创业团队最终应对谁负责，创业团队采取什么方式激励下属；二是个体（创业者）的定位，即作为成员在创业团队中扮演什么角色，是制订计划还是具体实施或评估。是大家共同出资，委派某个人参与管理；还是大家共同出资，共同参与管理；或是共同出资，聘请第三方（职业经理人）管理。这体现在创业实体的组织形式上，是合伙企业或是公司制企业。

案例8-8 杰夫·贝佐斯组建高效专业的创业团队——杰夫·贝佐斯在大学时期就萌生了创业的想法，毕业后他选择了进入与互联网和电子商务相关的行业，这为他日后创立亚马逊公司打下了坚实的基础。亚马逊的成功并非贝佐斯一人的功劳。他组建了一支高效、专业的团队，通过团队的智慧和努力，亚马逊从一个在线书店逐渐发展成为全球领先的电子商务平台。贝佐斯深知，要实现大成功，必须依靠团队的力量。

（4）权限（Power）。创业团队当中领导人的权力大小与其团队的发展阶段和创业实体所在行业相关。一般来说，创业团队越成熟领导者所拥有的权力相应越小，在创业团队发展的初期阶段领导权相对比较集中。高科技实体多数是实行民主的管理方式。

（5）计划（Plan）。计划的两层含义：一是目标最终的实现，需要一系列具体的行动方案，可以把计划理解成达到目标的具体工作程序；二是按计划进行可以保证创业团队的顺利进度。只有在计划的操作下创业团队才会一步一步地贴近目标，从而最终实现目标。

8.3.9.7 拥有创业营销骨干

懂得将“十个没有”变为“十个都有”的一批信得过、业务强的创业营销骨干。“十个都有”可分为两个部分。

（1）营销基础的五块基石。

1）功能。是指产品能够满足人们某种需要的属性。

2）价格。慎重定价。

3）成本。成本决定运转的进行，运转决定成本的降低。

4）系列。就是产品必须形成系列，才能尽可能满足不同消费者的需要。

5）综合。企业存活必有其“道”，这个“道”就是以企业优势资源为基础的综合性实力（也就是项目的根）。

（2）开拓市场的五个构件。

1）一个好概念。资源如果是块钢，产品就是一把剑，那概念就是这把剑上的“锋”。

2）一个好名字。给产品起个好名。

3）一个好包装。人靠衣装马靠鞍，包装好了好价钱。

4）一支好队伍。就是要建设一支“精干、高效、忠诚、稳定”的销售队伍。

5）一套好制度。在设置好销售业务部门并明确相应职责的基础上，制定一整套完善的销售管理的规章制度。

8.3.10 具备创业应对预案

8.3.10.1 冷静识别创业陷阱

常见的创业陷阱主要有以下几种。

（1）网络诈骗。一些不法分子利用高科技手段移花接木，借用正规企业的名号行骗。其实网络只是交易的一种媒介，通过网络获得商业信息后，必须进行线下的考察。特别是业务量大的单子，高利润的项目往往风险也相对较高，亲自走访是非常必要的，也可请投资、法律方面的专家把关。

（2）融资诈骗。融资诈骗是指以虚假的融资手段骗取受害人的资金或财产的行为。常见的融资诈骗手段包括虚假投资、虚构公司、伪造文件等。

（3）非法传销。传销实际上是有组织的犯罪活动，利用参与者对组织者宣称的一夜暴富理念产生兴趣，或被传销头目提出的“平等、关爱”等虚拟的东西所迷惑。

8.3.10.2　注意规避创业风险

常见的创业风险主要有以下几种。

（1）规避观念上的风险。很多大学生创业前并没有做好充足的心理准备，很多都抱着侥幸心理，没有做好长期艰苦奋斗的准备，走一步看一步，缺乏接受风险与失败的准备，都会给创业带来致命风险，因此我们要时常审视自己有无意识到这些观念上的风险。

（2）规避缺乏创业技能带来的风险。很多创业者，尤其是大学生，大都会出现眼高手低情况，虽然拥有完美的创业机会，却没有实际操作的技能，很容易导致创业失败，所以这就需要听取长辈和专业人士的建议，学会规避这些风险。

（3）规避盲目选择创业项目的风险。这类风险的根源，一般都是缺乏前期深入的市场调研，不考虑个人的实际情况，全凭主观臆断和兴趣盲目选择创业项目。

（4）规避机会风险。创业者选择创业也就放弃了原先从事的职业，一个人只能做一件事，选择创业就没有其他的选择，这就是所谓的机会成本风险。

（5）规避技术风险。技术风险指在企业产品创新的过程中，因技术因素导致创新失败的可能性，创业者应充分调研技术成熟度，考虑技术兼容性，选择可靠的技术合作伙伴，合法获取技术知识产权，建立技术备份和恢复机制，并持续监控和优化技术应用。

（6）规避市场风险。市场风险指市场主体从事经济活动所面临的盈或亏可能性和不确定性，创业者应深入了解目标市场，研究竞争对手，对产品进行精准定位，合理定价，并完善价格调整策略，并丰富和优化营销渠道的建设。

（7）规避资金风险。资金风险指因资金不能适时供应而导致创业失败的可能性，创业者应合理规划资金需求量，拓展多元化筹资渠道，使用资金时制订预算和成本控制计划，建立严格的财务预算制度，并加强管理，运行中注意调控资金周转速度。

（8）规避管理风险。创业者应合理组建团队，组织架构简洁有效，并加强团队培训，建立良好的沟通机制，制定完善的规章制度。

（9）规避环境风险。环境风险指一项高技术产品创新活动由于所处的社会环境、政策、法律环境变化或由于意外灾害发生而造成创新失败的可能性。

（10）规避团队分歧的风险。创业初期，几个人合伙的现象比较常见，但是随着创业的一步步推进，一旦创业团队的核心成员在公司发展战略、利益方面有分歧，就很可能对企业造成强烈的“震荡”，所以这就必须在创业前制定合理的股权分配机制。

（11）规避人才流失的风险。人才是企业发展的关键，创业初期，人才流失恐怕是初创企业最担心的问题。特别是一些专业人才和业务骨干的突然流失，会给新企业带来重创。为了防范这种风险，企业要做好两件事情，一方面稳定核心的创业团队，另一方面要有良好的激励机制和企业文化留住这些优秀的人才。

（12）规避战略资源贫乏的风险。战略资源是创业所需要的各种资源，即技术、财务、人力资源、社会资源等，如果这些资源储备不足，会严重影响企业的成长速度。

8.3.10.3　坦然面对创业失败

不管是谁都有自己的梦想，不管是谁对自己都有信心满满的时候。没有人是甘于平凡的，没有人是不想成功的，没有人不想闯出自己的一片天地。但是往往很多时候我们信心满满却失望而回。不是所有的尝试都是可以成功的，那么失败了该怎样去面对呢？

（1）首先应明白：创业有风险，投资应谨慎。当你选择创业的时候你就该明白你将会面临成功和失败两种结果。

创业成功固然是好的，但是失败了也不要太过伤心，因为不管哪种结果都应该是你预先就知道的。只是这个结果不是你想要的。但是我们必须接受这个现实，现在我们失败的事情。

（2）然后需反省：为何会失败，生活要继续。创业失败了，你可以消沉一段时间但是不可以太久，因为生活还要继续。我们没有太多的时间让自己活在痛苦里。

（3）其次来缓冲：一次难成功，是否还继续。不管你是否想到了你失败的原因，都请迈开你的脚步。如果没有找到先停下你的脚步，可以选择上班，让自己有个缓冲的时间。

（4）最后做决定：原因细分析，从容再选择。做生意有赚就有赔，做人有起就有落。人无千日好，花无百日红。一次的挫折算不了什么，一次的失败也没有什么大不了。如果一次失败你就放弃了自己，放弃了人生，才是真的失败，不以一朝成败论英雄。

〖本章小结〗

本章主要通过尽快熟悉创业基础、敏锐寻找创业商机、及时做好创业准备三个部分的介绍，帮助大学生在快速学习、懂得把创新与创业融为一体的基础上，能够快速做好岗位创业或自主创业的相应准备。

〖延续思考〗

8-1　岗位创业与自主创业有何区别？
8-2　为什么创新与创业必须融为一体？
8-3　为什么“模拟阶段”是创业不可逾越的阶段？

9 创业实践：大学生创新创业的“试金石”

第 9 章数字资源

〖名言金句〗

青年人是全社会最富有活力、最具有创造性的群体，也是推动创科发展的生力军。要为青年铺路搭桥，提供更大发展空间，支持青年在创新创业的奋斗人生中出彩圆梦。

——习近平

想要提高业绩、成就和满足，唯一的路径，将只有靠提高有效性。

——彼德·德鲁克

〖温馨提示〗

在经过创新基础知识、创新思维培养、创业基本技能等学习后，创新成果会不断涌现，将这些创新成果转化成现实的生产力才有现实意义。因此，具备创新成果应用能力，对于创新型人才来说，显得非常重要和关键。

一切想法，最终都要落实于实践。但是，盲目实践的结果大多伴随着失败。了解大学生创业实践的心理特征、环境特征和需求特征后，才能够更加有效地帮助大学生融入社会后尽快实现自己的创业目标。

一切创新最终体现创效，绩效是由成绩和效率构成，有 12 条途径可以帮助我们创立和提高绩效。通过学习理解创效的含义和作用，可以切实把握双创的途径和方法，也可以及时获得双创的效果和成就。

9.1 大学生创业实践的环境认知

大学生创业靠的不是盲目冲动，也不是简单地拥有资金就可以进行的创业活动。作为创业者，不仅要对自己有客观的了解，还需要对整个创业大环境和创业项目进行一个系统的研究和分析。因此，进行创业实践的环境认知非常重要。

9.1.1 大学生创业实践的心理特征

9.1.1.1 思维敏捷但不善于创业思维

创新是一个民族进步的灵魂，是一个国家兴旺发达的不竭源泉。高校是培养创新型人才的摇篮，培养大学生的创新能力是每个教育工作者的重要任务。创新思维活动是创新活动的核心和灵魂，但是由于受到传统教学模式和本土文化基因的影响，究其根本就是在于缺乏创新思维。在中国中小学阶段，传统的应试教育，缺乏必要的创新启蒙教育，缺乏创新型教师队伍。

9.1.1.2 想象丰富但不善于创业想象

爱因斯坦说：“想象力比知识更重要，因为知识是有限的，而想象概括着世界的一切，推动着进步，并且是知识的源泉。”可见，想象可以开发人的智力，丰富人的知识。作为学生来说，创新意识的培养是非常重要的，学生想象力高低直接影响了学生的创新素质和创新能力。

9.1.1.3 富有灵感但不善于抓住创业机会

当下的很多大学生都有很多想法，可是，往往流于想法，畏首畏尾、瞻前顾后，或者是安于现状害怕挑战，更有意图坐享其成之人。机会，对于大多数而言都是均等的，但是更多的人却无法把握。

9.1.1.4 渴望创新但不善于利用创业条件

当前，国内外高校都希望通过开展创新教育，全面提升大学生的创新素质、创新意识和实践能力，从而培养大学生的创新能力。我国高校大学生缺乏创新能力，其中一个重要体现主要反映在学生崇尚科学，但不善于利用和创造条件。当代大学教育现状传统的教学方法大都是通过课堂中的讲解传授知识，尽管这个方法传授知识比较丰富也比较适合知识量较大的课程，但是由于过于枯燥，学生容易失去兴趣和学习动力。再者当代大学生大都是被动学习，职业素质教育相对不足，标准化思维导致了学生大学期间的思维惰性，学生缺乏独立性和批判性，面对创新条件而缺乏识别能力，从而导致创业机会来临也会与之失之交臂。

9.1.2 大学生创业实践的环境特征

9.1.2.1 自然环境特点

我国地形多种多样，地理资源丰富且多样。我国位于亚洲东部太平洋西岸，因此季风气候显著，加之我国幅员辽阔、跨纬度大、地形复杂、故有多样气候类型。多样的地形、多样的气候类型，从而造就了种类繁多的动植物资源。但是，巨大的人口密度，以煤炭为主的特有能源结构，生产力的飞速提高，工业化的加速实施，这一切在使得中国快速发展的同时还面临着超乎寻常的生态环境问题。资源带来的是开发，而问题也意味着机会。

案例 9-1 自然环境卫士的创业梦——他曾多年生活在北上广深的大城市中，也曾就职于很多人羡慕的 IBM（国际商业机器公司）和华为等全球 500 强知名企业。但离乡多年的他，还是被那优美的自然风光、淳朴的风土人情所吸引，放弃天天坐办公室吹空调的休闲工作，转而到农村做一名新时代的农民，成为一名自然环境卫士。他是谁？他就是良口镇蟠溪村耕山小寨的创始人之一冯文彬。他在偶然的机会，看到了家乡美好山水的变化，决定成为一个环境的捍卫者，把自己的家乡打造成一个美丽乡村，在发展旅游业的同时，也在宣传环境保护。

9.1.2.2 社会环境特点

中国当下正处在一个崇尚创业精神的时代，伴随着科技的发展，人工智能水平的不断提高，“互联网+”的思维已经渗透到各个领域，中国已经进入了一个创业活跃期。

9.1.2.3 教育环境特点

当前，人口变化对教育将带来较大影响。虽然人口出生率不断变化，但我国人口下降的大趋势不可逆转。

近些年互联网快速发展，有关教育互联网的产品层出不穷，这些给传统教育方式带来不小的冲击。

9.1.3 大学生创业实践的需求特征

9.1.3.1 大学教育的内涵和教育理念呼唤“双创”教育

教育是人格养成的一个过程，教育要让受教育者身心都能够得到健康发展。教育要为人们发挥才能、掌控命运提供必需的基本知识和技能。大学应该是引领和创造未来的高等教育机构，随着互联网技术和数字化技术的发展，现有的专业设置、课程内容以及教学模式在完全适应未来科技进步和经济社会发展的新要求方面有些欠缺。而“双创”教育理念，则可以引领大学教育全面改革，树立面向未来发展的前瞻性人才培养观和课程观，以全面提升学生的创新引领力、就业竞争力、社会适应力和数智胜任力。

9.1.3.2 大学教育的产学研合作模式呼唤“双创”教育

产学研合作是指企业、科研院所和高等学校之间的合作，通常指以企业为技术需求方与以科研院所或高等学校为技术供给方之间的合作，其实质是促进技术创新所需各种生产要素的有效组合。

党的二十届三中全会明确指出：“教育、科技、人才是中国式现代化的基础性、战略性支撑。必须深入实施科教兴国战略、人才强国战略、创新驱动发展战略，统筹推进教育科技人才体制机制一体改革，健全新型举国体制，提升国家创新体系整体效能。”社会服务作为高等院校五大功能之一，体现出高等教育对经济社会发展起着至关重要的作用。尤其是在知识经济社会中，大学将被推向社会发展的中心，成为社会经济发展的重要动力。以信息技术为标志的第三次科技革命对产学研合作起到了重要的作用，其中，斯坦福大学对师生创业和建立学术界与产业界合作的积极支持，创造了“硅谷”的经济奇迹，使产学研合作在高新技术飞速发展的当今世界，成为推动经济和整个社会发展的一种强劲的动力。

“双创”教育则能够更好地将大学教育和企业发展融合在一起，培养学生双创能力的同时，与实践相结合，推动企业的改革和发展。对于学校、学生和企业三方面来说都是有利的。

9.1.3.3 大学教育的学生心理发展呼唤“双创”教育

一项面对全国12.6万大学生的调查显示，20.3%的受访大学生有心理问题。“郁闷”“变态”成为学生们的口头禅。大学生的心理问题严重到了让人担忧的境地。相对于世界平均水平和其他人群来说，中国大学生自杀和心理问题比例是偏低的，只要控制在一定比例，是正常的。问题是怎样尽量降低这个比例，寻求社会更多的关注。

造成这种现象的原因首先是教育系统重视不够，片面注重知识的学习，忽视了心理素质的提高和健全人格的塑造。其次是家庭原因，包括两种情况：一种是家庭不关注孩子的教育，把孩子完全交给学校，比如打工者子女较多出现的问题；另一种是过度保护，家庭什么都包揽，也容易让孩子心理脆弱，经不起挫折。

“双创”教育更多是培养学生的自主能力和综合素质，通过全面的学习和训练，还能够提升大学生的抗压、抗挫折能力。

9.1.3.4　大学教育的教学条件优越呼唤“双创”教育

当下，随着大学教育的不断改革深化，大学更加注重教学条件的提升。实验室的升级建设、实习基地的建设、教学方法的不断改革、教学内容的不断优化和实用性的有机结合，特别是大学教育的产学研合作，都给大学生的大学教育提供了有力的助力。而“双创”教育的开设，将能够更好地发挥大学教育教学条件的作用，将教育改革落到实处。

9.1.3.5　大学教育的学生就业需要呼唤“双创”教育

近年来，大学生就业创业问题受到了政府和社会的高度重视，从中央到地方均出台了促进大学生就业创业的政策与措施，旨在改善大学生就业创业环境，提升大学生就业创业能力与水平。

在2015年6月4日的国务院常务会议后，“双创”再度吸引了人们的注意，该次会议决定鼓励地方设立创业基金，对众创空间等办公用房、网络等给予优惠；对小微企业、孵化机构等给予税收支持；创新投贷联动、股权众筹等融资方式；取消妨碍人才自由流动、自由组合的户籍、学历等限制，为创业创新创造条件；大力发展营销、财务等第三方服务，加强知识产权保护，打造信息、技术等共享平台。2024年10月，习近平总书记给中国国际大学生创新大赛参赛学生代表回信指出：创新是人类进步的源泉，青年是创新的重要生力军。希望你们弘扬科学精神，积极投身科技创新，为促进中外科技交流、推动科技进步贡献青春力量。全社会都要关心青年的成长和发展，营造良好创新创业氛围，让广大青年在中国式现代化的广阔天地中更好展现才华。

我国经济发展进入新常态，经济结构持续优化升级、创新驱动发展为个人、企业提供了新的战略性机遇。高校毕业生作为国家宝贵的人才资源，具有良好的教育背景，高校毕业生应把握机遇，搭上打造“大众创业、万众创新”新引擎的顺风车，转变就业创业理念，实现更高质量的就业创业。

9.2　大学生创业实践的绩效追求

9.2.1　大学生创业实践的创效之需

创新，说到底就是创造了新的、更好的绩效。就“绩”而言，创新的精神产物或物质产物的本身就是成绩。就“效”而言，创新的产物都会在不同的程度上提高效率。产生多快好省的效果，不然也就不能叫创新。

9.2.1.1　成绩+效率=绩效

A　成绩

“成绩”的“成”有“完成”的动词的基本含义，也有“成果”“成就”的意思，“成绩”强调已经完成了的结果。“绩”是“功业”“成果”。与“成绩”意义相近并能表达“绩效”中的“绩”的还有“业绩”“劳绩”“殊绩”“战绩”“政绩”“伟绩”等。

从成绩的特征可以全面了解绩效。

（1）成绩的优劣性。优劣常用质量来衡量，质量已经成为绩效的一个核心特征。对于质量的定义，目前有四种类型的说法，即卓越、价值、与规范的符合程度、满足或超过预期要求，它们都能表述成绩的优劣。

（2）成绩的领先性。领先性是一个比较概念，例如一名小学生在学校运动会的运动会上取得第一名，是一个好成绩，而这个好成绩在中学、大学或全省、全国就不一定是好成绩。又例如，刘翔在奥运会上与世界顶尖运动员比赛取得第一名，既在优秀运动员中领先，又在比赛水平最高的运动会上领先，这不仅是好成绩，真可称为伟绩或勋绩了。

（3）成绩的独特性。凡取得别人无法取得的独到的成绩是好成绩。艺术大师徐悲鸿独创的水墨画法画马已成为艺术珍品。“高空王子”阿迪力至今还无人与其争锋，全世界尚无第二人敢于挑战他所创造的几项成绩。

B 效率

效率最早用在机械上，是指有用功与总功的比率。自20世纪初以来，效率开始应用于各种学科乃至政府及其他部门中。所谓工作或劳动生产效率，是指一定条件下做一件事消耗的劳动量与所获得的劳动效果的比率，即投入产出比，反映了资源被转化为产出的效率。投入了多少资源，包括人力，物力、时间、金钱等，从而获得了多少产出，即实际的成品、收入等，都是可以用数字来衡量的。一个工人在与其他工人相同时间、相同工具和相同劳动条件下，生产出更多的优质产品，习惯上可说他“成绩好”，严格讲正确的说法应该是“效率高”。反过来说，一个工人生产出与其他工人一样多的合格产品，却少用了时间、能源、原料，同样也是生产效率高。因此，生产力水平从根本上说是生产效率水平。

C 绩效

（1）既要“绩”也要“效”。

管理大师彼得·德鲁克说：“所谓效率，可以说是‘把事情做得对’（to do things right）的能力，而不是‘做对的事情’（to got the right things done）的能力。”而“做对的事情”的能力便是成绩，绩效就是既要做对的事情又要把事情做对。

（2）与目标一致的行为才是绩效。绩效实际上是被视为工作的属性而加以定义的。成绩指的是工作成绩，同样，效率明确就是工作效率。而工作则一定有目标，管理学认为目标是员工应该在工作中努力实现的结果，是行动的目的和宗旨。目标指明了在一项活动完成之后应取得什么样的结果，也就是说，要达到的标准或预期的结果，重点在产出上。因此，与目标一致的行为才是绩效，要想创造新的绩效就应该盯住目标不放。

（3）绩效意识是职业素质的第一内容。把绩效意识定义为现代职业人职业素质的第一内容，相信大家都是赞同的。但是，你有没有绩效意识？你有没有认识到绩效的重要性？你有没有在工作中和学习中有意识地采取一些方法来提高你的绩效？

9.2.1.2 体验高绩效的快乐

A 高绩效生存是一种快乐

有人误以为高绩效工作和学习会紧张、很累或很苦。其实不然，高绩效生存是快乐的。

高绩效的上司并不一定可怕，也并非不近人情，只是他们对待工作的态度和方法与常人不同，在他们看来，工作就是最大的快乐。

很多视工作为生命，做事迅速，效率极高，业绩卓著的人，对他们自身来说，高绩效的工作何尝不是一种快乐呢？

B 从表现看绩效

（1）一个追求绩效，不断创造新绩效的人的表现如下。

1）时刻都有紧迫感和进取心，从不放松对自己更高的要求。

2）相信“不快进则退”，不断鞭策自己参与到更高层次更激烈的竞争中去，或者参与到更高层次更新的事业中去。

3）遵循“三思而后行”，在没有充分考虑和周密计划之前绝对不会莽撞行事。

4）服从并执行计划、规定而并不盲从，有自己的个人行事计划和标准。

5）行动之前自己对自己签订具体的并有激励作用的绩效契约，包括应该进行的工作、应取得的成果及为取得成果所必需的素质和能力，以及绩效评估标准。

6）不断改进工作方法，使完成同一件工作的时间尽量缩短。

7）想方设法在同样的时间内争取有最大的收获。

8）善于立体式操作，即在做一项工作的同时可以交叉或并行另外的工作，能够“一心二用”“一心多用”。

9）工作轻松愉快，很少有为工作而“焦头烂额”的时候。

10）经常回顾和总结经验教训，有足够的时间用来思考。

（2）一个欠缺绩效意识，对绩效无追求的人的表现如下。

1）信奉“平平淡淡才是真”“工作不出错，神仙怪不得”，做好分内工作便万事大吉，对提高绩效，参与竞争缺乏热情。

2）信奉“车到山前必有路”，认为想得再多也只能是空想，喜欢事到临头才处理，从行动中发现错误再纠正不迟。

3）认为工作就是服从，服从上司的安排，有上司带路自己干活就行了。

4）迫于无奈才同上司签订一个形式化的绩效契约。

5）尽快完成工作只会给自己带来更多的工作，达到基本合格就行。

6）总是在下班时安慰自己：不要紧，反正明天还可以继续做。

7）每天总有太多的时间在等待，等待别人交给自己任务或是等待工作自动消失。

8）经常抱怨工作太累，要么无所事事眼里没工作，要么忙得焦头烂额团团转。

9）每天忙于应付工作中的各种琐事，思考对他来说是一种奢侈的习惯，极少思考如何改进工作提高效率。

以上列举了追求绩效和没有绩效意识两种人的表现，对深入理解绩效是有帮助的，同时也是检验自己属于哪一种人的参照标准。

9.2.1.3 高绩效带来自我满足：追求个人价值的最大化

对于个人来说，必须认识到绩效不是为考核设立的，不是对付人的鞭子，也不是单纯为了回报。从个人角度而言，创效是为了实现个人价值的最大化，满足自我实现这一最高层次的需要。由此看来，必须从根本上认识到工作的价值所在。工作可以满足生存的需求；有工作便有寄托，生活安定，产生安全感；工作可以保持人际接触，满足个人隶属的要求；有工作就不必依赖别人，满足个人自尊心尤其是有意义声望高的工作；工作亦可满足成就的需要，借助工作可获得自我价值。所以，工作对于每个人都意义重大。工作不仅仅是为了一份工资，更重要的是自我价值的实现，只有在创效中努力追求高效率的工作状态，追求好成绩的工作方法，追求高绩效的工作业绩，才能真正在工作中体验自身成长的快乐。

9.2.2 大学生创业实践的创效之道

绩效是一个可以根据一定的途径和方法增加或减少的变量，它的这些变化可以通过外部刺激和内部意识的作用得以实现。人类的思维和操作已经有了很大的发展和进步，但任何有关行为科学的手段都难以预测，在人的思维和操作方面究竟还有多少潜能可以挖掘，还有多少绩效可以提高，主要有十二种创效之道可供借鉴。

9.2.2.1 创效的直接手段：模仿

一个人从生下来到独立生活，离不开模仿，就连那一生难以遗忘和改掉的乡音，都是模仿的产物。模仿分为两类：一是有意识模仿。当一个人看见一个和自己一起学习或工作的人比自己绩效高，用有意识模仿自觉地向那人学习、看齐，努力使自己赶上或超过他。二是本能性模仿。在人群中安排一部分绩效高的人穿插于人群之中，本能性模仿会使大家提高绩效。模仿能力是一种重要的能力，高绩效的人大多数都是模仿能力极强的人。通过模仿，他获得了其他人具有的知识和技能，并在这个基础上构建了自己的创效结构，取得了创效佳绩。善于模仿的人并不是随意地模仿，也不只停留在本能性模仿上，而是集中精力去模仿那些符合他追求的事情和人物。这种模仿会使我们变得更加积极主动和勤奋进取，绩效会更高。

为了充分发挥模仿这一创效的直接手段的作用，常采用三种方法：一是为员工和学生的模仿提供高绩效的典范；二是对高绩效行为予以宣传和表彰；三是将模仿广泛运用于工作和学习的各个流程。

9.2.2.2 创效的有效途径：竞争

人类在生存斗争中得以进化的要素之一就是与同等对手之间普遍存在的无休止的竞争。当前，世界范围内的经济竞争十分激烈，这场看似残酷的竞争推动了世界经济的发展，人类自身也在竞争中进步。没有竞争，人类就不可能获得发展。我们需要竞争来刺激我们实现自己的最高目标。与我们能力大致相当的人竞争，其效果远不如与理想中的前进方向和努力目标竞争。竞争不仅发生在个体与个体和群体与群体之间，就一个人或一个群体来说，现在的绩效和以前的纪录也存在一定程度的竞争，虽然这种竞争没有不同个体、群体之间的竞争那样激烈和令人瞩目，同样能够创效。

竞争对于创效的作用，最重要的是“做得更好”的欲望能提高绩效。

9.2.2.3 创效的根本前提：忠诚

忠诚在这里的同义词或近似的表达常常是信任、同心同德、同舟共济、爱国爱校爱企业、奉献、凝聚力、团结、“心往一块想，劲往一处使”“身土不二”等。

案例 9-2 工人的忠诚——由于意外事故，一家大型承建商，不能按期完成一项价值百万美元的城市地下隧道的修建合同，面临罚款。虽然承建者竭尽全力努力完成这项合同，但他仍然没有成功。因为对工程知之不多的普通老百姓，害怕这项在松软地层进行的工程对自己不安全，政府当局也就势拒绝延长期限，并想通过取消合同，收回罚金，然后再把工程转租出去获得利润。困境下的承建商把工长以上人员叫到一起，向他们讲了情况，最后说：“把实际情况告诉工人。”他的很多工人已经在公司跟着他完成了一个又一个工程，他们曾在就业困难时找到他谋求到一份工作，他们把对工作的热爱和对公司的深深依恋回报给他。这位承建商十分体贴工人，在施工条件艰苦和危险时会给工人多于他们要求的工资。工人们行动起来结成同盟对他进行援助，向行会和上级工会上诉，与政府机构交涉。工人的忠诚也影响了社会公正人士，他们指出政府在勘探及绘制隧道路线方向的失误应对工程失败承担一定责任。承担一定的赔偿而不是解除合同，应该给承建者额外的三个月时间使工程竣工。市长屈服了，延期得到批准。工人们主动放弃加班费和劳动保护，一天工作 12 h，工人不遗余力地工作，在三个月宽限期满之前，这条地下隧道完满竣工。

忠诚在这里，就像它在赢得战争和创建企业的过程中一样效果显著，它可以大大提高工作效率，从整体上大幅度提高一个部门和企业的绩效。忠诚能创效是依据这样几点：一是越是危急关头忠诚越起作用；二是只有领导者和企业家忠诚，才能使员工产生忠诚感；三是领导者和企业家与员工建立的亲和关系以及领导者和企业家的个性魅力，创造出有效的忠诚感；四是上级与下属之间的认同感和合作态度对于建立高度的忠诚感有重要作用。可以通过学习公司或部门的历史，把公司部门的传统、奋斗目标和相关背景提供给员工等方法培养忠诚感。

9.2.2.4　创效的有力保证：专注

专注是一种通过加强注意力的精神活动来实现的精神状态。专注是人类意志力的强大力量。成功人士取得骄人的成就与专注密不可分。“在一个时刻只能做一件事情，这件事是最重要的，这个时刻是处理这件事情最好的时刻。”这样一句话也许是对专注最好的说明。许多人都在抱怨疲惫，并不是他们为创效付出得太多，而是因为他们要抗拒外界干扰以求专注的工作消耗了巨大精力。还有些人绩效不高，并不是因为不勤奋，而是他们缺乏把精力完全放到手头该做的事情上的能力，这也可能就是一些学生学习成绩不好的主要原因。

防止精力分散以保持专注的方法很多。第一，降低干扰注意力的噪声、光线、人员运动等；第二，合理安排工作是防止精力分散的理想方法；第三，保持身心健康和精力充沛，身体的疲累影响注意力；第四，为员工提供良好的工作和生活环境；第五，提高工作学习兴趣有利于保持专注；第六，加强专注的心理训练，提高抗干扰能力和专注工作学习的兴奋度。

9.2.2.5　创效的催化剂：工资

每一个人为了获得报酬而工作，这是一种生存的手段。只有生存的本能满足后，其他本能才能被提及。人对生存必需品的需求是不断增长的，而更重要的是一个人要通过工资体现出他的社会价值，并通过存钱满足自己的储藏本能。正因为工资是用来唤醒一个从业者体内的生存本能、社会价值和储藏本能最常见的手段。所以，工资被看作是创效最主要的手段。

在运用工资创效这一点上，怎样支付工资比支付多少更重要，这是一个必须记住并执行的原则。

案例 9-3　能激发绩效的工资制度——一家包装公司的经理，发现做一件工作，最优秀员工的产出至少是最平庸员工的两倍，于是他决定把每个员工的工资分成三个组成部分：

(1) 第一部分是根据员工所做的工作而定，工作性质相同的员工工资相同；

（2）第二部分是效益工资，每年根据企业收益情况适度调整；

（3）第三部分为浮动工资，根据每个员工当月的绩效而定，绩效不同所得报酬就不一样。

结果公司中表现平庸因而绩效不佳的员工就得不到第三部分工资或者很少的第三部分工资，而绩效好的员工所得的第三部分工资几乎等于第一、二部分之和。

这位深谙工资创效原理的经理说得明白，工资中的第三部分不是加薪，应该叫绩效工资，它将依据员工前一阶段的绩效不断调整，而加薪只有在职位和资历变化时才会有。绩效工资可随时调整，员工绩效不佳时，工资随之下降。这项工资制度一经推出，便在公司内部引起强烈反响，当员工们看到绩效出色能够获得奖励时，突然发现了自己的价值，工作热情空前高涨，企业效益成倍增长。

9.2.2.6 创效的润滑剂：快乐

快乐可以提高绩效。快乐在这里包括舒适的环境、比赛的胜利、工作取得满意进展、把工作当作“享受”、心情舒畅等，并不局限于高兴、愉快和欢乐。

案例 9-4 愉悦的心情可以提高工作效率——一家服装厂有上百名缝纫女工，一到六至八月的炎热季节，就会出现生产的“夏季下滑”，而她们生产的服装又是夏季的紧俏货，虽然实行多项监督、表扬、奖励措施，也只有不超过十来个精力特别旺盛的女工产量有所上升，大多数人收效甚微。怎样解决绩效随着气温上升而下降的问题呢？第二天，经理把自己办公室的电扇搬到了一排机器的最前面，一天下来，靠近风扇的6名女工绩效都比前一天高，明显超过其他女工。一周后，厂房安装了一排排吊扇和一部大功率送风机，生产绩效眼看着一路攀升到最高平均水平，不只产量比前几个夏天提高了20%，次品率也明显下降。第一天提高绩效的6名女工中的一名说：“那天我感觉特别舒服，凉爽的工作环境可让你忘记休息，忘记杂事，只想着正在缝的缝口，感到今天实在是个好日子，也不像往常那样总感到累。”

快乐还可以促进所有对机体有利的身体活动，他可以忘我工作而不累。享受工作的人需要消遣和锻炼的时间也比较少，因为他的“享受”已经给能量“电池”充了“电”。

很多人认为只要他们胜任工作，有专业技术或能力，他们就会很愉快。事实却并非如此。我们可能精通烹饪，但并不想当一名厨师；我们可能长于打字，但不想当一名秘书；我们可能熟练驾驶，但不想当一名出租汽车司机。所以，能满足一个人动机需求的工作才会带来快乐的工作。

“在工作中创造快乐，在快乐中享受工作”是一种创效的新理念。

9.2.2.7 创效的能量转化：敬业

敬业的人对自己的职业有敬畏之心、挚爱之情、精熟之能、勤勉之行和忘我之境。敬业核心含义是对职业和事业的敬重和热爱。

在任何一个部门或任何一种职业，获得最优绩效的人必定是把他的热忱建立在对本职工作的热爱上，这样的人必定有敬业精神。然而，敬业精神是经过怎样的能量转化为创效的呢？这是敬业能够创效的关键。

（1）必须全面认识敬业精神，切不可将敬业精神空泛化，这正是我们把“精熟之能”和“勤勉之行”作为敬业的必备要素纳入敬业精神的道理所在。过去常讲“爱岗敬业”，这个提法本身是不够合理和准确的，出现了概念重叠的毛病，因为敬业中本身就包含了爱岗。试想一个不热爱本职工作岗位的人能是一个敬业的人吗？而将能力和行为的“精熟之能”和“勤勉之行”纳入敬业，使敬业通过提高能力和规范行为，成为具有操作价值的职业品质，敬业便可从能力和行为的能量转化而创效。

(2) 培养以热爱为基本特征的敬业品质，就应让他因此承担某些责任，要有个人的主动性，要感到他是在创造某些事物并且要在工作中实现自我价值、展示和表现自我。富有独立性和创造性，就培养一个人热爱工作来说，是绝不可少的。

(3) 培养对工作热爱的条件和因素是社会声望和声誉。从本质上讲，人是社会性的，都希望得到社会、大众和同事的肯定。往往社会认定什么，我们就追求什么。

(4) 培养对工作的热爱从而具有敬业精神，要使工作本身有某种重要性和有用性而对个人有吸引力。例如要培养一名医生具有敬业精神，必须从认识上明确医生的重要性和有用性，还应在工作中不断感受自己的职业是不可缺少的。

综上所述，敬业通过出色的能力和行为、富有独立性和创造性，以及获得职业声誉、工作本身的重要性对从业者的吸引力，可以转化为创效。

9.2.2.8 创效的身心需要：放松

以高绩效出名的人几乎总是显得不慌不忙，他们每天花不了几个小时处理日常事务，但却保持清醒的头脑和放松的心态。他们总是沉着镇静，从不慌乱，但随时准备尽最大的努力处理新的问题。高绩效的人有时间去做与他们的事业完全无关的事情，从中得到快乐和放松。

案例 9-5 不要白白浪费精力——约瑟夫·莱昂斯是一位以办事效率高出名的著名英国社会活动家，当人们请莱昂斯解释他怎样做到事务缠身却游刃有余时，他回答道：“把生活和事业安排得井井有条；锻炼自己保持冷静；做该做的事，花该花的精力；避免一切无用功。这样一来，当我完成一天的工作后，我会觉得几乎跟刚开始一样充满活力。”

如果人总是感到身体处于过度紧张和兴奋状态，会让思维也养成过度紧张和兴奋的习惯。放松是创效生理上的需要，若试图取消身体活动的一张一弛的休息周期，我们只会因始终保持紧张而精疲力竭，而绩效却不会相应提高。要学会少花力气多办事，掌握一些行之有效的放松练习，享受工作中的短暂休息和双休日及节日的休息。

9.2.2.9 创效的动力之源：兴趣

大学生或新员工在接受一项新课程或新工作的初期，进步常令人惊讶，绩效也直线上升。但有经验的教师或管理者不会被新手的表现所蒙蔽，他们能接受并理解最初的快速进步，却不认为这种绩效会长期保持下去。这是因为对新鲜事物的兴趣如果不能保持的话，对学习或工作的新鲜感的丧失很快使人随之丧失兴趣导致绩效下降。

因此，对想提高自己的绩效或促进他人提高绩效的人来说，就要从这四个方面入手去提高绩效。

(1) 自己应努力保持对工作和学习的兴趣，不断地提出新问题和寻找新思路，以激起自己的兴趣。还应从工作和学习上寻找让自己感兴趣的和引起自己兴奋的事物。

(2) 改变对已取得的成绩和进步的看法，认识到这些进步和成绩并不很难取得，以后的才是真正比较难取得的成绩和进步，使自己保持一种迎击一个个新的挑战的心态，并以此为最大的乐趣。

(3) 当自己一段时间的进步后总会伴随着一个停滞期，必须有一个主动去进入的

“消化期”去学习消化和掌握新知识、新技能，以越过几乎不可避免的“高原期”。

（4）努力提高注意水平。需要付出努力的工作总是容易有起伏的，意志坚强的人可以让注意下降的时间相对短一些。没有坚强意志的人，不可能有高绩效。

9.2.2.10 创效的实践保障：经验

经验是由实践得来的知识或技能，能够把一个人充实起来，既可在当前帮助他创造绩效与他人竞争或生存，又可帮助他充分理解自己和自己的工作，使他可以随时适应新的关系，这样的经验才是最有价值的经验。它强调形成必要的习惯，同时也不忽视培养判断力。这样的经验须有深度与广度、正式的与非正式的、实践的与理论的、理性的与感性的。只有这样的经验才能适合社会的需要，才能创造新的绩效。

经验有以下四种。

（1）偶然经验。一种靠无指导的尝试偶然获得的经验，实用而有效，但却不经济。

（2）学徒经验。用一段较长时间的跟随观察、实习式的学习而获得的实践性经验，具有熟练性和可靠性，但随着时代的发展，显得单一和浅显。

（3）先理论后实践经验。主要是学生在学校学习中具备的经验，虽然比较全面深入，但与实际工作脱节。

（4）先实践后理论再实践经验。对创效来说是最好的经验，这种以理论解释补充实践经验是一种现代趋势，已经有越来越多的企业采用这种方法。

经验是创效的实践保证，因为创造新的绩效是在实践中实现的，在创效实践中发现问题，察觉到不足，正是问题和不足妨碍了更高绩效的获得，再通过理论解释问题和不足，从理论中寻找获得更高绩效的指导，用于创效实践，这样最终获得的经验是创效的实践保证。

9.2.2.11 创效的智慧积累：判断

从经验进一步引申出来的问题是，什么样的经验才是最有价值的？怎样才能获得和利用这些最有价值的经验？两个同样有着丰富经验的管理者，他们甚至在同一个办公室面对面的办公；两个同样有教学经验的教师在上着同一门课，为什么其中一位几年后绩效卓著，在职务、职称，更主要的是成就上超过另一位？有人从努力程度、工作方法，甚至用运气来解释，其实这都不是最主要的，关键在于进步快的那人具有改变未来行动的经验，这就是判断。

判断分为实用判断、思考判断和经验判断。

（1）实用判断。实用判断指有意识地回忆起过去某个具体的经验，并借助这个有意识回忆起来的事件来决定某个行动。

（2）思考判断。基于来源于许多先前经验中的普遍性、抽象概念或原则而形成的判断。思考判断在创效方面能起到的显著作用。

（3）经验判断。经验判断指一旦做出一个判断，就可以一次又一次地加以利用，运用这些预先形成的判断过程就是经验判断，又称直觉判断。经验判断是更高级的，建立在实用判断和思考判断基础上的判断。

重视判断在创效上的重要作用，运用判断创效，是每一个想获得高绩效的人要掌握的一种智慧积累，特别是领导者和管理者。对每一个创业者来说，也是至关重要的。

9.2.2.12 创效的经验资本：习惯

习惯是已经内化为自动化的思考和行为方式。可分为个人习惯、社会习惯和职业习惯。已经转化为个人资本的经验是在大量有用的习惯中积累起来的，良好的职业习惯十分有利于创效：

（1）习惯能缩短思考或行动所需的时间；

（2）习惯能提高行为和思考的精确性；

（3）习惯能减轻对无关紧要的细节的关注；

（4）习惯能减少精力消耗和减轻疲惫感；

（5）习惯可以减轻精神压力简化办事的过程；

（6）习惯能使经验和能力持久的保存。

9.3 大学生创业实践的技能训练

在数智时代背景下，创新创业已成为推动社会经济发展的重要引擎。结合数智时代迫切要求和实践要求，高校作为培养高素质创新创业人才的重要阵地，都在积极探索大学生创新创业能力培养的路径。不同类型的院校，都根据自身办学特点和人才培养定位，通过构建多元化的创新创业教育体系、加强校企合作、完善创新创业支持服务、强化创新创业师资队伍建设等措施，为大学生提供广阔的创新创业平台和丰富的实践机会，激发他们的创新创业热情，提升他们的创新创业能力，为社会经济发展注入新的活力。

9.3.1 积极参加创新创业兴趣活动

9.3.1.1 类型与特点

（1）创新创业讲座与论坛。围绕人才培养目标定位，高校会定期邀请知名企业家、投资人、学者、创业实践者等举办创新创业讲座与论坛，为大学生提供最新的行业动态、创业趋势、经验借鉴和政策解读。这类活动具有信息量大、针对性强的特点，能够帮助大学生拓宽视野，了解创新创业的前沿知识。

（2）创新创业社团与兴趣小组。高校鼓励大学生自发成立创新创业类社团和兴趣小组，如大学生创业协会、创新实验室等。这些社团和小组通过组织交流分享、技能培训、项目孵化等活动，通过多样化的形式，激发大学生的创新创业热情，培养他们的团队协作和项目管理能力，为培养大学生创新创业能力奠定基础。

（3）创新创业竞赛举办与推荐外出参赛。高校举办各类创新创业竞赛和路演活动，如“互联网+”大学生创新创业大赛、创新创业项目展示会等。这些活动为大学生提供了展示创意、交流经验、获取资源的平台，有助于提升他们的创新创业实践能力。并推荐校内成绩突出的参加省内、行业或全国大赛。

（4）创业训练营和众创空间。通过训练营集中提供创业培训、咨询和资源支持的活动。参与者可以接受专业培训，学习识别商业机会、组建团队和制订商业计划。众创空间：提供创新创业氛围和资源的场所，人们可以分享想法、合作创新、互相学习和构建成功的创业生态系统等。

9.3.1.2 参与策略

（1）密切关注活动信息并积极参与。大学生应密切关注学校创新创业中心、教务处、校团委、学生处等相关管理部门发布的创新创业活动信息，积极报名参加。通过参与活动，不仅可以学到实用的知识和技能，还能结交志同道合的朋友，拓展人脉资源。

（2）充分利用双创资源并提升自我。在参与活动的过程中，大学生应充分利用校内外提供的资源和平台，如创业导师指导、创业基金支持、创业政策扶持等，勇于挑战自我，敢于尝试新事物，关心关注并积极参与大学生创新创业类孵化企业的运行，不断提升自己的创新创业能力。

（3）着力加强团队协作并共同进步。在创新创业社团和兴趣小组中，大学生应注重团队协作和沟通交流，共同解决问题、分享经验。通过团队协作，可以培养自己的领导力和团队精神，为未来的创新创业之路打下坚实的基础。

9.3.2 努力争取创新创业大赛成果

9.3.2.1 大赛类型与参赛流程

（1）双创大赛类型。高校创新创业大赛种类繁多，包括国家级、省级、校级等不同层次的比赛。如“挑战杯”全国大学生课外学术科技作品竞赛、“互联网+”大学生创新创业大赛等。这些大赛旨在挖掘大学生的创新创业潜力，推动科技成果转化和应用。

（2）双创参赛流程。一般来说，高校创新创业大赛的参赛流程包括报名、提交作品、初赛、复赛和决赛等环节。在报名阶段，大学生需要了解大赛的主题和要求，填写报名表并提交相关资料。在提交作品阶段，参赛团队需要展示自己的创意和成果，包括商业计划书、产品原型、市场调研报告等。经过初赛和复赛的筛选后，优秀团队将进入决赛进行展示和答辩。更加突出的团队学校推荐参加省内、行业或国家级双创大赛。

9.3.2.2 参赛技巧

（1）深入挖掘创意以明确目标。在准备参赛作品时，大学生需要深入挖掘自己的创意和想法，明确项目的目标和定位。同时，要对市场进行深入调研和分析，了解目标用户的需求、痛点，为项目的开发提供有力的支持。

（2）组建优秀团队以分工合作。一个优秀的团队是取得大赛成果的关键。大学生在组建团队时，应注重成员的专业背景和技能特长，确保团队具备较为全面的能力。同时，要明确团队成员的分工和职责，确保各项工作有序进行。

（3）注重参赛细节以完善作品。在提交作品时，大学生要注重细节和完整性。商业计划书要条理清晰、逻辑严密；产品原型要功能完善、操作简便；市场调研报告要数据准确、分析深入。通过不断完善作品，提升项目的竞争力和吸引力。

（4）熟悉答辩技巧以展现风采。在决赛答辩环节，大学生需要熟练掌握答辩技巧，如语言表达、时间控制、PPT 制作等。同时，要保持自信和冷静，积极回答评委的问题和质疑。通过展现自己的风采和实力，争取获得更好的成绩和认可。

9.3.2.3 双创大赛成果转化措施

（1）建立评估筛选机制。对大赛成果进行评估和筛选，挑选出具有市场潜力和商业价值的项目，确保转化的可行性和有效性。

（2）搭建创业实践平台。建立创业项目库，将大赛成果纳入其中，通过创业基地、孵化器等形式，为项目提供实践场所和孵化支持。

（3）强化产学合作机制。加强与企业、高校和研究机构的合作，利用各方资源和优势，推动大赛成果的进一步优化和升级。

（4）拓宽转化融资渠道。通过各种方式吸引企业资金、风险投资等，为大赛成果的转化提供充足的资金支持。

（5）提供转化专业指导。邀请创业导师、行业专家等，为项目团队提供商业计划、市场营销、财务管理等方面的指导，提升项目的市场竞争力和成功率。

（6）优化转化政策环境。出台相关政策，提供税收优惠、资金扶持等，降低创业风险和成本，鼓励更多的大赛成果转化为实际成果。

通过这些措施的实施，可以有效地将创新创业大赛成果转化为实际成果，推动经济社会的持续健康发展。

9.3.3 初步体验创新创业专利申报

9.3.3.1 专利类型与申报流程

（1）专利类型。创新创业过程中涉及的专利类型主要包括发明专利、实用新型专利和外观设计专利。发明专利是指对产品、方法或者其改进所提出的新的技术方案；实用新型专利是指对产品的形状、构造或者其结合所提出的适于实用的新的技术方案；外观设计专利是指对产品的整体或者局部的形状、图案或者其结合以及色彩与形状、图案的结合所作出的富有美感并适于工业应用的新设计。

（2）申报流程。创新创业过程中，要注重创意点子、商标和相关产品的知识产权保护，不断增强知识产权保护意识。

1）准备材料，包括专利请求书、说明书摘要、摘要附图（适用时）、权利要求书、说明书、说明书附图（适用时）等文件。

2）提交申请，将准备好的申请材料提交至国家知识产权局专利局受理处。

3）受理缴费，专利局受理处对符合受理条件的申请，确定申请日，给予申请号，发出受理通知书。接到受理通知书后，申请人应及时缴纳专利申请费（发明专利还需交审查费）。

4）初步审查，国家知识产权局对申请进行初步审查，检查申请文件是否齐全、是否符合专利法规定等。

5）实质审查（发明专利），初步审查合格后，发明专利申请会进入实质审查阶段，审查其是否具有实用性、新颖性和创造性。

6）授权登记，如果实质审查（如有）合格，该专利申请将被授予专利权。申请人需要按规定交纳相关费用，包括专利申请维持费、年费、印刷费、证书工本费等。之后，专利局将发出授权通知书和办理登记手续通知书。申请人应按照通知的要求办理登记手续。

7）公告颁证，办理了登记手续并缴纳了规定费用的，专利局将授予专利权，颁发专利证书，并在专利公报上公告。至此，申请人正式获得专利权。

对于实用新型和外观设计专利申请，其流程通常不包括提前公布和实质审查阶段。

9.3.3.2 注意事项

（1）深入了解专利制度，增强保护意识。在创新创业过程中，大学生应深入了解专利制度的相关知识和法律法规，增强知识产权保护意识。通过参加专利培训、咨询专业人士等方式，了解专利的申请流程、费用标准、保护期限等基本信息，为后续的专利申报工作做好准备。

（2）深入挖掘创新之点，撰写申请好文。在撰写专利申请文件时，大学生需要深入挖掘项目的创新点和核心技术，确保申请文件的内容具有新颖性、创造性和实用性。同时，要注重申请文件的撰写质量和格式规范，避免出现错别字、语病等问题。通过高质量的申请文件，提高专利的授权率和保护范围。

（3）合理规划申报时间，把握申报进度。创新创业专利申报过程需要一定的时间和精力投入。大学生应合理规划时间，把握申报进度。在提交申请前，要对申请文件进行全面检查和修改，确保文件的完整性和准确性。在审查过程中，要及时回应审查员的意见和要求，积极配合审查工作。通过合理规划时间和把握进度，提高专利申报的成功率和效率。

（4）切实加强专业交流，寻求合作支持。创新创业专利申报涉及的专业知识较多，大学生在申报过程中可能会遇到一些困难和问题。因此，加强与专业人士的合作与交流是非常必要的。可以与学校的创新创业导师、知识产权专家等建立联系，寻求他们的指导和帮助。在日常学习过程中，应积极参加相关的学术交流和研讨会，了解最新的专利政策和行业动态，为创新创业提供更加全面的支持。

9.3.4 努力学会商业模式画布绘制

9.3.4.1 商业模式画布的基本概念

商业模式画布（Business model canvas），是亚历山大·奥斯特瓦德在《商业模式新生代》中提出的一种用于描述商业模式、可视化商业模式、评估商业模式以及改变商业模式的通用语言。它由九个模块构成，帮助创业者理清为“细分客户提供独有价值”，从而催生创意、降低猜测、确保他们找对了目标用户、合理解决问题的工具。商业模式画布制作迅速、内容紧凑、携带方便。创业者可以将商业模式画在一页纸上便于与他人分享、讨论，以随时修改和完善。

通过绘制商业画布，有助于创业者运用商业模式思维迅速形成一套完整的创业项目构想，将商业模式中的元素标准化，更容易满足用户的需求，并强调元素间的相互作用。

商业模式画布可以帮助创业者对创业项目的可行性进行预测分析，催生创意、降低猜测、确保他们找对了目标用户。商业模式画布适用于新产品开发、老产品重新设计等。

9.3.4.2 商业模式画布的构造模块

商业模式画布图由九个既相互独立，又相互联系的构造模块组成，用来描绘创业者的创业商业模式，如图 9-1 所示。每一个格子都代表着多种可能性和替代方案，创业者所要做的就是找到最佳的那一个。由于每个创业者的基础不同，所关注的视角也不同，因而向各个模块中添加的具体内容也不尽相同，于是就有了不同的商业模式。

（1）价值主张。创业者打算提供怎样的产品或服务。理解如何为客户带来价值服务非常重要，这是描述商业模式的基础。创业者应该问自己这样两个问题：我完成创业工作会给客户带来什么好处？我给客户解决什么问题？

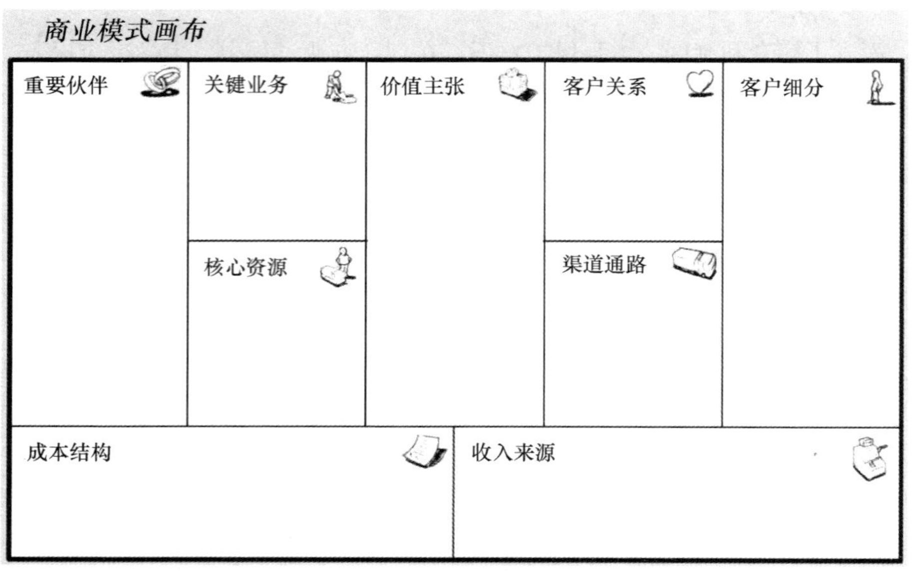

图 9-1 商业模式画布模板

（2）客户细分。创业者要准确找出你的目标用户。谁是创业组织的真正客户？客户细分回答“为谁提供?”“谁是真正的客户?”等问题。

（3）渠道通路。创业者如何向客户宣传自己的创业组织，或交付产品和服务？客户怎样才能知道你能帮助他们？怎样才能决定是否购买你的产品和服务？怎样保证客户满意的售后服务？

（4）客户关系。创业者想同目标用户建立怎样的关系，怎样和对方打交道。与客户的关系是可持续性的还是一次性的？关注的目标是扩大客户数量还是满足现有客户的需求？

（5）收益来源。创业者从每个客户群体获取的现金收入（注：需要扣除成本）。可以表现为使用收费、订阅收费、租赁收入等。

（6）核心资源。创业组织的核心资源是资金、技术和人才。具体表现为实体资产、金融资产、知识资产、人力资源。

（7）关键业务。创业组织必须要做的催生价值的核心活动，主要表现为业务流程。

（8）重要合伙人。重要合伙人是那些支持你的创业、帮助你顺利完成任务的人，包括职业圈内的成员、同事和导师、家人朋友及专业顾问。

（9）成本结构。成本结构是创业者所有的付出，包括金钱、时间和精力。

9.3.4.3 商业模式画布的绘制要领

图 9-2 是绘制商业模式画布的步骤，为价值主张—客户细分—渠道通路—客户关系—收益来源—核心资源—关键业务—重要合伙人—成本结构。

9.3.5 亲身尝试创新创业实践全程

9.3.5.1 创业机会发掘和评估

A 创业机会发掘

创业机会是可识别的消费者需求满足所请求产品或服务的可行性的点。该定义中的

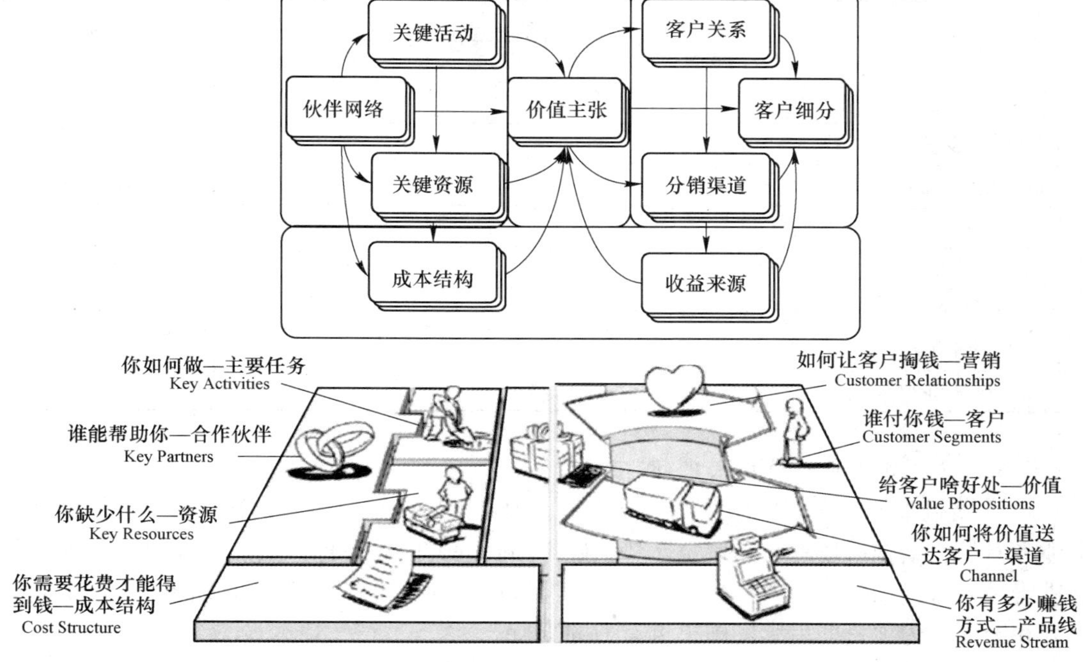

图 9-2 绘制商业模式画布步骤

"可行性"包括确定对产品或服务感兴趣的相当大的目标市场，该产品或服务具有足够的盈利能力，以实现企业的财务成功。可通过以下方式进行创业机会挖掘。

（1）自我评估。了解自己的优势、弱点、兴趣和激情所在。通过自我反思、职业兴趣测试或与信任的朋友和家人讨论来明确自己的价值观，这将指导你的商业决策和企业发展方向。

（2）观察生活。生活中还没有解决的问题就是创新的来源。观察自己和别人的需求，特别是那些还没有被满足的需求。从用户为了解决生活上的难题而采用的替代法或暂时变通做法中，发现商业机会。

（3）特情分析。分析特殊事件（如政策变化、技术革新等）带来的机会。识别市场中的矛盾现象，如服务或产品的不匹配，从而发掘潜在的创业机会。

（4）趋势分析。关注国有事业民营化、公共部门产业开放市场自由竞争等趋势，从中寻找创业机会。在政府推出的新政策、新方案中，寻找与自身专业或兴趣相符的创业机会。

B 创业机会评估

当创业者发现商机后，必须要对其进行可行性调研和分析。并不是每一个胆大的、富有创新精神的想法都具备可行性，并不是每一个看似前景光明的想法都能转化为创业现实。在进行创业机会评估时，应着重分析三个要素：创业目标、外部环境带来的契机、参与竞争的基础是专有资产还是快速行动。创业者必须以客观的、现实的态度评估自己的风险、倾向和能力等个人要素。可采用标准打分矩阵法进行小组打分，见表 9-1。

表 9-1 标准打分矩阵法

标准	评审小组打分			加权平均分
	很好（3分）	好（2分）	一般（1分）	
易操作性	8	2	0	2.8
市场接受度	6	2	2	2.4
追加资本的能力	7	2	1	2.6
投资回报	5	1	4	2.1
专利状况	9	1	0	2.9
市场总量	7	2	1	2.6
广告潜力	6	3	1	2.5
质量和便捷维护	8	1	1	2.7

9.3.5.2 项目策划与市场调研

（1）项目策划。在创新创业实践过程中，项目策划是第一步。大学生需要根据自己的兴趣和专长，结合市场需求和竞争态势，确定项目的方向和目标。然后，要对项目的可行性进行深入研究和分析，包括技术可行性、经济可行性、市场可行性等方面。通过全面的策划和论证，为项目的后续实施提供有力的支持。

（2）市场调研。市场调研是创新创业实践的重要环节。大学生需要对目标市场进行深入调研和分析，了解市场的规模、增长趋势、竞争格局以及用户需求等方面的情况。通过市场调研，可以为项目的产品开发和市场推广提供有力的依据和参考。通过调研了解，要及时发现市场的潜在机会和风险挑战，为项目的后续发展做好准备。

9.3.5.3 团队组建与资源整合

（1）团队组建。一个优秀的团队是创新创业实践成功的关键。大学生在组建团队时，应注重成员的专业背景和技能特长，确保团队具备全面的能力。团队组建后，团队负责人要明确团队成员的分工和职责，确保各项工作有序进行。通过团队协作和共同努力，可以克服各种困难和挑战，推动项目的快速发展。

（2）资源整合。创新创业实践需要各种资源的支持，包括资金、技术、人才、市场等方面。大学生在资源整合方面要具备敏锐的眼光和灵活的思维方式，可以通过参加创新创业大赛、申请政府资助、寻求风险投资等方式获取资金支持；可以通过与高校、科研机构、企业等建立合作关系，获取技术和人才支持；可以通过市场调研和品牌推广等方式，拓展市场资源和渠道。通过有效的资源整合，为项目的顺利实施和快速发展提供有力的保障。

9.3.5.4 产品开发与市场推广

（1）产品开发。产品开发是创新创业实践的核心环节，产品包括有形的物品和无形的服务、组织、观念或其组合。大学生需要根据市场调研的结果和用户需求，进行产品的设计和开发。在产品开发过程中，要注重产品的创新性和实用性，确保产品能够满足用户的需求和期望。还要注重产品的质量和成本控制，提高产品的竞争力和市场占有率。通过不断的产品迭代和优化，不断提升产品的性能和用户体验。

（2）市场推广。市场推广是创新创业实践的重要环节。大学生需要制定有效的市场推广策略，包括线上推广和线下推广等方式。线上推广主要是利用互联网技术及数字化平台，可通过社交媒体、搜索引擎优化、网络广告等方式进行；线下推广主要是通过面对面或纸媒等方式进行的沟通宣传，可通过参加展会、举办活动、发放宣传资料等方式进行。通过市场推广，可以提高产品的知名度和影响力，吸引更多的潜在客户和用户，还可以通过市场推广收集用户的反馈和建议，为产品的后续优化和改进提供有力的支持。

9.3.5.5　风险管理与可持续发展

（1）风险管理。创新创业实践过程中会面临各种风险和挑战，如市场风险、技术风险、财务风险等。大学生需要具备风险意识和管理能力，及时发现和应对各种风险。可以通过建立完善的风险管理机制和应急预案，降低风险的发生概率和影响程度。还可以通过加强团队协作和沟通交流，共同应对各种风险和挑战。

（2）可持续发展。创新创业实践不仅要关注眼前的利益和发展，还要注重可持续发展。大学生需要在项目策划和实施过程中，注重环境保护、社会责任和经济效益的协调发展。通过采用环保材料和技术、关注社会热点问题、推动产业升级和转型等方式，实现项目的可持续发展。

〖本章小结〗

大学生创业实践，务必提前认清环境、务必不断训练技能、务必始终追求绩效。需要特别强调：创业不是盲目的冲动，而是应该在了解大学生创业特征和创业环境因素的前提下，对大学生创业实践需求有所了解并做好相应准备后做出的理智决策。这就是创业决策。

创新致用，指创新不是一个漫无目的，创新要面向应用，面向目标，对实现目标有所帮助。创新成果只有及时转化为生产力特别是新质生产力，才能真正对社会有所贡献。这就是创业过程。

创业的真谛是创新，创新的真谛是创效。“效”就是效率、效益、效能、效果等。在创业工程中，通过对12种创效之道的学习、实践、反思、再学习，结合实施提高绩效的有效方法，达到提高效率、增加效益、显示效能、突出效果等目的。这就是创业成功。

〖延续思考〗

9-1　针对大学生创业实践的环境特征，结合你所处环境想到了什么？

9-2　结合你的学习、工作和生活，分析一下你的绩效水平如何？

9-3　如何快速模拟绘制商业画布？

9-4　创业实践中如何处理好认清环境、训练技能和追求绩效的三者关系？

9-5　你对创效还有哪些体会？

9-6　你对五个方面创业技能训练还有哪些补充？

参考文献

[1] 傅世侠，罗玲玲．科学创新方法论——关于科学创造与创造力研究的方法论探讨［M］．北京：中国经济出版社，2000.
[2] 张掌然，张大松．思维训练［M］．武汉：华中理工大学出版社，2000.
[3] 罗伯·史登堡，特德·鲁巴特．不同凡响的创造力［M］．洪兰，译．北京：中国城市出版社，2000.
[4] 陈国明，金亚敏．创新潜能自测与咨询［M］．杭州：浙江人民教育出版社，2000.
[5] 张武升．教育创新论［M］．上海：上海教育出版社，2000
[6] 罗庆生，韩宝玲．大学生创造学——理论学习篇［M］．北京：中国建材工业出版社，2001.
[7] 罗庆生，韩宝玲．大学生创造学——技法篇［M］．北京：中国建材工业出版社，2001.
[8] 罗庆生，韩宝玲．大学生创造学——能力提高篇［M］．北京：中国建材工业出版社，2001.
[9] 夏昌祥．现代企业管理［M］．重庆：重庆大学出版社，2002.
[10] 夏昌祥．创新感悟［M］．北京：当代中国出版社，2002.
[11] 彭行荣．创业教育［M］．北京：中国科学技术出版社，2003.
[12] 栾玉广．科技创新的艺术［M］．北京：科学出版社，2003.
[13] 李文义，曹云升．创新理论与创新思维训练教程［M］．北京：中国财政经济出版社，2004.
[14] 余伟．创新能力培养与应用教程［M］．北京：航空工业出版社，2004.
[15] 李永康．春风化雨育英才［M］．北京：冶金工业出版社.
[16] 夏晓．思维训练教程［M］．北京：机械工业出版社，2004.
[17] 刘永中．创新意识给你的思维插上翅膀［M］．广州：广东经济出版社，2004.
[18] 夏昌祥．高等职业教育研究与实践［M］．北京：高等教育出版社，2004.
[19] 赵明华．创意学教程［M］．西安：西北工业大学出版社，2004.
[20] 罗天虎．创业教程［M］．西安：西北工业大学出版社，2004.
[21] 李时椿，常建坤，杨怡．大学生创业与高等院校创业教育［M］．北京：国防工业出版社，2004.
[22] 沃尔特·D·斯科特．效率——提高工作绩效的12种途径［M］．孙宏志，译．北京：中国发展出版社，2004.
[23] 刘太刚．高等职业教育探索、创新、实践［M］．长沙：湖南人民出版社，2004.
[24] 上官子木．创造力危机——中国教育现状反思［M］．上海：华东师大出版社，2004.
[25] 黄弈华．解放亚洲学生的创造力［M］．北京：中国轻工业出版社，2005.
[26] 杨雁斌．创新思维法［M］．上海：华东理工大学出版社［M］，2005.
[27] 夏昌祥、鲁克成．点燃创新之火——创造力开发读本［M］．北京：科学出版社，2005.
[28] 陶学忠．创造创新能力训练［M］．北京：中国经济出版社，2005.
[29] 夏昌祥．现代企业管理［M］．2版．重庆：重庆大学出版社，2006.
[30] 杨国祥，丁钢．高等职业教育发展的战略与实践［M］．北京：机械工业出版社，2006.
[31] 杨学强．管理者五项修炼全书［M］．北京：国家行政学院出版社，2006.
[32] 丹增．为了人人都享有的权利［M］．北京：人民出版社，2007.
[33] 罗玲玲．大学生创造力开发［M］．北京：科学出版社，2007.
[34] 李海燕．高等院校就业创业读本［M］．天津：天津科学技术出版社，2007.
[35] 陈放、武力．创意学［M］．北京：金城出版社，2007.
[36] 张开逊．回望人类发明之路［M］．北京：北京出版社，2007.
[37] 夏昌祥．人文素质教育探索与实务［M］．上海：上海交通大学出版社，2007.
[38] 马树超，郭扬．高等职业教育跨越·转型·提升［M］．北京：高等教育出版社，2008.

[39] 赵敏，胡钰．创新的方法［M］．北京：当代中国出版社，2008.
[40] 夏昌祥．实用创新思维［M］．北京：高等教育出版社，2008.
[41] 赵敏，史晓凌，段海波．TRIZ 入门及实践［M］．北京：科学出版社，2009.
[42] 李进．教育领导智汇［M］．北京：北京大学出版社，2009.
[43] 马树超，郭扬．中国高等职业教育：历史的抉择［M］．北京：高等教育出版社，2009.
[44] 夏昌祥．现代企业管理［M］．3 版．重庆：重庆大学出版社，2009
[45] 李建军．创造发明学导引［M］．北京：中国人民大学出版社，2009.
[46] 赵延忱．民富论：创业原理与过程［M］．北京：中央编译出版社，2009.
[47] 夏昌祥．双定生高技能人才培养模式的创新探索［M］．昆明：云南大学出版社，2009.
[48] 曾国平．让思维再创新［M］．重庆：重庆大学出版社，2009.
[49] 夏昌祥，杨丽敏．双定生模式的研究与实践［M］．成都：四川大学出版社，2010.
[50] 许湘岳，邓峰．创新创业教程［M］．北京：人民出版社，2011.
[51] 李家华．创业有道：大学生创业指导［M］．北京：高等教育出版社，2011.
[52] 李岩．创新与创业［M］．青岛：青岛出版社，2012.
[53] 刘训涛，曹贺，陈国晶．TRIZ 理论及应用［M］．北京：北京大学出版社，2011.
[54] 夏昌祥，罗玲玲．快乐的大学生发明家［M］．北京：中国知识产权出版社，2011.
[55] 黄达人．大学的观念与实践［M］．北京：商务印书馆，2012.
[56] 黄达人．大学的声音［M］．北京：商务印书馆，2012.
[57] 黄达人．高职的前程［M］．北京：商务印书馆，2012.
[58] 陈高生，孙国辉．高校创业教育［M］．北京：经济日报出版社，2012.
[59] 夏昌祥．湿法炼锌［M］．北京：冶金工业出版社，2012.
[60] 王佐书．一万个为什么：为思考问题提供研究线索［M］．北京：台海出版社，2013.
[61] 陈润，雷军．让创业回归简单［M］．合肥：安徽人民出版社，2013.
[62] 罗玲玲．播撒创意的种子——小学生创造了开发［M］．北京：首都经贸大学出版社，2013.
[63] 张开逊．人类文明的源与流［M］．广州：南方日报出版社，2013.
[64] 夏洪胜．创业与企业家精神［M］．北京：经济管理出版社，2014.
[65] 王晓进．大学生创新理论与实践［M］．北京：科学出版社，2014.
[66] 杨乐克．大学生创新创业教程［M］．北京：中国时代经济出版社，2014.
[67] 周远清，阎志坚．论素质教育思想［M］．北京：高等教育出版社，2015.
[68] 张立艳．创业实训［M］．天津：天津科技翻译出版有限公司，2015.
[69] 陈永奎．大学生创新创业基础教程［M］．北京：经济管理出版社，2015.
[70] 李伟，张世辉．创新创业教程［M］．北京：清华大学出版社，2015.
[71] 杨晓冬．中国式创新：流程、结构与文化［M］．北京：清华大学出版社，2015.
[72] 吕景泉．中德职教漫谈［M］．北京：高等教育出版社，2015.
[73] 陈奎庆，丁恒龙．大学生创新创业教程［M］．北京：科学出版社，2016.
[74] 赵延忱．创业其实很简单——创业原理与案例［M］．北京：中国人民大学出版社，2016.
[75] 刘海春，谢秀兰，娄会东，等．中外创新创业教育理论与实践［M］．广州：广东高等教育出版社，2016.
[76] 周苏．创新思维与科技创新［M］．北京：机械工业出版社，2016.
[77] 史蒂夫·布兰克．创业成功范式［M］．王明伟，等译．北京：机械工业出版社，2016.
[78] 张彦春．创业原理与案例解析［M］．北京：中国广播影视出版社，2016.
[79] 王天一．人工智能革命：历史、当下与未来［M］．北京：时代出版传媒股份有限公司，2017.
[80] 尤瓦尔·赫拉利．未来简史：从智人到智神［M］．林俊宏，译．北京：中信出版集团，2017.

[81] 鸿雁．九型人格［M］．长春：吉林文史出版社，2017.
[82] 罗斌．大学生创新创业法律知识概论［M］．北京：北京师范大学出版社，2017.
[83] 张艳玲．塔木德：犹太人的创业与致富圣经［M］．北京：冶金工业出版社，2017.
[84] 李经山．大学生创新创业概论［M］．北京：北京出版社，2018.
[85] 赵春广．大学生创新创业概论［M］．北京：航空工业出版社，2018.
[86] 罗建国．大学生创新创业概论［M］．北京：煤炭工业出版社，2018.
[87] 刘湘辉，王金吉．大学生创新创业概论［M］．北京：国家行政学院出版社，2018.
[88] 蒋国勇．世界顶级思维［M］．成都：成都地图出版社有限公司，2019.
[89] 杨晓梅，张蕴启，徐艺，等．大学生创新创业概论［M］．北京：冶金工业出版社，2019.
[90] 黄震．开放式创新：中国式创新实践指南［M］．杭州：浙江大学出版社，2020.
[91] 宋京双．大学生创新创业教育“金课”教程［M］．北京：清华大学出版社，2021.
[92] 克里斯·达菲．AI到来［M］．孙超，译．北京：中国友谊出版公司，2021.
[93] 迈克尔·勒威克，让-保罗·托曼，拉里·利弗．人生设计思维手册：斯坦福创新方法论应用［M］．苏菲，罗婧，译．北京：清华大学出版社，2022.
[94] 江涵丰．ChatGPT时代：ChatGPT全能应用一本通［M］．北京：北京大学出版社，2023.
[95] 李自云．创新与实践：职业教育改革探索之思考［M］．昆明：云南出版集团，2023.
[96] 张军平．人工智能极简史［M］．长沙：湖南科学技术出版社，2023.